图书在版编目(CIP)数据

长安学研究. 第八辑/贾二强主编. ——上海：上海古籍出版社，2023.11
ISBN 978－7－5732－0973－3

Ⅰ.①长… Ⅱ.①贾… Ⅲ.①长安(历史地名)-文化史-文集 Ⅳ.①K294.11-53

中国国家版本馆CIP数据核字(2023)第229918号

长安学研究（第八辑）
贾二强 主编

上海古籍出版社　出版发行

（上海市闵行区号景路159弄1-5号A座5F　邮政编码201101）
(1) 网址：www.guji.com.cn
(2) E-mail：guji1@guji.com.cn
(3) 易文网网址：www.ewen.co
上海商务联西印刷有限公司印刷
开本787×1092　1/16　印张15.75　插页2　字数318,000
2023年11月第1版　2023年11月第1次印刷
ISBN 978-7-5732-0973-3
K·3522　定价：98.00元
如有质量问题，请与承印公司联系

陕西师范大学国际长安学研究院

長安學研究

| 第八辑 |

贾二强　主编

上海古籍出版社

编辑委员会

主　任：萧正洪
副主任：王子今　赵　荣　陈　峰　耿占军　刘吉发
委　员：王社教　王　欣　王　晖　王学理　朱士光　杜文玉
　　　　李炳武　李　军　辛德勇　宋　超　周伟洲　周晓薇
　　　　妹尾达彦　拜根兴　侯甬坚　麦大维（David McMullen）
　　　　孙家洲　陈文豪　陈正奇　傅绍良　张建林　张寅成
　　　　张懋镕　黄留珠　彭　卫　葛承雍　贾二强　贾俊侠
　　　　赵世超　荣新江　刘庆柱　鹤间和幸

编 辑 人 员

主　　编：贾二强
执行主编：权家玉

历史研究

How do Modern Greeks think of Athens and Why?
　　—Historical and Social Memory .... Nikos Christofis　3

出土文献研究

邹县纪王城出土秦始皇陶诏量铭阙文新解 .... 辛德勇　15
唐上清大洞法师姜希晃墓志考释 .... 刘　蓉　24
合葬非古：唐代丧葬习俗与礼法的互动 .... 郑伟凤　焦　杰　34
唐代李濛墓志考释 .... 贾俊侠　王一浩　53
唐《司马逸客墓志》与武周、景龙间军政史实考 .... 马振颖　陈晶晶　68

长安学与城市史

"近代"社会的形成与九世纪长安的街东社会 .... 妹尾达彦　85
西汉长安的"广场" .... 王子今　115
考古学视野下的"长安" .... 李鹏飞　毕经纬　132
隋唐长安太极宫形制布局再探讨：以武德殿为中心 .... 罗瑾歆　李　晶　147
北宋士人对唐长安城的历史书写
　　——以《长安图》《长安志》和《游城南记》为中心 .... 马　森　161

长安历史记忆

日本桓武三都朝仪空间中的长安记忆 .... 聂　宁　183

文化传播的仪式性与传递性
　　——戏曲意象中的长安都市想象嬗变 .... 汪一兰　194

刘古愚形象考 .... 丁　岳　侯亚伟　202

呼吁整修班固墓纪事 .... 黄留珠　219

翻译专栏

关于高句丽早期迁都的若干讨论 .... ［韩］卢泰敦　著　冯立君　译　227

《长安学研究》征稿启事 243

Table of contents

Historical Research

How do Modern Greeks think of Athens and Why?
—Historical and Social Memory .... Nikos Christofis 3

Research on Unearthed Literature

A Re-interpretation of the Inscriptions on the Official Pottery Measure of Emperor
Shihuang of the Qin Dynasty Unearthed at Jiwangcheng Site .... Xin Deyong 15

Research on the Epitaph of Jiang Xihuang a Taoism Master from the Shangqing Sect
.... Liu Rong 24

The Interactions Between the Burial Customs and Rites during the Tang Dynasty
.... Zheng Weifeng, Jiao Jie 34

A Research on Li Meng's Epitaph in the Tang Dynasty .... Jia Junxia, Wang Yihao 53

A Textual Research on the Military and Political Events from Wu Zetian's Reign
to the Jinglong Period in "Sima Yike's Epitaph" in the Tang Dynasty
.... Ma Zhenying, Chen Jingjing 68

Chang'an School and Urban History Research

The Formation of "Early Modern" Society and the Jiedong Community in
Chang'an in the Ninth Century .... Seo Tatsuhiko 85

Squares in Chang'an during the Western Han Dynasty .... Wang Zijin 115

Chang'an from the Perspective of Archaeology ....Li Pengfei, Bi Jingwei 132

Re-interpretation of the Shape and Layout of the Taiji Palace in the Sui and

    Tang Dynasties: A Case Study of the Wude Hall......................Luo Qinxin, Li Jing 147

The Historical Writing of Chang'an City by Scholars of the Northern Song Dynasty

    — Centered on *the Map of Chang'an*, *the Chronicle of Chang'an* and

    the Travelogue of Southern Suburb of Chang'an .... Ma Sen 161

Chang'an Historical Memory

The Imprint of Chang'an on the Ceremonial Space of the Three Capitals of Emperor

    Kammu's Period in Japan ....Nie Ning 183

Ceremony and Transmission of Cultural Communication: The Transmutation of

    Chang'an's Urban Imagination in Opera Imagery................................Wang Yilan 194

Research on Liu Guyu's Image..Ding Yue, Hou Yawei 202

The Chronicle of Appeals for the Restoration of Ban Gu's Tomb..............Huang Liuzhu 219

Translation column

A Study on Several Issues Concerning the Early Capital Relocation of Goguryeo

    ....Feng Lijun 227

历史研究

How do Modern Greeks think of Athens and Why?

—Historical and Social Memory

Nikos Christofis

College of History and Civilizations Centre for Turkish Studies
Shaanxi Normal University

The history of Athens is the longest of any city in Europe: Athens has been continuously inhabited for at least 3000 years. It was the birthplace of democracy, and it became the leading city of Ancient Greece in the first millennium B.C.E. Its cultural achievements during the fifth century B.C.E. are said to have laid the foundations of western civilization as revived and re-interpreted during the Renaissance and especially the Enlightenment. After a long period of decline under the rule of the Byzantine Empire and the Ottoman Empire, Athens re-emerged in the nineteenth century as the capital of the independent Greek state. Humanity remains indebted to Athenian civilization; the idea of representative, parliamentary democracy owes its origins to Athens; disciplines such as philosophy and history continue to study texts written in ancient Athens, while the values of liberal humanism were also derived from Athenian thought. Against this background, the present paper will attempt to show how Athens, and in particular, through architectural monuments, like Parthenon, is remembered; in other words, the aim here is to show how Athens is presented in the collective memory of modern Greeks and to what end, i.e., from the 19th century, when the Greek state was established in 1830 until our days.

Theoretical Approach

A memory is the result of a dynamic process, which involves will, emotions and, to a certain extent, creativity. It always and inevitably entails an intervention on the remembered object or event. When remembering is a common act of the members of a community, the factors that are at play in individual memory have to deal with a social dimension. Social remembering presupposes communication, places, and occasions. Above all, it presupposes a reason and a need to remember shared by the community members and prompted by present circumstances.[1] It has been rightly argued that memory is a dynamic force, and therefore, by its very nature, it is inconsistent.[2] To claim that individual memory is a fundamental part of human existence is uncontroversial; and it is now (in most circles) equally unproblematic to say that societies and communities also participate in some form of collective or social memory.[3] It also seems inherently plausible that these memories will play a role in shaping the ideology and identity of both individuals and groups: that memory, in other words, is dynamic. But memory, whether individual or collective, is also both transient and elusive. Even scholars of recent or contemporary societies can struggle to find ways to isolate and describe the memories, or memory cultures, of the people(s) they study; attempting to track the shifting memories of a historic society is, obviously, a still more demanding task.[4]

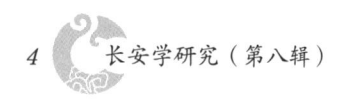

From Ancient to Modern Athens: A Brief History

Athenians thought of themselves as the best city-state in all of ancient Greece. They recognized that other city-states had value and were Greek, but they were the best. It is not an exaggeration for one to claim that if one would ask any ancient Athenian, they would say that Athens had the best literature, the best poetry, the best drama, the best schools—and truly, they were a leading city-state.[5] There is no doubt that other city-states compared themselves to Athens, but still, Athens was of unparallel greatness and glamour. In other words, Athens

---

[1] Bernd Steinbock, *Social Memory in Athenian Public Discourse: Uses and Meanings of the Past*, Ann Arbor: University of Michigan Press, 2013, p. 7.

[2] Astrid Erill, "Cultural Memory Studies: An Introduction", in Astrid Erill and Ansgar Nünning (eds.), *A Companion to Cultural Memory Studies*, Berlin and New York: De Gruyter, 2010, pp. 1—18.

[3] See the pioneering work by Maurice Halbwachs, *On Collective Memory*, trans. Lewis A. Coser, Chicago and London: The Chicago University Press, 1992.

[4] For various approaches, see Peter Seixas (ed.), *Theorizing Historical Consciousness*, Toronto, Buffalo and London: University of Toronto Press, 2004.

[5] This is acknowledged by several authors. Of course, ancient Greeks did not know of other civilizations that were far from Greece. For example, see Bruce Clark, *Athens: City of Wisdom*, London: Head of Zeus, 2022; Robin Waterfield, *Athens: A History. From Ancient Ideal to Modern City*, London: Routledge, 2012.

was the measuring stick. There was just one exception, the city-state of Sparta. Whereas Athens was famous for its arts and sciences, Sparta was famous for its military strength.[1]

The ancient Greeks believed that each city-state had one or two gods keeping a special eye on that city-state. The god in charge of Athens was Athena, the goddess of wisdom. Education was very important in Athens. From their mothers, girls learned how to cook and sew and run a home and how to be good wives and mothers. On the other hand, the male population, boys to be exact, went to school where they memorized poetry and learned to play a musical instrument, usually the lyre. They studied public speaking and drama and reading and writing. Sons of nobles went to high school, where they studied for another four years, learning about the sciences and the arts and politics and government. Each city-state in ancient Greece had its own form of government. Most city-states were ruled by kings. Some were ruled by councils, a small group of people. But in Athens, for about 100 years, Athens was ruled by direct democracy.[2]

Athenian democracy, no doubt, was an experiment. And although it didn't last long, a kind of democracy was invented in Athens and is still presented today as one of the greatest contributions of ancient Greek civilization to the world. Citizens of Athens had many rights, including the right to stand trial and the right (when Athens was a direct democracy) to vote. But not all people in ancient Athens were citizens. Originally, a free male would be a citizen if his father was a citizen. But Pericles changed that rule in 450 BCE. The new law stated that both father and mother be Athenians for a child to be an Athenian. Out of the Athenians, only men had full citizenship. Women had partial citizenship, which basically meant they had few, if any, rights. Pericles changed this rule to give Athenian women more status. It worked. Even though Athenian women had no power of their own, their status made them more likely to contract a good marriage.[3]

Byzantine and Ottoman Athens

During the period of the Byzantine Empire (5th—15th c.), Athens was a provincial town, and many of its works of art were looted by the emperors and taken to Constantinople. Attica was invaded successively by the Goths and the Bulgars. From 1204 to 1458, Athens was fought over by the Byzantines and the French and Italian knights of the Latin Empire. The

---

[1] Stephen Hodkinson and Anton Powell (eds.), *Sparta and War*, Swansea: The Classical Press of Wales, 2006.
[2] Peter John Rhodes (ed.), *Athenian Democracy*, Edinburgh: Edinburgh University Press, 2004.
[3] Peter Liddel, *Civic Obligation and Individual Liberty in Ancient Athens*, Oxford: Oxford University Press, 2007.

French knights of the de la Roche family held the title Duke of Athens. Later, Catalan and Sicilian adventurers ruled the city for some parts of the fourteenth century.①

Finally, in 1458, Athens fell to the Ottoman Empire (13th—20th c.). But the city's population declined, and by the seventeenth century, it was a mere village. The real damage to Athens was caused in the seventeenth century when Ottoman power was declining.② The Venetians attacked Athens in 1687. A shot fired during the bombardment of the Acropolis caused a powder magazine in the Parthenon to explode, and the building was severely damaged. After capturing the Acropolis, the Venetians employed material from its ancient buildings to repair its walls. The following year the Ottomans set fire to the city.③ Ancient monuments were destroyed to provide material for a new wall with which the Ottomans surrounded the city in 1778.④ Between 1801 and 1805, Lord Elgin, the British resident of Athens, removed reliefs from the Parthenon, an ongoing issue between the Greek government and the British.⑤

Figure 1. View of the Parthenon with Mosque by Christian Hansen, 1836. When the king visited the city after the victory against the Ottoman Empire, the Parthenon was deformed into a mosque.

In 1822, the Greek insurgents captured the city, but it fell to the Ottomans again in 1826. Again, the ancient monuments suffered badly. The Ottomans remained in possession till 1833, when they withdrew, and Athens was chosen as the capital of the newly established kingdom of Greece. At that time, the city was virtually uninhabited, being merely a cluster of

---

① Charalambos Bouras, *Byzantine Athens, 10th—12th Centuries*, London: Routledge, 2017, pp. 11—36.
② Maria Georgopoulou (ed.), *Ottoman Athens: Archaeology, Topography, History*, Athens: Gennadius Library—American School of Classical Studies, 2019.
③ Theodor E. Mommsen, "The Venetians in Athens and the Destruction of the Parthenon in 1687", American Journal of Archaeology, vol. 45, no. 4, 1941, pp. 544—556.
④ Keith S. Brown & Yannis Hamilakis, *The Usable Past: Greek Metahistories*, Lanham: Lexington Books, 2003.
⑤ King, Dorothy, *The Elgin Marbles*, London: Hutchinson, 2006.

buildings at the foot of the Acropolis, where the fashionable Plaka district now is.①

According to Bastéa, two German architects, Stamatios Kleanthis and Eduard Schaubert, were authorised to redesign the new capital Athens. This urban project tended to assume a symbolic role within the political, social and economic transformation, and introduced modern governance and Greek identity as a continuation of the ancient civilisation.②

Modern Athens

Athens was chosen as the Greek capital for historical and sentimental reasons, not because it was a functioning city. During the reign of King Othon (1832—1862), a modern city plan was laid out and public buildings erected—this is why there are virtually no buildings in Athens dated between the Roman Empire and the 19th century. The finest legacy of this period is the buildings of the University of Athens, the Greek National Library and the Greek National Academy on Panepistimiou Street.

Figure 2. Reception of King Otto of Greece in Athens on 12 January 1835 by Peter von Hess, 1839. Painted by the German painter when the Prince was enthroned by the European powers as king.

Athens experienced its first period of explosive growth following the disastrous war with Turkey in 1921, when more than a million Greek refugees from Asia Minor were resettled in Greece.③ Suburbs such as Nea Ionia and Nea Smyrni began as refugee camps on the Athens outskirts. Athens was occupied by the Germans during World War II and experienced terrible privations during the later years of the war. In 1944, there was heavy fighting in the city

---

① Maria Georgopoulou (ed.), *Ottoman Athens*.
② Eleni Bastéa, *The Creation of Modern Athens: Planning the Myth*, Cambridge: Cambridge University Press, 2000.
③ Michael Llewellyn-Smith, *Ionian Vision: Greece in Asia Minor, 1919—1922*, 3rd edition, London: Hurst, 2022.

between Communist forces and the royalists backed by the British.①

Figure 3. Plan of Athens in 18th century, L.F.S. Fauvel. The map of Athens with the old wall of Ancient Greek, the residence of Ottoman garrison and the old villages.

After World War II, the city began to grow again as people migrated from the villages and islands to find work. Greek entry into the European Union in 1981 brought a flood of new investment to the city, but also increased social and environmental problems. Athens had some of the worst traffic congestion and air pollution in the world. This posed a new threat to the ancient monuments of Athens, as traffic vibration weakened foundations and air pollution corroded marble. The city's environmental and infrastructure problems were the main reason Athens failed to secure the 1996 centenary Olympic Games.②

Legacy and Memory

Democracy, widely considered to be the ideal form of governance, owes much to Athenian democracy. Athenian democracy was based on the Assembly of all citizens, but representative elements were also built into the system. For example, the Council of 500, responsible for drawing up the Assembly's legislative agenda, was chosen by lot, while the chair for each day was also chosen daily by lot, as were those who served within the judicial and court systems. Thus, the representative parliamentary government has its roots in the

---

① Mark Mazower (ed.), *After the War was Over: Reconstructing the Family, Nation, and State in Greece, 1943—1960*, Princeton, New Jersey: Princeton University Press, 2000.

② Among several studies, see Dionyssis G. Dimitrakopoulos and Argyris G. Passas (eds.), *Greece in the European Union*, London: Routledge, 2003, where the authors discuss the patterns of continuity and change, success and failure observed in seven policy areas—environment, social regulation, regional policy, the single market, agriculture, EMU and foreign policy—in order to investigate how policy formulated and implemented in Greece has changed as a result of EU membership.

Athenian legacy. Of course, women and non-citizens did not participate in the Athenian system, and the high value that Athenians placed on man's place in the universe did not include women, while Aristotle thought that some people were natural slaves; thus, "humanity" was a limited concept. Nonetheless, the basic values of liberal humanism—extended and applied more comprehensively—including universal respect for human life and dignity, derive from Hellenic and, in particular Athenian thought. Artists continue to be inspired by the Athenian legacy. Buildings continue to imitate Athenian architecture. If the heritage of ancient Athens were to be subtracted from the story of humanity, human life would be culturally and intellectually poorer. The artistic and intellectual legacy of Athens continues to be studied and researched within the academy.①

Over the last decade, Greece has experienced the collapse of world economics which causes the abandonment of a large part of Athens. The glorious narrative of the ancient empire is left behind, while the capital becomes a reflection of the underdeveloped and strengthless nation of the European South. Being part of the improvement plans in 2012, the Minister of Environment, Energy and Climate Change, and of Transport, Infrastructure and Networks issued a European architectural competition called 'Rethink Athens', organized and funded by Onassis Foundation.② According to Dr. Anthony S. Papadimitriou, the President of the Onassis Foundation, the project tends to contribute to the regeneration of the central area of the capital by introducing a desirable environment of new landscape intervention and by extent, to unveil how a socio-economic development plan intervenes in the restoration of historic narratives of Athens to represent the city's modernity and to develop a business strategy from the traces of its past.

In relation to the economic crisis, the traditional role of the Acropolis and archaeological sites, as well as Athens as a city in general, appear to be shifted and distorted during the critical phase of modernity. Similarly, to the first two examples, in a new time and company in which it finds itself, the monument has constantly derived new meanings. The antiquities of Ancient Greek are being used as a crucial part of the project to symbolize the nation's modernity and to reclaim Athens as a great capital, as well as repopulate the city's centre, which could bring about the economic benefit of activating administrative, cultural and commercial activities. As a consequence, the competition Rethink Athens is an interesting discourse reflecting the fact that urban artefacts have been concerned less with their original

---

① All university schools, and particularly, architecture departments, pay special emphasis on ancient and classical Athens, and use it as an example in undergraduate and postgraduate courses.

② http://www.rethinkathens.org/; https://land8.com/re-think-athens-design-competition-vision-in-a-time-of-recession/.

meanings by the people involved but more with the part they play as an instrument of financial advantage.

An explosion in public history has taken place over the last decades around the world, with a veritable flood of commemorations, anniversaries and "memory wars". New anniversaries are constantly being established and new monuments erected. Cultural goods and practices recall—and commodify—the collective past. Tours to "lost homelands" for refugees and their descendants or to the locales of traumatic experience for victims offer a new sort of memory tourism. In short, an entire industry has grown up around the past, offering souvenirs, postcards and other consumer products. On the flip side, some monuments have been targeted for protest and even attack because of what they symbolize—identities, ideologies, traumas. We are truly living in a time where the past is a "hot" topic, at once toxic and controversial, as many scholars have recognized. The present is haunted by posttraumatic histories that erode historical memory. As more and more social groups claim the "right to remember", public discourse and polemics have arisen at the same time that traumatic memory has become a field of international academic research.[①]

In Greece, "history wars", in which, the capital of Greece, Athens, holds a central place have been raging recently over school textbooks, television shows, historical studies and research programs demonstrating that despite ancient Athens' rich past and great contribution in global civilization people selectively choose to forget and remember depending on the political agenda of the time. In other words, Athens has been the centre of capitalism, both for the right-wing and the left-wing supporters. For the former, as a sign of being part of the "West" and therefore, Greeks need a special place and be treated still better than the rest, while, for the latter, it demonstrates the loss of past values, ethics, as well as corruption and greed.

Conclusion

It can be seen that the monuments for commemoration in Athens are an ineffective means of preserving collective remembrance. Against the function of commemorating and representing societal values, its original intention is in fact indeterminate. In contrast to the static value of the material object, the nature of memory is instability and depends

---

[①] Christina Koulouri, *Historical Memory in Greece, 1821—1930: Performing the Past in the Present*, London: Routledge, 2023, p. x.

on a person or a society to remember or to forget. Hence, the memory can be adapted and renewed. Interestingly enough, memory is, in truth, part of individuals' freedom to obtain imagination and pleasure, collectively or personally. As a result, what visitors pursue is the variable meaning of the monument rather than the fixed one.

Since the memorial representation through erecting a monument serves the act of forgetting more successfully than the act of remembering, the shared memory of the monumental antiquity of Ancient Greek can be reinvented every time anew. Urban projects endow the monument with new implications, selecting, adding and organizing various elements and orders, which contradictorily become the removal of original meanings. Through 19th-century Athens' master plan, the new commemorative function was assigned to the urban artefacts to devaluate the undesirable memory of the period under the Ottoman Empire and also to devise cultural references based on its ancient past. Most importantly, it is an expression of the new political reform of modern governance. Similarly, the Landscaping of the Acropolis of Athens during the mid-20th century reveals the creative yet aggressive idea of treating the ancient ruins as works of art. Finally, the contemporary project of 2012 is purposed to identify specific historical sites as traces of the past century which could be related to the form of the contemporary city. To recreate better living conditions for the residences and regenerate the local economic area, the "Rethink Athens" vision shows how the ancient monument is appropriated beyond a representation of either nationality or individuality. Ruins of the ancient have become an apparatus of a business.

By investigating the urban case studies from the formation of national image in the early 19th century, the conservation through aesthetic imagination during the mid-20th century, to the commercialization of urban space in the new millennium, Athens particularly serves as a prime clarification to better understanding the multiple roles of the enduring monument performed in different contexts. The examination, thus, confirms that political motives, personal position, and economical factors have played a significant role in acquiring new meanings. As a result, the collective memory of the exact monument is actually ever-changing.

Following independence in the 19th century, Greece entered into a literate state of culture immediately to enhance the possibilities for the continuation of its tradition of architectural discourse, which was interrupted for more than ten centuries. The most promising place for such a revival seemed to be Athens, the new city capital. The powerful link between historical memory and national identity was just confirmed by the celebrations of the Bicentennial of the Greek Revolution in 2021. Despite the disruption caused by the coronavirus pandemic—or perhaps because of it?—the official celebrations, with few exceptions, repeated stereotypical readings of the war of independence, the city of Athens, and generally, the "Greek civilizational grandeur", marked by commemorations, publications, and the like. In other words, the anniversary of 2021 reproduced an optimistic, almost triumphant narrative of the small country created in 1821 that managed to chart a successful course over two hundred years. As demonstrated by opinion polls, embellished versions of revolutionary heroes still dominate the collective memory, while the mythologized version of events proves to be resistant to the findings of historical research. What is more, discourses and repertoires of presenting Greece, and the "cradle of democracy", Athens, revived and returned back strong; discourses that were back strong during the European Union's severe and harsh fiscal policies against the Greek government, which triggered Greek nationalism.

The realms of memory, both material and symbolic, constructed from the 19th to mid-20th century have shaped the way Greeks today recall the Greek past, the great city of Athens included, the pantheon of heroic figures, the relationship between ancient and modern Greece and the perception of Byzantium. Simply put, it was the immediate period following the establishment of the Greek state when the canon of historical memory was formed, which continues to define and bolster national identity today.

出土文獻研究

邹县纪王城出土秦始皇陶诏量铭阙文新解

辛德勇

（北京大学 历史系）

摘　要：山东邹县纪王城之古邾城遗址出土的秦始皇陶诏量铭文中有空缺"皇帝"二字者，前人对此做过种种解释，似乎都不尽合乎历史实际。本文研究认为，秦始皇陶诏量铭文中所空阙的"皇帝"二字，应该是在赵正离世之后，继位者胡亥刻意去除，目的是昭告世人只有他本人才是当下的真龙天子，是世上独一无二的"皇帝"。因为按照秦朝的制度，赵正已经成为"始皇帝"——这是一个具有谥号性质的名号。

关键词：始皇帝；谥号；秦铭文

传世陶器铭文，其在烧制前以模记打印于湿泥之上者，习称"印款"；字迹刻入者则称作"刻款"。所谓秦始皇陶诏量铭文，即赵正在始皇二十六年并吞六国之初颁布诏书，统一度量衡，制作陶量者将此事标记于陶量之上。

据云存世全本印款诏量铭文共有四件，俱出自山东邹县纪王城，乃古邾城，亦即秦汉驺县旧地（周进集藏《新编全本季木藏陶》卷首附李零《齐、燕、邾、滕陶文的分类与题铭格式——〈新编全本季木藏陶〉介绍》）。检读王恩田《陶文图录》卷六，所收全本印款秦始皇陶诏量铭文正是四种（编号6-339、6-341、6-343、6-344），似已囊括所有存留于世的遗物。不过《陶文图录》还另收有一件印款诏量铭文（编号6-345），文字虽略有残阙，也还算大体完整。

在这四种全本印款秦始皇陶诏量铭文当中，今藏山东省博物馆的一件，状况如下（见下页图）。由图可见，这种铭文是通过一个个四字方形印模，前后衔接，将秦始皇颁诏事打印在陶量的外壁之上（附案王恩田《陶文图录》卷六所收同一陶诏量铭文的拓片〔编号6-343〕略胜于此《新编全本季木藏陶》印本）。

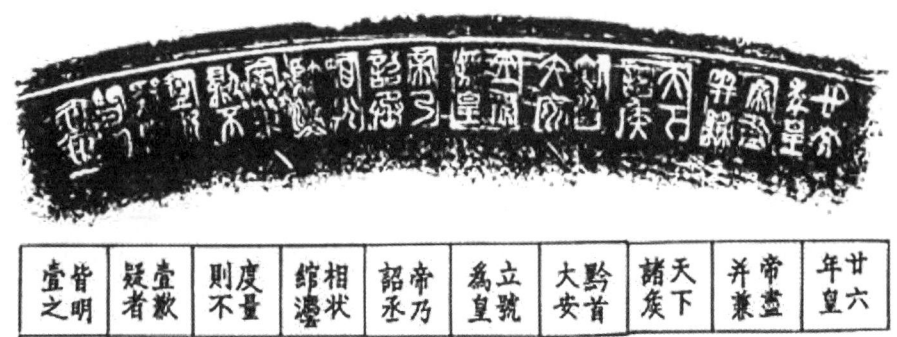

山东省博物馆藏全本秦始皇陶诏量铭文

（据周进集藏《新编全本季木藏陶》）

然而，就是在这种打印的陶量铭文中，我们又看到了被人去掉"皇帝"二字的情况。《陶文图录》著录的另外三种全本就都是这样：

磨去"皇帝"二字的秦始皇陶诏量铭文

（据王恩田著《陶文图录》）

还有那件文字虽略有残阙却近于全本的诏量铭文（即编号 6-345）也是这样。当然，还有一些零碎的残片：

磨去"皇帝"二字的秦始皇陶诏量铭文残片

（据王恩田著《陶文图录》）

两相比较，可以看得一清二楚，铭文中前后两处"皇帝"都一定是刻意除去的，而不会是无意间造成的缺损。

有意思的是，我们在一些陶诏量残片中，可以看到在磨去"皇帝"二字之后又有重新补刻上这两个字的情况：

补刻"皇帝"二字的秦始皇陶诏量铭文残片

（据周进集藏《新编全本季木藏陶》）

尽管与原来钤盖的铭文差别明显，但我们仍然可以看出，补刻者态度端谨，新填字迹相当工整，绝非好事者戏为。

那么，为什么会出现如此奇特的情况呢？

首先需要说明的是，山东的考古学家王恩田先生告诉我们，这"皇帝"二字是以印模打印到陶量壁上以后在烧制之前才被铲掉的（见《陶文图录》卷首王氏自序）。这一点对我们认识这一情况的产生原因具有重要意义，下文再予论说。

关于去除"皇帝"二字的时间和缘由，王恩田先生判断说：

> 在秦王朝统治时期不可能出现这种现象。只有在陈胜、吴广揭竿起义后，"皇帝"被拉下马的情况下，才有可能。因而，这类陶文显然是这一重大历史事件的物证。贾人不明于此，在被铲掉的空白处又补刻上"皇帝"二字，这样一来反而降低了其学术价值，真所谓弄巧成拙，多此一举了。（见《陶文图录》卷首王氏自序）

王氏所说，要点有二：（1）去除"皇帝"二字，只能发生于秦王朝控制区域之外，即在反秦义军管下才会出现这种现象。（2）补刻"皇帝"二字，乃是后世古董商贩出于无知而"仿真"作假。

在华东师范大学出版社新近出版的《王献唐书画题跋辑存》一书当中，载有一篇王献唐先生写于1948年4月的跋文，题作《跋秦诏瓦量拓本》(今此《王献唐书画题跋辑存》改题为《石谷风〈秦诏陶量集存〉序》)。在这篇跋文中，王氏早就对秦陶诏量铭文去掉"皇帝"二字的情况做有解说：

> 传世残量，凡无磨灭及重刻形迹，当为秦代所造；其无"皇帝"字样者，盖在秦亡楚汉相争之际。彼时子婴被杀，天下无皇帝，故造量者仍以旧印钤之，将此二字磨灭。

读此可知，王恩田的看法显然与之一脉相承，虽然文字表述形式略殊，却没有什么实质性差异。

但在何以又会补刻"皇帝"二字这一点上，王献唐先生有自己独到的解说：

> 高帝元年春正月项羽尊怀王为义帝，二年冬十月弑之，时期虽短，怀王封羽为鲁公，邹县一带属之。既尊以是号，造量者以为又有皇帝矣，乃将磨灭之处复刻其字，亦有未及刻者。……高帝五年羽死，楚地悉定，独鲁不下，汉王使持羽头示其父兄，乃降。知邹鲁一方之附羽，羽尊怀王为帝，亦必随而尊之，重刻其字矣。是岁汉王即皇帝位，天下已更……悉除去秦法之言，造量者不再钤秦诏。

这是把补镌"皇帝"名号之事归诸义帝时期。

总括以上论述，简而言之，王献唐先生总的认识是：

> 钤诏者分两期，一在秦，一在楚汉之际：无"皇帝"字样者，类属义帝未立以前；有而后刻者，在既立以后。要皆同一印模、同一制作也。印模既将"皇帝"二字磨去，羽弑义帝后亦或可用，因之此类瓦量容亦兼出是时。

值得注意的是，王氏以为去除"皇帝"二字的方式，是直接铲平印模，因而打印到陶量上的诏书就空阙这两个字。前面提到，王恩田先生是主张先打印上再铲除掉的。两相比较，窃以为还是王献唐先生的说法要更为合理可信。

不过这只是一个技术环节，是我们进一步认识相关问题的前提条件，而仔细斟酌上述两位王先生对秦诏量中"皇帝"二字阙而复补这一情况的认识，窃以为他们两人的说法恐怕都很难成立。

第一，既然在陈胜、吴广辈揭竿而起之后，秦廷控制区以外的地方都已经不再奉其正朔，这自然也包括邾驺之地在内。那么，何以当地制作陶量还会继续打印秦始皇颁诏统一度量衡事？当时天下诸路英雄豪杰虽然各有图谋，但在反秦暴政方面却高度一致。赵正虽已然死去，可人们造反的直接对象是大秦帝国而不仅仅是它的皇帝，所以断无只灭除"皇帝"二字还打印始皇帝颁诏事铭文的道理；特别是文中"尽并兼天下诸侯"那句话,是反秦自立的各路英豪最为愤恨的,怎么还会特地打印出来以令民众观摩?连"皇帝"都除掉不要了,还印制其他那些铭文干什么?这实在是太反常了,违背基本的人情事理。道理就这么简单,而这却是二王之说绝不可通的要害之处。

第二,"皇帝"一称为赵正所首创,其中的"帝"字乃"采上古'帝'位号"而来(《史记·秦始皇本纪》),即"三皇五帝"之"帝"。项羽"尊怀王为义帝"(《史记·项羽本纪》),同样缘自此义,即义帝并非"皇帝"。检读《史记》,也从未见有称义帝为"皇帝"的情况。这不是一个小问题,而是中国历史上的一项大关节,疏忽不得,大意不得,必须予以澄清。因为项羽舍命反秦,其中一项重要目标,就是推翻"皇帝"一统天下的体制,所以他才分封十八诸侯。在这一前提之下,是不会再尊奉怀王为"皇帝"的,因而也就不会如王献唐先生所说,是在楚怀王被尊为义帝期间重又在陶量上补刻"皇帝"二字。

第三,大家只要瞄一眼陶量铭文中补刻的"皇帝"两字就可以看出,这两个字同陶量上在烧制前打印上的其他文字是具有明显差别的;从古物鉴别的角度来讲,亦可谓天差地别。试问拿这样的东西,何以能够蒙骗买家?从事赝造古董的商贾绝不会这么笨。哪一行都会有个门槛,也都有职业的尊严。把字刻得稍微像一点儿也并没有那么难,做出这么拙劣的活儿来,让这行的手艺人拿出来蒙人他也不会,太丢人了。所以,王恩田先生以为古董商贾伪刻"皇帝"二字的说法也是说不通的。

基于上述三点认识,现在我们倒过来看秦陶诏量铭文中阙失"皇帝"二字的情况:补刻"皇帝"两字,只能发生在大秦朝廷控制之下,也就是还受"皇帝"统治的时候,应当是奉命而为;由此向前推溯,造器者刻意铲除印模上的"皇帝"二字,当然也只能发生在秦廷治下。

尽管没有直接的记载,但揣摩相关记载,我们还是可以找到这一现象发生的缘由——"始皇帝"的谥号性质问题。

"始皇帝""二世皇帝"这样的称谓,都属于谥号性质的名号,这一点,我在《生死秦始皇》一书里已做有解说;后来,又在《谈谈"始皇帝"的谥号性质》那篇讲稿里做了更为深入的阐述(收入拙著《正史与小说》)。因此,在这里就不再具体解释了。

现在中国的文化界,从中学教科书开始,直到大学教科书和专家者流的研究性著述,通行的说法,都是赵正"自称"始皇帝。在这样认识的基础上,就不易理解秦陶诏量上铲去"皇帝"二字的缘由了。

所谓谥号,其重要特征之一,是在同一王朝之内,君主的谥号不会重复,即谥号具有特指性。郑樵在《通志·谥略》里称"有讳则有谥",即为回避已故君主的大名而需要用谥号来称谓这位君主。由于同一朝代内各位君主之名不会重复,所以,谥号也不能重复。

"始皇帝"是谥号,特指赵正其人,可"皇帝"是一个通称而不是专名。赵正是皇帝,继位的胡亥同样也是皇帝。赵正在世的时候,世人言语和行文,都用"皇帝"来称呼他,当他死去之后,人们也用同样的称谓来指继位的胡亥。

这本来没有什么,就像儿子虽然一辈子都要管老子叫爹,可这并不妨碍他给自己的儿子当爹。爹就是爹,死去了的老子仍然是爹;皇帝也就是皇帝,死去的皇帝依旧还是皇帝。可大家知道,胡亥的脑子不是那么灵光,要是脑子稍微灵光一些,他也就不会被赵高"指鹿为马"耍着玩儿了。

秦始皇在位时期,在世间广泛留存的文字,不仅有所谓陶诏量铭文,更重要的是,还有东巡各地时留下的诸多刻石,诸如峄山刻石、泰山刻石、琅邪刻石等;而且关于统一度量衡的铭文,也不仅铭记于陶量之上,在很多铜制甚至铁制度量衡器上也都带有同样的铭文。

始皇二十六年秦权上的诏书铭文

(据容庚《秦金文录》)

《史记·秦始皇本纪》如下一段记载,向我们展示了二世皇帝胡亥对待这些铭文的态度:

> (二世皇帝元年)二世与赵高谋曰:"朕年少,初即位,黔首未集附。先帝巡行郡县,以示强,威服海内。今晏然不巡行,即见弱,毋以臣畜天下。"春,二世

东行郡县,李斯从。到碣石,并海南,至会稽,而尽刻始皇所立刻石,石旁著大臣从者名,以章先帝成功盛德焉:

皇帝曰:"金石刻尽**始皇帝**所为也。今袭号而金石刻辞不称**始皇帝**,其于久远也,如后嗣为之者,不称成功盛德。"丞相臣斯、臣去疾、御史大夫臣德昧死言:"臣请具刻诏书,刻石,因明白矣。臣昧死请。"制曰:"可。"

遂至辽东而还。

也就是秦二世带着李斯等人沿着秦始皇刻石旧地走了一大圈,在乃父所制铭文之后,附刻了"皇帝曰"至"可"这段文字。这也就是所谓"二世刻石"。在这些"二世刻石"中,今有琅邪刻石存世,取以相较,可知《秦始皇本纪》中的"刻石,因明白矣"应正作"金石刻,因明白矣"。

秦二世琅邪刻石

秦二世所说"不巡行即见弱,毋以臣畜天下",实际上是用这种"巡行"的行为来向天下昭告其权位的稳固性,是想用这种方式来威服天下,原因是其因以阴谋手段篡夺帝位而心存忐忑。也正因为如此,他才要在秦始皇刻石旁边,添附自己的铭辞,以示他已跻身大位,成为新的皇帝,同时也承续了先皇帝的凛凛威风。为了在民众中造成更为普遍的威慑作用,秦二世时还在铜制度量衡器上刻制了同上述刻石类似的铭文:

元年,制诏丞相斯、去疾:"法度量尽始皇帝为之,皆有刻辞焉。今袭号,而刻辞不称始皇帝,其于久远也,如后嗣为之者,不称成功盛德。刻此诏。"故刻左,使毋疑。(容庚《秦金文录》)

至于"今袭号而金石刻辞不称始皇帝(注意:'始皇帝'只有像这样在赵正死后才会称用),其于久远也,如后嗣为之者,不称成功盛德"云云,不过是粉饰其真实用意的门面话,当不得真。

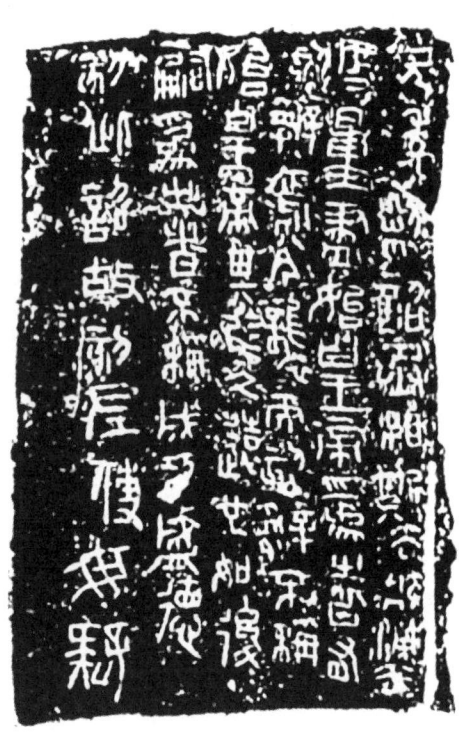

所谓二世元年诏版

(据容庚《秦金文录》)

既然在铜质的度量衡器上已经见到了这样的二世铭文,那么,像陶量这样的陶质度量衡器,对其既有铭文,理所当然地也要做出相应的处置。然而,到目前为止,我们还没有看到这样的遗物。

我想，在这种情况下，就有足够的理由推想，在秦始皇陶诏量铭文中空阙"皇帝"二字，应该是胡亥继位后这次针对始皇铭文所采取的行动的一部分。

如上所述，胡亥的真实目的，是要昭告世人他才是当下的真龙天子，他才是世上独一无二的"皇帝"。虽然对陶量上的铭文，也可以像铜质量器一样刻上二世的诏书，可陶量制作量大，骤然之间，不易操作；而且瓦器易碎，需要不断制作新品，不妨稍后再从容制作新的印模，统筹处理。于是，主管陶量制作的官员，就采取了一个临时性的变通办法，这就是铲掉原来印模上的"皇帝"二字，以清除先皇帝的遮挡。——我想，这就是秦始皇陶诏量铭中这二字阙文产生的缘由。

孰知这样一来，不仅原来的铭文已经无法通读，还会给民众带来莫名其妙的困惑，而且对刚刚死去的老皇帝赵正也是大不敬的举动。于是，便又重新补刻上"皇帝"二字。同样由于操作起来实在麻烦，于是我们就看到有的陶量添补上了这两个字，有些则还空阙待填。当然没过多久，秦朝就灭亡了，从而也就遗存下来这样一些阙字的陶量。

2022 年 9 月 2 日草稿
2022 年 9 月 16 日改定

A Re-interpretation of the Inscriptions on the Official Pottery Measure of Emperor Shihuang of the Qin Dynasty Unearthed at Jiwangcheng Site

Xin Deyong

Department of History, Peking University

Abstract: Researchers have diverse interpretations of the fact that two characters "皇帝"（emperor）have been erased from the inscriptions on the official pottery measuring vessel during the reign of Emperor Shihuang of the Qin Dynasty unearthed at Jiwangcheng Site in Zou County, Shandong Province. However, none of the various explanations seems to be consistent with historical reality. This study holds that Huhai, the successor of Emperor Shihuang should be responsible for the missing words. He ordered to have the character "皇帝" removed after Emperor Shihuang's death in order to claim himself as the one and only rightful emperor under Heaven because，according to the regime system of the Qin Dynasty, Zhao Zheng had been given the posthumous title "the First Emperor" or "Emperor Shihuang".

Key words: Emperor Shihuang; posthumous title; inscriptions

唐上清大洞法师姜希晃墓志考释[①]

刘 蓉

(西北大学 历史学院)

摘 要: 西安南郊出土的唐上清大洞法师姜希晃墓志,为我们探究唐代道教发展情况提供了极为丰富的信息;同时也为我们了解唐玄宗朝及德宗朝的姜皎、姜公辅等天水姜氏成员提供了可贵史料。天水姜氏自姜谟以开国功臣发迹,至姜皎以从龙功臣显达于玄宗朝。其后得罪流徙岭南钦州,子孙分散,有以道士身份留于长安道观者如姜希晃,亦有从岭南重新以"卑品苍黄"起家入仕而至宰相者如姜公辅。天水姜氏"搴枝叶于玄珪",与皇室多有瓜葛;同时"求圣贤于黄卷",对于道教多所谙熟。由此其家族盛衰起落均与这两个特点有所关联。

关键词: 天水姜氏;关中墓志;道教上清派;昊天观

2020年,《西安南郊唐上清大洞法师姜希晃墓发掘简报》[②]公布,该墓编号为M13,由西安市文物保护考古研究院与郑州大学历史学院于2018年联合发掘,发掘地点位于西安市长安区航天产业基地。该次发掘共清理墓葬15座,其中M13是一座竖穴墓道单室土洞墓,随葬品有墓志一合及镇墓砖、瓷盏、陶人俑、陶鞍马等。发掘简报公布的墓志录文及标点迻录如下:

唐故上清大洞法师西岳真人姜先生化所铭/
前大理评事姜公复撰/
嗟乎!大洞法师友乎,真以贞元七年八月十二日,委化/于京兆府万年县昊天观。春秋廿十二,备录六十三,越/四百三十二甲子,既五炼归于城南毕原全

[①] 本文为陕西省社科基金项目"陕西出土汉魏晋南北朝碑刻研究(2020G014)"、陕西省哲学社会科学重大理论与现实问题研究项目"北朝关中大姓研究(2022ND0452)"相关研究成果。

[②] 见《中原文物》2020年第5期,第42—48页。

德□。先生/姜姓首名希晃，万年里人。□祖考皆以恬居肥遁优游/□处，故无迹而纪焉。先生髫龀之岁，性根真净，及长雅/回飨。霞驭风之器，年廿一诣上清张炼师，授以法箓玄/□。妙□有若生知金□丹经开卷冥会当/。玄宗化崇清净教，尚黄老博求。方士多所钦风出入内/道场。颇见信重，赐以黄霓缥帛，宠以上真美号洎/。肃宗代宗□□惟允为道纲纪署，肃明昊天威仪，历侍/□□休问四塞，洋洋名称畅于京师。特善五岳灵符、大/罗仙术拯恤人瘝，涤荡神奸。以□中贵近？多□□地/。呜呼！归先生之道非不能三光齐毕也。胡然决疣遗□/保终示化，吾不知其尸解欤，其委顺欤。但见先生极□/□无朕，安知先生死生之所在，弟子□明等哀述景行/□守为铭辞曰：

□寮夐兮□芊芊，山青兮草绵绵。于嗟先生兮幽宅/，□与辽阳之鹤兮来归可□/。

□□□奉天□□难□□军大将军□□监左羽林□□□□子献书

简报同时发布了墓志拓片，并在结语中有所阐释。今对照拓片，对该墓志录文及阐释的可商之处，试进一步加以探究。

一、墓主姜先生年龄

录文"春秋廿十二，备录六十三，越/四百三十二甲子"，释文称据此姜先生"享年85岁，据此推算其生年应为神龙三年（707）"。这是将春秋廿十二释为22岁，视作其入道时年龄，备录六十三视为入道籍后年龄，前后相加得85岁。但对后面的"越四百三十二甲子"未做解释，且"廿"即二十，若指二十二岁，应为春秋廿二，不当为"廿十二"。志文后有"年廿一诣上清张炼师"语，正可证不当有"廿十二"。故此处简报有误。

细查拓片，此处"廿"当为数字"七"，则志文本为"春秋七十二，备录六十三"，说得是姜先生享年七十二岁，其中入道籍有六十三年。"越/四百三十二甲子"，一甲子为六十天，则一年有六个甲子，姜先生共经历四百三十二个甲子，正是七十二岁。以所历甲子计年岁，当是考虑到其道士身份。如此，姜先生当生于玄宗开元八年，即公元720年，未及武则天时。

二、姜先生"备录"年岁

志文"年廿一诣上清张炼师，授以法箓"，简报释为姜先生"二十一岁时拜上清张炼师，被授以法箓，正式成为一名道士"，这应该也是简报认定其年龄的依据之一。但

"备录"与"授以法录"其实并不是一回事。

备录即是出家入道，列名道籍，与道籍制度有关。唐代前期对于道士度牒并无年龄限制，有很多道士少年时期即已出家，如《唐故昊天观周尊师墓志铭并序》称京兆周道仙尊师"夙植玄机，淡于纷俗，年十二被褐受箓，自得正真，贞元十八年，配住昊天观"①。员半千《大唐宗圣观主银青光禄大夫天水尹尊师碑》称楼观台尹尊师"年十五，道行已周，有名于远近矣。属文德皇后遵上景而委中宫，于时搜访道林，博采真迹，尊师即应元景，行预缘云，奉敕出家，配住宗圣观"②。另有一位尹尊师，"年甫十二……遂配居昊天观"③。以上几位尊师，均是十多岁即已"被褐受箓"，作为初学道者，配住某道观，开始自己的道士生涯。姜先生"春秋七十二，备录六十三"，也即九岁时就已经"备录"入道了。

八九岁入道，在道教经典中也是有依据的。最晚成书于初唐的道教经典《三洞奉道科诫仪范》中，称受更令、一将军箓，年七岁、八岁者，得号为"男生""女生"；受三将军、十将军符箓，三归、五诫，年十岁已上者，得号为"箓生"；受更令箓、童子一将军箓、三将军箓、十将军箓、箓生三诫文、正一五诫文，年七岁、八岁，或十岁已上者，称"正一箓生弟子"等。④可见，七岁以上的孩子，只要"受箓"，即接受、学习了某些符箓、诫文，便可以成为"录生"或"箓生"，虽然较为初级，但已经是道家弟子。

在修习一些经箓之后，经政府考核批准，最后领取由尚书省祠部颁发的度牒，便成为合法的道士，称为正名道士，国家为这些道士编有专门的道籍，"凡道士、女道士、僧尼之簿籍亦三年一造"⑤，由州县负责将已度道士、女冠的姓名、乡贯、户头、所习经业及配住宫观等报送有司，道士、女冠死亡、还俗，其度牒由本观三纲于当天封送有司。⑥因此，所谓"备录"或是"配住"某观，都是指经由度牒合法入道，有名录于政府掌管的道籍。

姜先生"年廿一诣上清张炼师，授以法录"，是指其进阶法位的师承与学习内容，与道教的法位制度有关。《隋书·经籍志四》称道士受学次第及仪式等：

> 其受道之法，初受《五千文箓》，次受《三洞箓》，次受《洞玄箓》，次受《上清箓》。箓皆素书，纪诸天曹官属佐吏之名有多少，又有诸符，错在其间，文章诡怪，世所不识。受者必先洁斋，然后赍金环一，并诸赞币，以见于师。师受其贽，

---

① 录文、拓片可参见李举纲、贾梅《唐〈昊天观周尊师墓志铭〉考释》，《考古与文物》2007年第5期。
② 《全唐文》卷一六五，北京：中华书局，1983年。
③ 参见吴钢主编：《隋唐五代墓志汇编》陕西卷第四册，天津：天津古籍出版社，1991年。
④ 参见白照杰：《唐前期（618—755）道教法位制度厘证》，《宗教学研究》2017年第1期。
⑤ （唐）李林甫：《唐六典》卷四《尚书礼部》祠部郎中条，陈仲夫点校，北京：中华书局，2014年，第126页。
⑥ 参见王永平：《论唐代道教的管理措施》，《山西师大学报》2002年第1期。

以箓授之，仍剖金环，各持其半，云以为约。弟子得箓，缄而佩之。①

姜先生从二十一岁"诣上清张炼师"受学，可见其属于道教上清一系，志文说他"有若生知""开卷冥会"（此处简报标点有误），赞其慧根悟性超强，学业精进，擅长五岳灵符、大罗仙术，为人治病疗疾，所以最终能够进阶为上清大洞法师，这已经是道士位阶中的极高等级。

志文称姜先生去世后，先经"五炼"，然后归葬城南毕原家茔。五炼，是道家超度亡魂的重要科仪，讲究"死魂受炼，仙化成人"，即法师通过自身之真水与真火交炼亡魂的形与神，使其形完质净，往生仙界。根据《太上洞玄灵宝灭度五炼生尸妙经》，五炼即是召请东西南北中五方神灵，包括东方九气天君、南方三气天君、西方七气天君、北方五气天君及总统中央黄元天君，"开度一切死魂，安镇尸形，营卫抚恤，无令地官驱迫摇动"，由此安镇死者，使魂神上超天府，形骸长得安宁。举行祭炼仪式时，要将称作"五方安灵镇神天文"的五组神符，分置五方，以东方"灵宝青帝炼度五仙安灵镇神九气天文"为例：

"东方九气青天承元始符命，告下东方无极世界土府神乡诸灵官，今有太上清信弟子某甲，灭度五仙，托尸太阴。今于某界安宫立室，庇形后土，明承正法，安慰抚恤，青灵哺饴，九气朝华，精光充溢，炼饬形骸，骨芳肉香，亿劫不灰。东岳泰山明开长夜九幽之府，出某甲魂神，沐浴冠带，迁上南宫，供给衣食。长在光明，魔无干犯，一切神灵，侍卫安镇，悉如元始盟真旧典女青文。"

黑书此文于青石上，师拜黄缯章毕。埋文于亡者尸形所在东向极墓界。临埋时，师云行禹步九步，至所在，东向读大字及文毕。叩齿二十四通，咽气九过，咒曰："元始符命，普告东方无极世界土府神乡、洞空洞无洞玄洞元九气总司、三界神官一切冥灵无极神王。今日大庆，青天始阳，高驾临正，万道开通，甲乙受度，托尸玄房，太上清信，魂应上升，五仙沐浴，拂饬衣裳，形庇灵狱，地为开张，请以玉女，安镇神宫，一切侍卫，供给自然，须魂反尸，上帝奉迎，一如明真，旧典施行。"毕，便埋文土中也。②

这些"天文"的书写，遵循着五方五色的讲究，东方"黑书此文于青石上"，南方"青书此文于赤石上"，西方"黄书此文于白石上"，北方"白书此文于黑石之上"，中央"朱书此文于黄石上"。准此，简报将M13:12黄白底朱书定为中方镇墓砖是没问题的，但将M13:2灰黑底白书者定为西方镇墓砖则不妥，应该是北方镇墓砖。此外

---

① 《隋书》，北京：中华书局，1973年，第1092页。
② 《正统道藏》洞玄部，第六册，261—262页。

简报未判定位置的 M13:13，为灰底墨书，似可定为东方镇墓砖；如此，则 M13:14、M13:15，分别为南方、西方之镇墓砖。

三、姜先生的"威仪"官职

志文称姜先生在肃宗、代宗时"署肃明、昊天威仪"，是指姜先生先后任肃明观、昊天观的"威仪"，简报标点有误。

肃明观原为仪坤庙，在亲仁坊，开元"二十一年，玄宗又特令迁肃明皇后神主祔于睿宗之室，仍以旧仪坤庙为肃明观"①。肃明皇后刘氏为唐睿宗的皇后，睿宗即位的文明元年册封，长寿中与玄宗生母昭成皇后同为武则天所杀，景云元年追谥为肃明皇后。到宝应元年（762），肃明观经换名换地已经在安邑坊了。②也就是说，肃宗宝应元年以前，原亲仁坊的仪坤庙名为肃明观，宝应元年以后，则名为咸宜观；原安邑坊的太真观则换名为肃明观了。

昊天观初设于唐高宗时，宗圣观《尹尊师碑》称：

> 高宗之在九成宫，有孛彗经天，长数丈，以问尊师。尊师对曰："此天诫子也。子能敬父，君能顺天，纳谏征贤，斥邪远佞，罢役休征，责躬励行，以合天心，当不日而灭。"上依而行之，应时消矣。是故高宗以晋府旧宅为太宗造昊天观，以尊师为观主，兼知本观事。

这座由晋王府改建的昊天观，位于长安城南，上引由唐人王徽撰写的《周尊师墓志铭并序》称"观在天街之左，去明德门一二里，风景清闲，不似在尘寰内，其流率多种竹栽花，朝之卿士，日相往来，师之门徒追游，莫非闻人高士。凡昊天之堂殿、塑像、藻绘、结构之工，皆师总领之，由是土木常新，他观无以为比"。

其具体位置，《长安志》列于保宁坊，称"昊天观，尽一坊之地。贞观初为晋王宅，显庆元年为太宗追福，立为观。高宗御书额，并制叹道文"③。

"威仪"一词，先秦典籍即已有之。佛教传入后，称行住坐卧为"四威仪"，后又

---

① 《旧唐书·礼仪志五》，北京：中华书局，1975 年，第 954 页。
② 《长安志》卷八亲仁坊"咸宜女冠观"条下载："睿宗在藩之第。明皇升极于此。开元初，置昭成、肃明二皇后庙，谓之仪神庙。睿宗升遐，昭成迁入太庙，而肃明留于此。开元二十一年，肃明皇后亦祔入太庙，遂以肃明道士观。宝应元年，咸宜公主入道，与太真观换名焉。"同卷安邑坊"太真观"条下载："天宝五载，贵妃妹裴氏请舍宅置太真女冠观，宝应元年，与肃明观换名焉。"（宋）宋敏求、（元）李好文：《长安志·长安志图》，辛德勇、郎洁点校，西安：三秦出版社，2013 年，第 281、292 页。
③ 《长安志卷七·唐京城一·保宁坊》《长安志》称建观缘起及列昊天观于保宁坊均无误，但称建造时间为显庆元年则有误。翻检《旧唐书·高宗纪下》，高宗显庆五年（660）正月"祠旧宅"，麟德元年（664）八月"幸旧宅"，可见至此时晋王旧宅仍存，显庆元年（656）立之说有所失察。昊天观之设立，当依员半千《尹尊师碑》所言，最早也在总章元年（668）四月之后。

将授戒时指导进退威仪的教授师称为"威仪师"。道教也有"威仪师",是道士修行的名号之一,《唐六典》所谓"道士修行有三号,其一曰法师,其二曰威仪师,其三曰律师。其德高思精谓之炼师"①。"威仪"成为道教官职,隋文帝时即已有之,史载"隋文帝始以玄都观主王延为威仪"②。到唐代,"威仪"是介于中朝管理机构(有鸿胪寺、宗正寺、司封和功德使等)和三纲(观主、上座、监斋)二者之间的道官,且具有一般使职的特性。③除了京师、郡县、道教名山外,重要宫观也设道门威仪一职,由道士专任。政府对道门威仪的选拔非常严格,在京威仪一般由皇帝亲自任命。④姜先生先后被署任为肃明观、昊天观的威仪,足见皇帝对他的信任,也可见其道术精进、德行显著,在道教界有着崇隆地位。

四、其他

简报录文第一句"大洞法师友乎,真以",标点不当之外,"友"字也甚为费解。拓片不甚清楚,但按照文意,该字似应为"归","归真"即是对佛道徒离世的专称。"祖孝"当为"祖考"。"历侍□□",后面两字,根据姜先生生卒年,似可补为"四帝",指玄宗、肃宗、代宗和德宗。其他录文标点断句有不当者,一并重新标点如下:

唐故上清大洞法师西岳真人姜先生化所铭/
前大理评事姜公复撰/
嗟乎!大洞法师[归]乎真,以贞元七年八月十二日,委化/于京兆府万年县昊天观。春秋七十二,备录六十三,越/四百三十二甲子,既五炼,归于城南毕原全德□。先生/姜姓,道名希晃,万年里人。□祖考皆以恬居肥遁,优游/□处,故无迹而纪焉。先生髫龀之岁,性根真净,及长,雅/回飧霞驭风之器,年廿一诣上清张炼师,授以法箓。玄/□妙□,有若生知;金□丹经,开卷冥会。当/玄宗化崇清净,教尚黄老,博求方士,多所钦风,出入内/道场,颇见信重。赐以黄霓缥帛,宠以上真美号。洎/肃宗代宗,□□惟允,为道纲纪,署肃明、昊天威仪。历侍/四帝,休问四塞,洋洋名称,畅于京师。特善五岳灵符、大/罗仙术,拯恤人瘼,涤荡神奸。以□中贵近臣多所□地/。呜呼!归先生之道,非不能三光齐毕也。胡然决疣遗□,/保终示化,吾不知其尸解欤,其委顺欤。但见先生极□/□无朕,安知先生死生之所在,弟子□明等,哀述景行,/

---

① (唐)李林甫等:《唐六典·尚书礼部·祠部郎中》,第125页。
② (宋)高承《事物纪原》卷三八《道释科教部》"道箓"条称《续事始》引《仙传拾遗》,中华书局,1989年,第382页。
③ 周奇:《道门威仪考》,《史林》2008年第6期,第113页。
④ 参见卜祥伟、刘康乐《教团自治与国家控制:唐代道官与道教管理》,《北方论丛》2013年第1期,第83—87页。

□守为铭辞曰：

□察夐兮□芊芊，山青兮草绵绵。于嗟先生兮，幽宅/□与，辽阳之鹤兮，来归可□。/

从□□奉天之难□□军大将军□□监左羽林□□□□子献书

余　论

这位上清大洞法师西岳真人姜先生，姓名籍贯年岁俱在，唐玄宗朝即已"出入内道场，颇见信重"，历四帝，"洋洋名称，畅于京师"，唯称其父祖则曰"无迹而纪焉"，令人疑惑。而为其撰写志文的姜公复，是罢相未久的姜公辅之弟。姜公辅《旧唐书》有传，径称其"不知何许人"，《陆贽传》又称"刘从一、姜公辅自卑品苍黄之中，皆登辅相"①《新唐书》本传则称"姜公辅，爱州日南人"②。但与姜公辅有过交游的唐人欧阳詹称其为"前相国天水姜公"③，刘禹锡也称"德宗朝天水姜公公辅、杜陵韦公执谊、河东裴公垍以贤良方正征"④，一位官至宰相之人，籍贯居然淆乱如此，实令人费解。

窃以为，姜先生父祖的"无迹而纪"，和撰写姜先生墓志的姜公复兄弟的籍贯问题，均与唐玄宗时天水姜氏的姜皎有关。

姜皎在新旧《唐书》附于其曾祖姜谟传，为唐玄宗从龙功臣，封楚国公。"玄宗即位，召拜殿中少监。数召入卧内，命之舍敬，曲侍宴私，与后妃连榻，间以击球斗鸡，常呼之为姜七而不名也。兼赐以宫女、名马及诸珍物不可胜数。玄宗又尝与皎在殿庭玩一嘉树，皎称其美，玄宗遽令徙植于其家，其宠遇如此。"⑤但姜皎"愿以飘飘五云影，从来从去九天间"⑥的希冀没能实现，开元十年因漏泄禁中语入狱，"诏免殊死，杖之，流钦州。道病死，年五十。亲厚坐谪死者数人，世以为冤"。其子姜庆初，"生方晬，帝许尚主，后沦谪二十余年。天宝初，皎甥李林甫为宰相，为帝言之，始命以官，袭楚国公。十载，尚新平公主"。⑦其弟姜晦，"坐皎左迁春州司马，俄迁海州刺史，卒"。⑧

除了史书有载的姜庆初、姜晦之外，姜皎子弟侄孙受到影响的当有不少，姜先生

---

① 《旧唐书》卷一三九，第 3800 页。
② 《新唐书》卷一五二，第 4831 页。
③ 欧阳詹：《二公亭记》，《全唐文》卷 597，第 6036 页。
④ 刘禹锡：《唐故中书侍郎平章事韦公集纪》，《全唐文》卷 605，第 6109—6110 页。
⑤ 《旧唐书》卷五九《姜谟传附》，第 2334 页。
⑥ 《旧唐书·音乐志三》载殿中监姜皎作《享龙池乐章十首》第五章："龙池初出此龙山，常经此地谒龙颜。日日芙蓉生夏水，年年杨柳变春流。尧坛宝匣余烟雾，舜海渔舟尚往还。愿以飘飘五云影，从来从去九天间。"第 1125 页。
⑦ 《新唐书》卷九一《姜谟传附》，第 3794 页。
⑧ 《旧唐书》卷五九《姜谟传附》，第 2337 页。

应是其中之一。开元十年姜皎得罪之时，姜先生三岁左右，其家极有可能设法将他寄放到昊天观，最终成了一名道士。或许正因这样一场变故，使得其祖考"无迹而纪"。

姜先生于家族变故之时能被寄养在道观，则是因姜氏与道教有颇深的关系。高祖李渊时姜皎曾祖姜谟即有先见之明，称"隋祚将亡，必有命世大才，以应图箓，唐公有霸王之度，以吾观之，必为拨乱之主"①。姜皎的父亲姜遐，字柔远，天授二年（691）去世，后因姜皎之宠而被追赠吏部尚书，姜皎之母也得以追封，故重新刊石立碑以记其事，碑文撰写者为姜遐之侄姜晞，时任礼部侍郎。对于这通碑，金石家早有著录，惜残，1974年碑之上半段出土，遂为全碑。② 碑文对于姜遐的身世经历记载甚详，可补史缺。碑中说到姜遐"诣微索隐，搴枝叶于玄珪；原始要终，求圣贤于黄卷"。"搴枝叶于玄珪"，应是指姜氏与李唐皇室有瓜葛，碑文所称其夫人窦氏实为公主之女。"黄卷"一词，虽可指称普通书籍，"求圣贤于黄卷"也用狄仁杰之语，但"黄卷"同时也可称道家典籍，如唐皎然《兵后早春登故邺南楼望昆山寺白鹤观示清道人并沈道士》诗即有"耳目何所娱，白云与黄卷"语，可知姜柔远也是于道教有所修习。唐玄宗未登基时，姜皎即预言"太上皇即登九五，王必为储副"，又一次展现了这种"先见之明"。姜皎能够"预睹成龙之征"，其实是基于其家传的道教方术。

姜氏与道教有渊源，还可以从姜皎之子姜庆初被赐死一事中看出些端倪。经李林甫提携，姜庆初最后得以尚新平公主，后以太常卿身份主持修肃宗建陵，"会修植建陵，诏为之使，误毁连冈，代宗怒，下吏论不恭，赐死"。③ 这场变故甚至连累到新平长公主也被幽于禁中，他们的女儿正是死在昊天观，《唐新平长公主故季女姜氏墓志铭》为我们揭示了这一悲剧：

> 乙巳岁四月二十六日，有唐新平长公主季女姜氏卒于京师昊天观。五月六日，葬于某原。长公主叹季女姿度荣茂，温惠淑慎，能修女师之训，动中礼范。其曾祖柔远，位至尚书地官侍郎。祖皎，以勋旧历太常秘书，剖符封楚。其父庆初，能践修祖考之耿光，嗣爵旧国，复居太常。元宗其外王父也，肃宗其舅也，天池波澜，泽润本根。谓德钟下，锡祉与寿，宜君子家室，且贻芳于彤管，乃未笄而夭，命也夫！呜呼！窈窕专柔，含德而未形，虽当《鹊巢》《小星》《采蘩》《殷雷》之德，今已矣夫，史氏蔑由记之矣。长公主之恸，其庸可及乎？故月而日之，铭诸坚石焉。其词曰：
> 思娈季女，生于公族，禀懿德兮。天世其禄，不遐其福，胡不淑兮。彭殇同

---

① 《旧唐书》卷五九《姜谟传附》，第2333页。
② 参见陕西省收藏家协会醴泉分会安雅堂2019年8月14日美篇号13852062发布《姜遐碑》拓片及录文，该碑碑额篆书"大唐故吏部尚书姜府君之碑"。
③ 《新唐书》卷九一《姜谟传附》，第3794页。

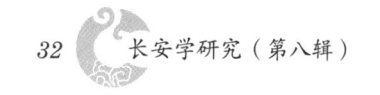

踬，数不可续，哀靡极兮。①

乙巳岁是唐代宗永泰元年（765），为其撰写墓铭的是天宝末"举洞晓玄经科"的文学家独孤及。根据墓铭"天世其禄，不遐其福"的说辞及其卒年，似乎这位"未笄而夭（天？）"的姜氏是受其父牵连而死的。姜氏终于昊天观，而其时姜先生正应是昊天观的威仪。而姜公辅在被贬之初，亦曾求请出家为道士，仍可证天水姜氏与道教关系之微妙。

为姜先生撰写墓志的姜公复与其兄姜公辅的籍贯，也应与姜皎父子的横死联系起来。姜谟"秦州上邽人"②，西州之望，父祖皆有名位于前朝，姜谟本人官至秦、陇二州刺史。子行本，行本子简，简弟柔远，柔远碑称其"世为天水著姓"。唐人欧阳詹亲与姜公辅交游而称其"天水姜公"，可知姜公辅、姜公复亦为天水姜氏。姜公辅后来移籍爱州也很清楚，唯有"钦州"说，论者或以为不足信，或以为由来有自，多有争议。③

其实，姜公辅籍贯"钦州"是有根据的。姜皎被杖后流放的目的地正是"钦州"，只是姜皎没能扛住流配之苦，未到钦州就死了。但姜皎的子孙家人是必须带着死去的姜皎到达钦州的。《唐六典》称"流移之人皆不得弃放妻妾及私遁还乡"，注曰"若妻子在远，预为追唤，待至同发。配西州伊州者，送凉府；江北人配岭南者，送桂广府；非剑南人配姚巂州者，送付益府，听领即还。其凉府等各差专使领送，所领送人皆有程限，不得稽留迟缓"④。可知姜皎一行须先被送至桂府，然后再由专使领送至钦州。后来"玄宗复思皎旧勋，令递其柩还，以礼葬之，仍遣中使存问其家。十五年，追赠泽州刺史"⑤，也只是开恩令姜皎本人得以还葬，并未赦免其家人子孙，所以才有姜庆初沉沦二十余年之说。姜庆初后得以借李林甫帮助入京尚主，而其他姜氏子孙自然仍是在钦州生存繁衍，姜先生的父母、姜公辅的父祖应该就在其中。因是罪人子孙，流配落籍钦州，故而《旧唐书》作者称其不知何许人，又称其出身为"卑品苍黄"。嘉靖《广东通志》记姜公辅祖父名姜神翊，父名姜挺，"姜神翊字佑之，钦州遵化人。其先自天水徙南海，至神翊为钦州参军，始贯遵化。累迁舒州刺史，修山祠，建四望楼。政令严整，淮南盗贼不敢入境。子挺以父任为盛唐令，徙家九真，后占籍爱州日南县"⑥。"其先自天水徙南海"，只能说明其为天水籍贯，对于因何事徙，徙于南海何处，

---

① 《全唐文》卷三九一。
② 据《旧唐书·地理志三·陇右道》，天水、秦州，唐代屡有名称改易，武德二年改隋天水郡置秦州，天宝元年改为天水郡，乾元元年复为秦州，其实则一。第1630页。
③ 关于姜公辅籍贯问题讨论，可参见黄国安：《姜公辅籍贯辨析》，《东南亚纵横》1994年第1期；王承文：《唐代安南籍宰相姜公辅和文士廖有方论考》，《学术研究》2018年第2期。
④ （唐）李林甫等：《唐六典·尚书刑部》，第190页。
⑤ 《旧唐书》卷五九《姜谟传附》，第2337页。
⑥ 参见王承文《唐代安南籍宰相姜公辅和文士廖有方论考》，转引自（明）黄佐：《广东通志》卷五五《姜神翊传》，广东省地方史志办公室誊印，1997年，第1407页。

则语焉不详。"至神翊为钦州参军",透露了姜神翊起家为"参军"的信息,^① 他的儿子姜挺虽然后来"徙家九真",但所娶夫人仍是钦州黄氏,姜公辅即是姜挺与黄氏之子。因此之故,姜公辅籍贯既可称天水,亦可称钦州,亦可称爱州,其实正是流配岭南的天水姜氏颠沛流离的缩影。

姜皎父亲姜遐碑是由姜遐侄儿、也即姜皎堂兄弟姜晞撰写,是效仿"晋之王珣,梁之何逊,惟伯惟叔,咸自为文"^②,叔伯兄弟之间相互为文是应当的。由此推知,姜公复既为姜希晃撰写墓志碑铭,或也因"惟伯惟叔"之亲。

Research on the Epitaph of Jiang Xihuang a Taoism Master from the Shangqing Sect

Liu Rong

History School, Northwest University

Abstract: The epitaph of Jiang Xihuang, a Taoism master with the second highest title of Taoist priest "Dadong" from the Shangqing Sect during the Tang Dynasty, has been unearthed in the southern suburb of Xi'an and provided us with extremely rich information about the development of Taoism in the Tang Dynasty. In addition, it also provides valuable historical materials for us to better understand the Jiang Clan from Tianshui, including Jiang Jiao and Jiang Gongfu, in the reign of Emperor Xuanzong and Emperor Dezong during the Tang Dynasty. Jiang Clan from Tianshui began to rise to power since Jiang Mo, who was a general in the establishment of the Tang Dynasty, and became influential since Jiang Jiao, who was an important supporter of Emperor Xuanzong. Later, the family was sent in exile to Qinzhou in Lingnan, and the descendants of the Jiang Clan of Tianshui dispersed. Some became priests in the Taoism temples of Chang'an, such as Jiang Xihuang, while others, such as Jiang Gongfu, became prosperous again in Lingnan and were finally promoted as the prime minister. The Jiang Clan of Tianshui was closely connected with the royal family; At the same time, they were familiar with Taoism. Therefore, the ups and downs of the family were associated with these two features.

Key words: Jiang Clan of Tianshui; epitaphs in the Guanzhong Plain; the Shangqing Sect of Taoism religion; the Haotian Temple

---

① 《唐六典》卷六称流移之人"至六载然后听仕",因此流配钦州的姜氏子弟,虽未能还京,但已经可以在钦州当地起家入仕了。

② 王珣有《伯远帖》,伯远应是其叔伯兄弟王穆;何逊也有《赠族人秣陵兄弟诗》。

合葬非古：唐代丧葬习俗与礼法的互动*

郑伟凤　焦杰

（陕西师范大学　历史文化学院）

摘　要：在唐代，除了妇女婚后无子、再嫁、打搅亡灵禁忌、占卜不吉和宗教信仰因素以外，影响夫妻分葬的因素还有政治环境、礼法制度、继娶制婚姻、人口流动等。不论是合葬墓志还是单葬墓志，"合葬非古"字样频繁出现，并呈现出前期多后期少的特点。单葬墓志中的"合葬非古"代表着太古，合葬墓志中的"合葬非古"代表着中古。前者作为美饰，或藉以掩饰单葬的真实意图，或表达一种无奈的心态，本质上是对夫妻合葬主流化的认同；后者主要是为了表明合葬的正统性与合礼性。"合葬非古"行文在唐代墓志中所呈现的特点，反映的是唐代礼法制度与现实丧葬习俗的互动。

关键词：唐代墓志；"合葬非古"；合葬；单葬；礼法制度

随着以个体家庭为单位的社会结构日渐定型，尤其是"三从之义"成为传统社会妇女的道德规范，夫妇合葬逐渐成为中国传统社会的主流丧葬习俗。从汉代的"妇从其夫葬为合葬，凡夫妇以合葬为常"[1]，夫妻丧葬经过魏晋南北朝的同茔异穴式合葬向同穴式合葬的逐渐过渡[2]，至唐代，夫妻同穴式合葬成为主流的丧葬习俗。目前，学界关于唐代妇女丧葬问题的研究主要从两个方面进行：一是根据考古发掘来探究唐代夫妻合葬的形制、特点、随葬品及相对应的丧葬文化[3]；二是通过墓志中与丧葬有关的材料来研究唐代两性关系及妻妾关系[4]。综观学界的众多研究成果，似乎唐代夫妻丧葬已

---

* 本文为国际长安学研究专项年度项目"唐代墓志中'合葬非古'文本叙事及文化研究"（编号：22AN02）成果。
[1] 杨树达：《汉代婚丧礼俗考》，上海：上海古籍出版社，2000年，第138页。
[2] 韩国河：《试论汉晋时期合葬礼俗的渊源及发展》，《考古》1999年第10期，第71—74页。
[3] 陈忠凯：《唐代人的生活习俗——"合葬"与"归葬"》，《文博》1995年第4期；齐东方：《唐代的丧葬观念习俗与礼仪制度》，《考古学报》2006年第1期。
[4] 陈弱水在《隐蔽的光景：唐代的妇女文化与家庭生活》一文中认为夫妻合葬虽然是流行的葬法，具有相当强的正当性，但在唐代并没有成为绝对的规律，单葬墓的数量还是多于合葬墓的（桂林：广西师范大学出版社，（转下页）

无可探讨之处,然而细读墓志却可发现除了单葬墓志外,"古无合葬""合葬非古"的字样也频繁出现在合葬墓志中。鉴于"儒家知识分子与官僚群体是墓主中的重要群体,古代国家认同主要发生在参与王朝统治体系运作的官僚群和作为国家候补官员的读书人中间。他们在丧葬中所透露出的思想意识往往具有代表性和示范性,可以反映唐人的观念"[1],那么"古无合葬""合葬非古"字样频繁出现在单葬墓志和合葬墓志之中体现了唐代怎样的思想观念,也是一个值得探究的问题。本文即以墓志材料为基础,结合前人研究成果[2]和传世文献对这一问题展开分析和探讨,进一步拓展并深化唐代夫妻丧葬问题的研究。

一、含有"合葬非古"字样墓志的呈现特点

本文研读的墓志著录图书主要有《唐代墓志汇编》(简称《汇编》)、《唐代墓志汇编续集》(简称《续集》)、《洛阳新获墓志》(简称《新获》)、《全唐文》、《全唐文补编》(简称《补编》)、《全唐文补遗》(简称《补遗》)、《全唐文补遗·千唐志斋新藏专辑》(简称《补遗·千唐》)、《西安碑林博物馆新藏墓志汇编》(简称《碑林汇编》)、《西安碑林博物馆新藏墓志续编》(简称《碑林续编》)、《长安新出墓志》(简称《长安新出》)、《河洛墓志拾零》(简称《河洛拾零》)等十余种,涉及女性墓志共四千余方,包括志主墓志、合葬墓志和附载墓志等[3]。经仔细检索,在4820方述及夫妻丧葬事宜的墓志中共收集到含有"合葬非古"字样的墓志73方[4],现列表于下:

(接上页)2009年,第239—242页)。焦杰通过对唐代167方原配继室与夫合葬的墓志进行对比分析,得出唐后期多人葬比例下降而双人葬比例上升的结论,她认为背后是原配与继室在丧葬问题上的名分之争。详见《唐代夫妻多人葬现象探析》,《河南师范大学学报(哲学社会科学版)》2020年第2期;《唐代多娶制下夫妻二人葬的同穴权之争——以唐代墓志为核心》,《河南大学学报(社会科学版)》2019年第4期。

[1] 裴恒涛:《唐代的家族、地域与国家认同——唐代归葬现象考察》,《河南科技大学学报(社会科学版)》2011年第6期,第11页。

[2] 墓志中出现"合葬非古"字样始于魏晋南北朝时期,有部分学者已经注意到传世文献中有关"合葬非古"的记载,并作了一定的研究。邓名瑛认为"合葬之礼并非自古即有,是在文明发展进程中出现的产物。合葬'非古'与'周公初制'的双重特性,使其既带有'非法性'色彩,又具备正统性地位"(《中华民族道德生活史·魏晋南北朝卷》,上海:东方出版中心,2015年,第170—173页)。这一观点对本文研究唐代墓志中的"合葬非古"所体现的社会观念具有重要的启发意义。高二旺认为男子多娶妻室导致大妻、继室与丈夫之间的丧葬存在难以调和的矛盾,所以"合葬非古"是作为借口出现的(《魏晋南北朝丧礼与社会》,上海:上海古籍出版社,2017年,第296页)。另外,陈弱水、么振华等人也注意到了"合葬非古"字样在墓志中的作用,但并没有展开深入研究。

[3] 按:本文在统计夫妻丧葬墓志时,剔除了比丘尼、在室女、后妃、女冠、含有母亲及女儿郡望的附载墓志。

[4] 本文原本总共搜集有75方含有"合葬非古"字样的墓志,鉴于《唐故岭南节度使银青光禄大夫检校右散骑常侍兼广州刺史御史大夫龙口县开国伯食邑七百户上柱国赠工部尚书韦府君墓志铭并序》有残缺,无法判断其葬式;《唐故壮武将军蓟州别驾杜府统君广州都督府番禺府折冲都尉上柱国刘府君夫人弘农刘氏墓志铭》载丈夫去世在继室之前无法归入夫妻去世时间先后一栏,故予以剔除,仅保留73方。本文的所有数据分析便是在这73方墓志的基础上进行的。

表 1-1 "合葬非古"墓志汇总表

序号	墓 志 名 称	葬式	时间先后	出 处
1	唐故弘农杨府君墓志铭	合葬	妻子先卒	《汇编》P150
2	大唐故王君故任夫人墓志铭	合葬	丈夫先卒	《汇编》P245
3	大唐前房州房陵县尉苻君太夫人张氏墓志铭	单葬	丈夫先卒	《汇编》P482
4	大唐故夫人惠氏墓志	合葬	丈夫先卒	《汇编》P506
5	大唐故常州江阴县丞贾府君墓志铭	合葬	丈夫先卒	《汇编》P631
6	大周故上柱国太原王府君墓志铭	合葬	丈夫先卒	《汇编》P816
7	唐故邢州任县主簿王君夫人宋氏之墓志铭	单葬	丈夫先卒	《汇编》P839
8	唐故同州孝德府右果毅都尉东海于府君夫人太原王氏墓志铭	合葬	丈夫先卒	《汇编》P961
9	大周故黔州石城县主簿郑君墓志铭	合葬	妻子先卒	《汇编》P966
10	大周故府君柏善德夫人仵氏墓志铭	单葬	丈夫先卒	《汇编》P988
11	□□□□王美畅夫人长孙氏墓志铭	单葬	丈夫先卒	《汇编》P1029
12	唐故许州扶沟县主簿荥阳郑道妻李夫人墓志文	单葬	丈夫先卒	《汇编》P1078
13	故中散大夫并州盂县令崔府君夫人源氏墓志铭	合葬	丈夫先卒	《汇编》P1173
14	唐故使持节随州诸军事随州刺史河南源公墓志铭	单葬	妻子先卒	《汇编》P1257
15	唐故朝议郎周府君夫人南阳赵氏墓志铭	单葬	丈夫先卒	《汇编》P1330
16	唐故朝散大夫上柱国颍州汝阴县令史公墓志铭	合葬	妻子先卒	《汇编》P1367
17	唐故朝散大夫守汝州长史上柱国清河崔公夫人陇西县君李氏墓志铭	单葬	丈夫先卒	《汇编》P2101
18	大唐故周府君墓志之铭	合葬	丈夫先卒	《续编》P286
19	大周故纳言博昌县开国男韦府君夫人琅耶郡太君王氏墓志铭	单葬	丈夫先卒	《续编》P350
20	大周故清苑公刘府君夫人岑氏墓志铭	单葬	丈夫先卒	《续编》P386
21	大唐故镇军大将军行右骁卫大将军上柱国岳阳郡开国公范公墓志铭	单葬	妻子先卒	《续编》P574
22	唐故国子祭酒赵君圹（盖）	合葬	原配继室先卒	《续编》P630
23	唐故试右内率府长史军器使推官天水郡赵府君墓志铭	单葬	妻子先卒	《续编》P962
24	大唐故扶风马府君墓志铭	单葬	妻子先卒	《续编》P833
25	大唐故朝议郎前行薛王府兵曹参军上柱国太原王府君（令）墓志铭	合葬	妻子先卒	《补遗》第一辑 P124
26	唐故左威卫和州香林府折冲都尉朝议大夫兼试大理评事赐紫金鱼袋上柱国陶府君（英）夫人清河张氏墓志铭	单葬	丈夫先卒	《补遗》第一辑 P246
27	唐故通议大夫瀛州束城县令上柱国张府君（景旦）墓志铭	合葬	妻子先卒	《补遗》第二辑 P445
28	故尚辇直长崔公故夫人荥阳郑氏（敏）墓志铭	单葬	丈夫先卒	《补遗》第二辑 P522
29	大唐故太中大夫邕府都督陆府君（思本）故夫人河南元氏墓志铭	单葬	丈夫先卒	《补遗》第二辑 P535
30	唐故宋州录事参军巨鹿魏君（防）墓铭	合葬	妻子先卒	《补遗》第二辑 P574

续表

序号	墓志名称	葬式	时间先后	出处
31	大唐故尚书祠部员外郎裴公夫人荥阳郑氏墓志铭	单葬	丈夫先卒	《补遗》第三辑 P101
32	唐故左神武军大将都知元从奉天定难功臣宣威将军守左金吾卫大将军陇西郡董府君（希逸）墓志铭	合葬	丈夫先卒	《补遗》第三辑 P158
33	唐故邢州南和县令清河崔府君（涣）墓志铭	合葬	妻子先卒	《补遗》第四辑 P147
34	唐故袁州刺史右监门卫将军驸马都尉天水权君（毅）墓志铭	合葬	妻子先卒	《补遗》第五辑 P24
35	唐故朝散大夫南阳张君（备）夫人陇西李氏（三娘）志铭	合葬	丈夫先卒	《补遗》第五辑 P173
36	大唐故通直郎行曹州济阴县尉郑君（俭）墓志	合葬	妻子先卒	《补遗》第五辑 P313
37	大唐故李府君（岸）夫人徐氏合葬墓志铭	合葬	丈夫先卒	《补遗》第五辑 P426
38	唐故朝散大夫行宋州虞城县令上柱国李府君（昕）墓志	合葬	丈夫先卒	《补遗》第六辑 P45
39	唐故中散大夫河州别驾安公（文光）夫人康氏墓志铭	单葬	丈夫先卒	《补遗》第六辑 P466
40	唐故朝散大夫节度押衙兼御史中丞刘公（骝）妻清河张氏墓志铭	合葬	妻子先卒	《补遗》第七辑 P102
41	唐故左领军卫翊卫高府君（毛）墓志铭	合葬	原配继室先卒	《补遗》第七辑 P377
42	□唐故敬府君（奉）墓志	单葬	丈夫先卒	《补遗》第八辑 P392
43	唐故杨府君（柔）李夫人墓志铭	合葬	丈夫先卒	《补遗》第八辑 P400
44	唐故宣义郎行巨鹿郡参军李公（祐）墓志铭	合葬	丈夫先卒	《补遗·千唐》P276
45	唐故兰陵郡夫人萧氏（鲍宣妻）墓志铭	单葬	丈夫先卒	《补遗·千唐》P288
46	故彭城刘府君（谈经）博陵崔夫人（达）墓志铭	单葬	丈夫先卒	《补遗·千唐》P360
47	大周故朝散大夫行豫州司马钱君（昂）墓志铭	合葬	妻子先卒	《补遗·千唐》P38
48	唐故亳州真源县令李君夫人（云氏）墓志铭	单葬	丈夫先卒	《补遗·千唐》P260
49	大唐故朝请大夫使持节平州诸军事平州刺史朐山县开国男于府君（尚范）夫人勃海郡高氏墓志	单葬	丈夫先卒	《补遗》第八辑 P371
50	赠太子詹事王公神道碑	单葬	妻子先卒	《全唐文》卷213，P3175
51	唐故袁州参军李府君妻张氏墓志铭	合葬	丈夫先卒	《全唐文》卷216，P2181
52	邓国夫人墓铭	单葬	丈夫先卒	《全唐文》卷232，P2348
53	唐故义武军节度使支度营田易定观察处置等使检校司空同中书门下平章事赠太傅上谷郡王张公邓国夫人谷氏墓志铭	单葬	丈夫先卒	《全唐文》卷540，P5129
54	李氏张夫人墓志铭	单葬	丈夫先卒	《全唐文》卷232，P2346
55	颖川郡太夫人陈氏碑	合葬	丈夫先卒	《全唐文》卷227，P2293
56	赠太尉裴公神道碑	单葬	丈夫先卒	《全唐文》卷228，P2304

续表

序号	墓志名称	葬式	时间先后	出处
57	鄎国长公主神道碑铭	单葬	丈夫先卒	《全唐文》卷230，P2330
58	节愍太子妃杨氏墓志铭	单葬	丈夫先卒	《全唐文》卷232，P2351
59	大周无上孝明高皇后碑铭	单葬	丈夫先卒	《全唐文》卷239，P2421
60	故朝议郎行内侍省内寺伯上柱国刘府君墓志铭	合葬	妻子先卒	《唐文拾遗》卷27，P10671
61	唐故开府仪同三司兼内侍监赠杨州大都督葬泰陵高公神道碑	单葬	妻子先卒	《补编》卷47，P569
62	唐故左骁卫将军兼羽林军独孤公夫人清河张氏墓志铭	单葬	丈夫先卒	《补编》卷154，P1879
63	唐故张君墓志铭	合葬	丈夫先卒	《补编》附录卷8，P2195
64	大周故朝散大夫郑州录事参军柱国赵郡李府君墓志铭	合葬	妻子先卒	《补编》附录卷10，P2420
65	大唐故汴州尉氏县令衡公前夫人范阳卢氏墓志铭	单葬	妻子先卒	《补编》卷36，P445
66	唐故河东处士卫某夫人贺拔氏墓志	单葬	丈夫先卒	《补编》卷15，P184
67	唐故东宫千牛备身济北史君墓志	合葬	丈夫先卒	《碑林汇编》P267
68	大唐故太仆寺长泽监轻车都尉胡府君张夫人墓志铭	合葬	丈夫先卒	《碑林汇编》P352
69	唐故河南尹上柱国鄠县开国男萧公墓志铭	合葬	妻子先卒	《碑林续编上》P245
70	陇西李氏兴圣皇帝后燉煌公房唐故彭州唐昌县丞李府君夫人杜氏墓志铭	单葬	丈夫先卒	《碑林续编上》P323
71	唐太子故家令交州司马韦府君之夫人尔朱氏墓志铭	合葬	丈夫先卒	《长安新出》P107
72	唐故陇西县太君李氏夫人墓志铭	单葬	丈夫先卒	《长安新出》P269
73	故刑部郎中兼侍御史知杂事夫人荥阳郑氏改葬志	单葬	妻子先卒	《河洛拾零》P475

现将4820方述及夫妻丧葬事宜的墓志和73方含有"合葬非古"字样的墓志以天宝十四载（755）安史之乱为界，分成前后两个时期进行对比，藉以考察"合葬非古"字样的墓志在前后期的发展趋势的特点。现列表于下：

表1-2 "合葬非古"墓志与夫妻丧葬墓志前后期占比分析

墓志类别	总数		前期		后期	
	数量	百分比	数量	百分比	数量	百分比
夫妻丧葬墓志	4820	100%	2479	51.43%	2341	48.57%
"合葬非古"墓志	73	100%	54	73.33%	19	26.67%

从上表来看，含有"合葬非古"字样的墓志前后期变化与墓志总数明显不同。墓志总数前后比例相差不大，但含有"合葬非古"字样的墓志前期比后期多了近2倍。

显然,"合葬非古"字样的墓志从唐前期到后期有一个明显减少的趋势。其走势详见下表:

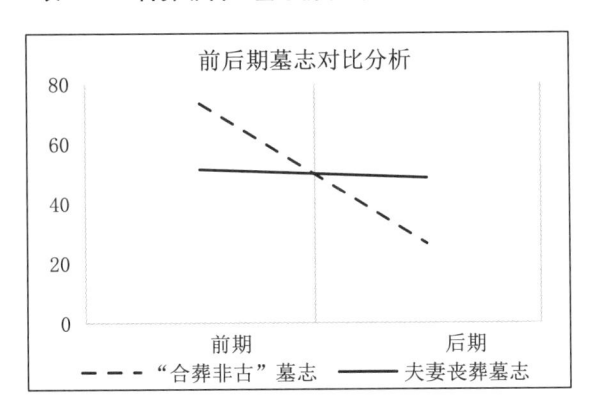

表 1-3 "合葬非古"墓志前后期占比资料对比分析

又,在这 73 方墓志中,单葬墓志有 37 方,合葬墓志有 36 方。仅从这一角度来看,"合葬非古"字样出现在单葬和合葬墓志中并无特殊之处,但若将其分前后期来考察,又呈现出不同的特点。详见下表:

表 1-4 合葬墓志与单葬墓志前后期数量变化

丧葬类型	总计 数量	总计 百分比	前期 数量	前期 百分比	后期 数量	后期 百分比
合葬墓志	36	49.32%	30	41.10%	6	8.22%
单葬墓志	37	50.68%	24	32.88%	13	17.80%

从上表来看,唐前期含有"合葬非古"字样的合葬墓志较多,单葬墓志较少,但差别并不特别明显;唐后期则合葬墓志较少,单葬较多,差别比较明显。在这 73 方墓志中,合葬墓志前期有 30 方,后期有 6 方,占比从 41.10% 降至 8.22%;单葬墓志前期 24 方,后期 13 方,虽然后期比前期少,但占比仅从 32.88% 下降至 17.80%。从总的趋势来看,后期的单葬墓志更多地倾向于讲"合葬非古"。

此外,在 37 方单葬墓志中,丈夫先卒的 29 方,妻子先卒的 8 方;合葬墓志共有 37 方,妻子先卒的 16 方,丈夫先卒的有 20 方。将这些墓志同样分成前后期亦可发现特殊之处。现列表如下:

表 1-5 单葬墓志前后期数量变化及性别分析

分期	前期	前期	后期	后期
去世前后	妻子先卒	丈夫先卒	妻子先卒	丈夫先卒
数量	4	20	4	9

表 1-6　合葬墓志前后期数量变化及性别分析

分　期	前　期		后　期	
去世前后	妻子先卒	丈夫先卒	妻子先卒	丈夫先卒
数量	13	17	3	3

表 1-7　男女去世墓志数量总计

去世前后	妻子先卒	丈夫先卒
数量	24	49

在单葬墓志中，无论是唐前期还是唐后期，丈夫先卒的数量明显高于妻子先卒的。而在合葬墓志中，虽然唐前期丈夫先卒的比妻子先卒的多 4 方，但总体差距不大。从这一点来看，丈夫是否先卒对单葬影响较大，而对合葬影响不大。另外，在 73 方含有"合葬非古"字样的墓志中，无论是合葬墓志还是单葬墓志，丈夫先卒的数量明显更多，共有 49 例，妻子或继室早卒的墓志只有 24 方。显然，丈夫先卒的墓志更倾向于使用"合葬非古"一词。

通过对上述数据的对比，可以发现含有"合葬非古"字样的墓志呈现出以下几个特点。

1. 唐前期墓志出现"合葬非古"字样的数量明显高于唐后期，这与唐前后期言及夫妻丧葬的墓志呈基本持平的数据不一致。在前后期墓志基数相当的情况下，为什么含有"合葬非古"字样的墓志明显减少？

2. 唐前期含有"合葬非古"字样的合葬墓志较多，单葬墓志较少；后期则合葬墓志较少，单葬较多。在合葬墓志中，丈夫先卒或晚卒的比例相差不大；在单葬墓志中，丈夫先卒占据绝对优势。在前后期墓志基数相当的情况下，含有"合葬非古"字样的墓志为什么会呈现出这种特点？

严耀中认为："墓志，包括那些记载妇女信佛信息的墓志的出土，都带有相当的随机性，而且当出土的墓志总数比较小时，这种随机的不确定性就会更大。但它们既然具有一定的概率，就有着某种代表性，能表露出一定的问题。"[①] 既然"合葬非古"字样在唐代墓志中呈现出以上的特点，就说明这些数据的背后一定存在着某些值得探究的问题。穆兴平与白艳妮在《唐义阳公主驸马权毅墓志考》一文中认为："'合葬非古'的出现，往往意味着所叙之人夫妇不能（或不欲使其）合葬一处。"[②] 笔者认为这一说法过于笼统。事实上，因葬式不同，"合葬非古"在墓志行文中所表达的含义并不相

---

① 严耀中：《墓志祭文中的唐代妇女佛教信仰》，邓小南主编：《唐宋女性与社会》，上海：上海辞书出版社，2003年，第 473 页。

② 穆兴平、白艳妮：《唐义阳公主驸马权毅墓志考》，樊英峰主编：《乾陵文化研究9》，西安：三秦出版社，2015年，第 385 页。

同，而这又影响了"合葬非古"字样在墓志中的呈现特点。

二、单葬墓志中的"合葬非古"

学界研究显示，影响单葬的因素主要有以下几点：妇女结婚后无子嗣、打搅亡灵禁忌、再嫁、占卜和时辰禁忌、道教和佛教信仰等[①]。其中佛教影响更大，与丈夫同葬一处，但另起墓穴和分穴而葬的佛教女信徒在墓志数据中是最多的，因佛教信仰改变了葬仪的例子在唐代民间早已存在，并被视为常态[②]。此外，妻子归葬本家、寡母的自主选择也是非常重要的因素[③]。但仔细研读墓志，除了上述外，政治原因、礼法制度、继娶制婚姻等因素对夫妻能否合葬也有一定的干扰作用。在一些单葬墓志中，"合葬非古"字样的出现并非表明志主意欲单葬，而是作为一种美饰或者托词，表明单葬是权宜之计、无奈之举。

（一）政治因素

传统社会夫妻一体和男主外女主内的观念体现了两性之间的相互依存关系，但这种关系大多数是单向性和失衡的，即两性的分工和活动空间的不同导致夫妻丧葬在丈夫仕宦生涯出现问题时往往受其影响。张孝忠夫人谷氏的单葬即是如此。

谷氏是魏郡昌乐人。据《旧唐书》"以（张）孝忠谨重骁勇，甚委信之，以妻妹昧谷氏妻焉"[④]的记载，则谷氏为李宝臣妻子的妹妹。张孝忠"本奚种，世为乙失活酋长"[⑤]，内附后先居幽州，后定居在易定一带[⑥]。谷氏于建中元年（780）封魏郡夫人，三年进封邓国夫人。贞元七年（791）丈夫去世，长子张茂昭袭爵，"业其勤，载延其赏，克家禀训，宣力抚封"，此时谷氏44岁。贞元十二年（796）因病逝世，享年四十九。"以其年冬十月甲戌，得吉卜于京师少陵原，不祔于太傅，行古之道也"。[⑦]虽然墓志解释谷氏没有与丈夫合葬的原因是"合葬非古"，但从《旧唐书·张孝忠传》所记来

---

① 刘琴丽：《唐代夫妻分葬现象论析——以墓志铭为中心》，《中华文化论坛》2008年第2期，第11—15页。
② 万军杰：《从墓志看唐代女性佛道信仰的若干问题》，武汉大学中国三至九世纪研究所编：《魏晋南北朝隋唐史资料》，上海：上海古籍出版社，2002年，第116—117页；焦杰：《唐代女性与宗教》，西安：陕西人民教育出版社，2016年，第81页；严耀中：《佛教戒律与唐代妇女家庭生活》，《学术月刊》2004年第8期，第97页；严耀中：《墓志祭文中的唐代妇女佛教信仰》，邓小南主编：《唐宋女性与社会》，第478—481页。
③ 焦杰：《身份与权利：唐代士族家庭妇女研究》，北京：人民出版社，2021年，第133—136、203—210页。
④ 《旧唐书》卷一四一《张孝忠传》，北京：中华书局，1975年，第3855页。按：《旧唐书》"昧谷氏"乃"谷氏"之误。
⑤ 《新唐书》卷一四八《张孝忠传》，北京：中华书局，1975年，第4767页。
⑥ 王广通：《论唐代张孝忠家族身份认同之转变》，《青岛农业大学学报（社会科学版）》2022年第2期，第80—81页。
⑦ 《文苑英华》卷九六七《义武军节度使支度营田易定观察处置等使检校司空同中书门下平章事赠太傅上谷郡王张公夫人谷氏墓志铭》，北京：中华书局，1966年，第5085页。

看，情况并非如此。贞元三年（787），次子张茂宗尚义章公主，因公主年幼，婚事推迟。"孝忠遣其妻邓国夫人眛谷氏入朝，执亲迎之礼"。① 贞元十一年（795），"以门承勋绩之崇，恩有选尚之贵，方筑外馆，聿来上京"。② 可见，谷氏在贞元十一年因操持次子的婚事而再上京师。之后一直居于京师，由幼子张茂宗赡养，直至去世。张孝忠于贞元七年（791）去世，当时葬于易定地区。这是谷氏逝世时未能与丈夫合葬的原因。张孝忠家族在元和五年（810）十二月之后才被朝廷允许迁葬长安③。所以"不祔于太傅，行古之道也"只是托词或者称之为美饰，实际情况是夫妻二人在朝廷政策影响下无法合葬。

（二）礼法制度因素

丈夫陪葬帝陵也是影响夫妻不能合葬的因素之一。陪陵而葬者通常是先皇帝的子女、贵戚和亲信。按照《唐会要·陪葬名位》"凡功臣密戚，请陪陵葬者，听之。以文武分为左右而列。若父祖陪陵，子孙从葬者，亦如之"④ 的规定，陪葬者的妻子似乎是能与丈夫合葬陪葬帝陵的，但实际上妻子若想与丈夫合葬必须得到朝廷批准。独孤彦云参加过玄武门之变，是唐太宗的九心腹之一，为唐朝二等功臣，终右卫大将军、溧阳县公，卒赠幽州都督，陪葬昭陵⑤。独孤彦云娶太宗女安康公主为妻，育有一女，由安康公主独自拉扯长大。安康公主死后，她的女儿上书皇帝请求将父母合葬："亡父唐某府折冲都尉袭溧阳县公臣某，宠懋戎行，嗣守藩服；咸得托基桥岳，陪瘗谷林。杜氏阶前，虽云非古；齐君牖下，义彰自昔。倘蒙返魂旧茔，合骨先垄，则存没荣幸，幽明感戴。"⑥ 独孤彦云是玄武门之变功臣，安康公主为太宗女儿，即使这样的身份，其子女要将父母合葬仍需朝廷批准，其他人若想合葬肯定也得向朝廷提出申请。

但一些墓志显示，并不是所有的申请都能得到批准的。节愍太子李重俊在睿宗即位后陪葬定陵，其妻杨氏在开元十七年（729）"薨于京师太平里第之内寝。越五日景申，诏葬于新丰之细柳原"，墓志称之为"黄陵不从，古之道也"⑦。高力士是广管潘州人也，妻子吕氏为吕玄晤之女，因甚有姿色为高力士所娶。吕氏在天宝中去世，丧礼场面十分盛大。史载："吕夫人卒，葬城东，葬礼甚盛。中外争致祭赠，充溢衢路，自

---

① 《旧唐书》卷一四一《张孝忠传》，第 3857 页。
② 《全唐文》卷五百一《唐故义武军节度支度营田易定等州观察处置等使检校司空同中书门下平章事赠太傅上谷郡王张公夫人邓国夫人谷氏神道碑铭》，北京：中华书局，1983 年，第 5102 页。
③ 王广通：《论唐代张孝忠家族身份认同之转变》，《青岛农业大学学报（社会科学版）》2022 年第 2 期，第 81 页。
④ 《唐会要》卷二一《陪葬名位》，北京：中华书局，1960 年，412 页。
⑤ 姜维东：《唐东征将士事迹考》，长春：吉林文史出版社，2003 年，第 501 页。
⑥ 《全唐文》卷二四五《为独孤氏请陪昭陵合葬母表》，第 2486 页。
⑦ 《全唐文》卷二三二《节愍太子妃杨氏墓志铭》，第 2351 页。

第至墓，车马不绝。"① 十三载以后，高力士去世，"主上恩深禄旧，泽及漏泉，赠扬州大都督，仍陪葬泰陵。以宝应元年（762）四月□□日安厝，成其志也。……行楸已深，合葬非古。封树既久，因而不迁"。② 李重俊夫妇和高力士夫妇没有合葬是没有申请还是申请了却没有通过并不得而知，但可以肯定的是，他们夫妻合葬陪葬帝陵的难度肯定要比安康公主夫妇大得多。因此"行楸已深，合葬非古。封树既久，因而不迁"不过是托词罢了。显然，英卫峰与霍雅琴关于"自魏晋以来，家族葬已成为社会主流的情况下，一旦成为帝陵陪葬者，那么'夫妇合葬''子孙祔葬'就必须通过皇帝的批准，尽管在制度中'亦宜听许'，但陪葬者自己生前是无法做主的"③的推断无疑是正确的。

（三）继娶制婚姻因素

在唐代，"女性早亡的事实及望族自为婚姻的需要使得继室成为维持既成婚姻制度的必要手段"④。在"继母如母"与"继室并嫡"的礼法制度规定下，继室享有与原配妻子同等的权利。体现在丧葬方面，夫妻合葬、继室合葬、多人葬都是符合礼法的。通常情况下，多娶的男子大都与诸夫人合葬在一起⑤，但在前室未与丈夫合葬的前提下，继室逝世后，前室和继室谁与丈夫合葬问题往往产生较大的矛盾⑥。因此，有些继室本着家庭和谐的目的而礼让元妃，"合葬非古"也成为她们最好的托词。《大周故纳言博昌县开国男韦府君夫人琅耶郡太君王氏墓志铭》载：

> 先妣崔夫人早卒弃背，逮乎迁祔之日，占考或有不安，随事之宜，遂不合葬。乃与先府君并坟接圹而安厝焉。夫人平昔之时，言及窀穸之事，亲戚有希望颜色请申合葬之礼者。夫人怃然而应之曰："生者必死，人之大端。葬之言藏，礼有恒制。魂而有识，何往不通？知或无知，合之何益？况合葬非古，前圣格言。先嫔已创别坟，吾复安可同穴。若余生就毕，启手归全，但于旧茔因地之便，别开幽室，以瘗残骸。亲属子孙勿违吾意。"⑦

---

① 《旧唐书》卷一八四《高力士传》，第 4758 页。
② 陈尚君辑校：《全唐文补编》卷四七《唐故开府仪同三司兼内侍监赠扬州大都督葬泰陵高公神道碑并序》，北京：中华书局，2005 年，第 569 页。
③ 英卫峰、霍雅琴：《唐代帝陵陪葬墓盛衰原因新探》，《西北大学学报（哲学社会科学版）》2009 年第 4 期，第 61 页。
④ 姚平：《唐代妇女的生命历程》，上海：上海古籍出版社，2004 年，第 286 页。
⑤ 焦杰：《唐代夫妻多人葬现象探析》，《河南师范大学学报（哲学社会科学版）》2020 年第 2 期，第 90 页。
⑥ 焦杰：《唐代多娶制下夫妻二人葬的同穴权之争——以唐代墓志为核心》，《河南大学学报（社会科学版）》2019 年第 4 期，第 69—72 页。
⑦ 周绍良、赵超主编：《唐代墓志汇编续集》万岁通天 004《大周故纳言博昌县开国男韦府君夫人琅耶郡太君王氏墓志铭》，上海：上海古籍出版社，2001 年，第 350 页。

韦府君娶了两位夫人，原配崔氏，继室琅耶王婉。崔夫人早卒，因为卜筮不吉而与先府君"并坟接圹而安厝"。王婉作为继室以"古无合葬"和"先嫔已创别坟，吾复安可同穴"为由拒绝了亲戚的合葬建议，最终"窆于先考博昌公大坟下之旁穴"。从她告诫三子"汝等宜善为兄弟，深相友爱"之言来看，她选择不与丈夫合葬出于维系家庭和谐、尊重原配的多重目的，墓志高度肯定她的谦让之举，称其"猗欤明达，高风凛然"。

（四）宦游、经商等迁徙因素

唐代官员的宦游以及女性随夫居、随子居的社会现实也对夫妻丧葬产生了一定的影响。高氏为通事舍人高觐王的女儿，是于尚范的第三任妻子。出嫁后"躬勤纫组，服是浣濯。友睦群娣，均养众子"。① 据墓志记载，她的丈夫于载初元年（689）离世，至开元二年（714）在儿女的安排下与前夫人韦氏、李氏一起安葬在白鹿原②，并没有葬于家族墓地三原县③。高氏在丈夫死后，"随孙之官于诸暨"，最后在开元十六年（728）卒于县舍。两年后，高氏在孤孙小眼和先仲等后辈的安排下安葬于洛阳平阴原，没有归葬白鹿原。"苍梧不从，古之制也"的行文似乎透露出子孙未将高氏与丈夫合葬是出于遵守古制的需要，但实际上可能与其子孙迁移流动有关，很可能小眼和先仲等晚辈已经迁居洛阳一带了。

同样，丈夫四处流动经商，居住地经常迁移也会对夫妻的丧葬产生不利影响。《大唐故扶风马府君（倩）墓□□》记载马府君的先辈为扶风人，以祖父"播迁去土"，因此"近居徐州，今为徐州人焉"。马倩并没有入仕为官，而是辗转各地经营商业养家糊口，"适于四方，利有攸往。营陆贾之业，以安其子孙；弘陶朱之产，以济其穷乏"。最终定居在长安道政里，安享晚年直至去世，元和八年（813）葬于万年县长乐乡张受村。而其妻王氏早卒，葬于河阴。马倩死后并没有与妻子葬于一处，墓志称："不克合葬，从古制也。"④

综上，"合葬非古"字样出现在单葬墓志，除了已经被学界认同的几个主要因素外，还受现实政治、礼法、婚姻制度、人口流动等因素的影响。细读这些单葬墓志，除了有目的要单葬的志主外，大多数单葬墓志呈现的是单葬乃迫不得已之举，"合葬非古"在这些墓志中表达的是"夫妻合葬不是古制，所以不合葬也不违礼"观念。对很多单葬墓志而言，"合葬非古"是无法实现合葬目的的一个美饰或者自我安慰。

---

① 吴钢主编：《全唐文补遗》第八辑《大唐故朝请大夫使持节平州诸军事平州刺史朐山县开国男于府君（尚范）夫人勃海郡高氏墓志》，西安：三秦出版社，2005年，第371—372页。
② 吴钢主编：《全唐文补遗》第五辑《唐故平州刺史朐山公于府君（尚范）墓志》，西安：三秦出版社，1998年，第314页。
③ 尚民杰：《唐长安家族葬地出土墓志辑纂》，北京：商务印书馆，2018年，第583页。
④ 吴钢主编：《全唐文补遗》第二辑《大唐故扶风马府君（倩）墓□□》，西安：三秦出版社，1995年，第37页。

三、合葬墓志中的"合葬非古"

有意思的是,"合葬非古"字样也经常出现在合葬墓志中。那么在合葬墓志中,"合葬非古"想到表达什么意思呢?"古人合葬,不惟同穴,而且同椁,盖取相亲之意。《记》云:'亲之也者,亲之也。'生既同室,死自不容相离。故'卫人之祔也,离之;鲁人之祔也,合之',而孔子独善鲁。"[①] 合葬最初在上古时代表达了"一心一意无穷已,投漆投胶非足拟"[②] 两姓婚姻生活的美好与浪漫,后来逐渐成为"宗法等级制度的一种表现",上升到用以"正夫妇名分"的地位[③]。在唐代,"夫妻合葬与否都是合乎礼法规定的,但合葬尤其是妻从夫同穴而葬被视为正统葬俗,这是夫尊妻卑、夫主妻从的封建伦理道德观念在葬俗文化中的反映"[④]。与单葬墓志中的"合葬非古"的含义不同,合葬墓志中出现这一词语往往与周公之礼配合使用,其目的在于强调合葬的礼法性。

(一)"合葬非古"与周公之礼

很多合葬墓志中出现"合葬非古"并不是承认单葬的合礼性,而是强调合葬才是真正符合礼法的,即符合周公之礼。《唐故弘农杨府君墓志铭》载夫人张氏于大业十二年(616)去世,权殡在洛阳城北。35年之后,长子将其灵柩迁葬于北邙山,与父亲合葬。志文用"是知合葬非古,而周圣所遵;庶泉路无违,幽途靡隔,两棺共坎,二魄同窆"的行文表达了对"谷则异室,死则同穴"[⑤] 的强烈向往,其长子也获得了"孝敬自天,慎终成性"的好评[⑥]。黔州石城县主簿郑遘在调露元年(679)卒于鄂州江夏县之旅馆,葬于偃师县西南孝敬里。他的夫人九门贾氏在丈夫死后随第三子稷州奉天县尉郑璲生活,以圣历三年(700)十二月,"痫恙不痊,告尽于稷州奉天县之官舍"。次年五月,子女将其灵柩迁往邙山与夫合葬。对此,墓志强调道:"合葬非古,肇乎姬旦,积习生常,因为故实。"[⑦]

陇西牛氏、赵郡崔氏与赵冬曦的合葬也颇具有代表性。国子祭酒赵冬曦原配陇西牛氏,"春秋三十有二,开元六年(718)岳州之还也,在路遇疾,七月癸巳,薨背于襄州",权窆于襄州东郊。赵后娶继夫人同郡崔氏,小赵府君27岁,开元二十年

---

① (清)赵翼撰,栾保群点校:《陔余丛考》卷三二《合葬》,北京:中华书局,2019年,第867页。
② 《骆宾王集》卷四《代女道士王灵妃赠道士李荣》,杭州:浙江古籍出版社,2015年,第215页。
③ 赵超:《由墓志看唐代的婚姻状况》,《锲而不舍:中国古代石刻研究》,太原:三晋出版社,2015年,第123页。
④ 邢学敏:《唐代夫妻葬俗的文化考察——以荥阳郑氏为中心》,《历史教学》2008年第4期,第26页。
⑤ (汉)毛亨传,(唐)孔颖达疏:《毛诗正义》卷四《大车》,北京:中华书局,2009年,第704页。
⑥ 周绍良主编,赵超副主编:《唐代墓志汇编》永徽30《唐故弘农杨府君墓志铭》,上海:上海古籍出版社,1992年,第150页。
⑦ 《唐代墓志汇编》圣历052《大周故黔州石城县主簿郑君墓志铭》,第966页。

（732）卒于合州，葬于西京南原。18年后，赵冬曦"薨背于西京善和里第"。子女在筹办其丧事的同时将前妻牛氏棺椁从襄州运至洛阳，最终夫妻三人在天宝十载（751）合葬于"浮戏山之南麓"。墓志称："夫人牛氏、崔氏祔焉。合葬非古，取周公制焉礼也。继室同祔，自潘尼始焉，礼中必有礼也。"①

上述三个墓志都是夫妻合葬墓志，第三个还是夫妻三人葬。墓志虽然有"合葬非古"字样，但后面又紧跟着"周圣所遵"和"周公制焉礼也"之句。细品文义，与单葬墓志的"合葬非古"明显不同，合葬墓志表达的是"合葬并不古老，始自周公制礼"的意思。显然，"合葬非古"出现在合葬墓志中是为了强调夫妻合葬的传统性与正当性。下面的墓志虽然没有提到"周公之礼"，却用"兹言空设"直接否定了"合葬非古"的说法。常州江阴县丞贾府君，在贞观十八年（644）因病去世，妻子孀居26年后，于总章三年（670）"抱疹终于私第"。可能是出于某些因素的干扰，子女在父母死后并没有立即将二人合葬，但在仪凤二年（677）夫妻二人还是被合葬于洛阳县北邙山之原。墓志写道："合葬非古，兹言空设；生则移天，死惟同穴。"②

相比于留下临终遗言进行单葬，排除战乱等现实因素的影响，如果父母对身后事没有安排，往往意味着他们对夫妻合葬采取默认态度。这类合葬墓志中的"合葬非古"都表达了"合葬并不是古制，而是始于周公之礼"的观念。钱昂为吴兴长城人，夫人为梁江夏王吉的女儿兰陵萧氏，"早逢吹井，奄沦荒燧，各从权窆，未安同穴"。墓志称钱昂"为江介雅族。家世重于好古，轻于傥来"，"妙年初筮，志存精博。信而好古，学以聚之"。但儿女在安排二人丧事时却称"愿遵非古，奉安措于邙山之阳，礼也"。③显然钱昂并没有为自己的后事留下遵古的遗嘱。《唐故宣义郎行巨鹿郡参军李公（祐）墓志铭》记载李祐于广德二年（764）终于邢州之私第，春秋卅有九。妻子范阳卢氏在孀居27年后于贞元五年（789）寝疾终于婺州金华县之官舍，春秋六十有四。邢州属河北，在今邢台市一带，婺州金华位于江南东道，即今浙江金华市附近。二地距离遥远，尽管合葬不仅耗时而且耗资，他们的儿女还是在两年后，即贞元七年（791），将父母合葬于万安山之南原。墓志以"皆哀毁过礼，绝浆泣血。杖而后起，殆至灭性。敬行周公之道，遂申合祔之礼。……合葬非古，始乎有周。敬遵昔义，寔慕前修"④的行文强调了他们为了遵从周公之礼而将父母合葬的。

（二）"合葬非古"与"合葬从古"

除"合葬非古"外，"合葬从古"一词在墓志中也频繁出现。"洛城之北，邙山之

---

① 《唐代墓志汇编续集》天宝068《唐故国子祭酒赵君圹（盖）》，第630页。
② 《唐代墓志汇编》仪凤008《大唐故常州江阴县丞贾府君墓志铭》，第631页。
③ 吴钢主编：《全唐文补遗·千唐志斋新藏专辑》，《大周故朝散大夫行豫州司马钱君（昂）墓志铭》，西安：三秦出版社，2006年，第38页。
④ 《全唐文补遗·千唐志斋新藏专辑》，《唐故宣义郎行巨鹿郡参军李公（祐）墓志铭》，第276页。

下，墨兆其康，合葬从古。"① "且诗人同穴，夫子合防，又古制矣。"② 在这里，合葬又被认为是古制。据不完全统计，仅《全唐文》与《全唐文补遗》中载有"合葬从古"字样的墓志约有13方。这种看似矛盾的说法实则反映了唐人对于"古"的不同看法。"合葬非古"之古指的是太古或上古，出自《礼记·檀弓》，"合葬，非古也，自周公以来，未之有改也"。③《通典·葬仪》解释道："《檀弓》云：'合葬非古也，自周以来。'古谓殷以前。季武子曰：'周公盖祔。'祔谓合葬也。合葬自周公以来。"④ "合葬从古"之古为中古，比如《晋书》即云："古不合葬，明于终始之理，同于无有也。中古圣人改而合之，盖以别合无在，更缘生以示教也。"⑤

从丧葬习俗来看，太古与中古之差别在丧葬观念与礼制上有明显的不同。太古丧葬，简约而朴实无华，中古丧葬庄重而等级分明。《白虎通》即曰："太古之时，穴居野处，夜皮带革，故死衣之以薪，内藏不饰。中古之时，有宫室衣服，故衣之币帛，藏以棺椁，封树识表，体以象生。夏殷弥文，齐之以器械。至周大文，缘夫妇生时同室，死同葬之。"⑥ 从时间上看，太古早于中古而更具传统性，中古周公集三代礼制之大成，并为后世历朝历代所继承，礼仪更完备，更符合现实需求，意义更为突出，更具礼法性。所以单葬与合葬在中古时期是可以并行的，反映在墓志上便是"合葬非古"同时出现在单葬与合葬墓志中，单葬墓志中的"合葬非古"是太古之古，合葬墓志中的"合葬非古"是中古之古。夫妻合葬作为周公之首倡，上之所好，下必因之，代代相承，最终成为社会主流丧葬礼俗。意欲单葬或迫不得已而单葬，太古的葬制便成为最好的托辞。

无论是"合葬非古"还是"合葬从古"，实际上体现的是唐代士人的证圣法古思想。"合葬非古"出现在合葬墓志中并不是为了说明单葬存在的正当性高于合葬，反而是与周公之礼相配合，强调合葬的正统性和合礼性。其实，这种观念也反映在长辈对子孙的命名方面——唐代墓志显示，男性以古为名的例子众多。山南东道节度使李皋"有男七人，华而不实者二，秀而有光者五，曰太古、象古、道古、师古、遵古"。⑦ 监察御史李俊素祖父名知古⑧、寿官孟夏祖讳好古⑨、秀才陈元造字遂古⑩、右卫翊二府

---

① 《唐代墓志汇编》景龙042《大唐故梓州铜山县尉弘农杨府君墓记》，第1110页。
② 《唐代墓志汇编》开元184《大唐故肥乡县丞田府君墓志铭》，第1285页。
③ （汉）郑玄注，（唐）孔颖达疏：《礼记正义》卷六《檀弓上》，北京：中华书局，2009年，第2758页。
④ （唐）杜佑撰，王文锦等点校：《通典》卷八六《葬仪》，北京：中华书局，1988年，第2342页。
⑤ 《晋书》卷三四《杜预传》，北京：中华书局，1974年，第1032页。
⑥ （汉）班固撰，吴人整理，朱维铮审阅：《白虎通义》卷十《崩薨》，上海：上海书店出版社，2012年，第334页。
⑦ 吴钢主编：《全唐文补遗》第一辑《有唐山南东道节度使赠尚书右仆射嗣曹王（李皋）墓铭》，西安：三秦出版社，1994年，第234页。
⑧ 《全唐文补遗·千唐志斋新藏专辑》，《唐故监察御史陇西李公（俊素）墓志铭》，第375页。
⑨ 《全唐文补遗·千唐志斋新藏专辑》，《明寿官先君孟公（夏）配先母郭氏合葬墓志》，第482页。
⑩ 《全唐文补遗·千唐志斋新藏专辑》，《唐故秀才举颍川陈府君（元造）墓志铭》，第297页。

卫陈宾字今古①等。另有以从古、宗古、厚古、洽古、尚古、玄古、求古、贞古、齐古、元古、希古、习古为名字者。由此可见唐人对古制的推崇态度。

四、从"合葬非古"看唐人丧葬与礼法互动

通过以上的分析可以看出，在很多情况下，"合葬非古"并不代表着唐人对夫妻合葬礼俗的反对，相反倒是一种认同。在单葬墓志中，除了有目的要求单葬外，更多的是对无法合葬的解释；在合葬墓志中，主要用于强调合葬的正当性和合礼性。既然夫妻合葬是得到普遍认同的，因此，"合葬非古"墓志所呈现出来的规律和特点，实质上反映了唐代丧葬习俗与礼法的互动。

唐代礼制的发展是一个渐进的过程。唐朝建立后，李唐王室在复古的旗号下重申传统，通过褒扬周公孔子，设立庙宇来凸显对周公、孔子的推崇，营造重儒的社会风气，进而确立自身的正统地位②。《新唐书》记载："武德二年，始诏国子学立周公、孔子庙；七年，高祖释奠焉，以周公为先圣，孔子配。九年封孔子之后为褒圣侯。"③随后，朝廷对于两性关系及丧葬制度进行新的诠释。作为彰显孝子之心的方式——合葬父母——在道德伦理层面得到一致的认同并纳入礼仪程序之中。孔颖达《毛诗正义》载："又令室家有礼，使夫之与妇，生则异室而居，死则同穴而葬，男女之别如此。"④《唐律疏议》则规定："伉俪之道，义期同穴。一与之齐，终身不改。"⑤李唐王室的举措遂使得夫妻合葬习俗观念固定化和常态化，夫妻合葬成为符合礼制的主流丧葬方式。在崇儒风气与朝廷政策的影响下，墓志撰写者不免会有意识地将这种思想在墓志中突显出来。何况儒家强调尊尊亲亲，注重培养父母与子女之间的亲密关系，加之合葬符合人情，这更加深了人们对于夫妻合葬葬式的认同感："是知合葬非古，而周圣所遵；庶泉路无违，幽途靡隔，两棺共坎，二魄同窆。"⑥这是前期合葬葬式中"合葬非古"墓志数量出现较多的原因。

但是，唐前期礼制与儒学处于建设阶段，虽然推崇儒学，但"贬抑山东士族始终是帝王们关注的一个重点，这在一定程度上反映出朝廷对士族所代表的传统儒家礼俗的疏远"⑦。王朝的态度在一定程度上抑制了礼教的发展，其实际道德教化效用和对人

---

① 《全唐文补遗·千唐志斋新藏专辑》，《唐故前右卫翊二府卫陈君（宾）墓志铭》，第32页。
② 齐东方认为："重提旧典、再说礼仪，并非是新皇帝肩负起回顾过去、反省历史的责任，不妨看作是开国之君要巩固政权的目的。"《中国古代丧葬中的晋制》，《考古学报》2015年第3期。
③ 《新唐书》卷一五《礼乐志》，第373—374页。
④ （汉）毛亨传，（唐）孔颖达疏：《毛诗正义》卷四《大车》，第704页。
⑤ 刘俊文撰：《唐律疏议笺解》卷一四《妻无七出而出之》，北京：中华书局，1996年，第1055页。
⑥ 《唐代墓志汇编》永徽30《唐故弘农杨府君墓志铭》，第150页。
⑦ 孙玉荣：《唐代社会变革时期的婚姻》，杭州：浙江大学出版社，2016年，第42页。

民日常行为的约束有限。比如唐朝虽然制定了《开元礼》，但影响并不大，几乎成为一纸空文。"立一王之定制，草奏三复，祗令宣示中外，星周六纪，未有明诏施行，遂使丧祭冠婚，家犹异礼，等威名分，官靡成规。"① 反映在现实社会中就是中唐以前两性关系相对开放，妇女离异再嫁相对容易，上层社会妇女悍妒之风比较发达②。加之佛道信仰对中土葬俗的影响，因此"合葬非古"较多地出现在单葬墓志里。齐东方指出："早期的经典《仪礼》《礼记》中对丧葬活动已有系统化、规范化、具体化的阐述，挑战古礼为历代主流社会所不允许。当确实需要变革时，人们常常试图重新诠释经典，让新的解释附会古礼，为变革寻找合理性。"③ 这便是"合葬非古"出现在单葬墓志中的重要原因。

"夫妇的合葬，是异穴还是同穴，实际反映了妻对夫的依附程度的高低，二者之间的距离越紧密，越是'一体'，则依附性越高。"④ 而在现实生活中，随着丈夫的去世，"一体"关系被打破。在"从夫"转向"从子"的过程中，随着孝道观念蔚然成风，女性由"第二性"成为实际上的"第一性"，在自身后事的安排上取得了话语权，单葬和合葬都是女性综合考虑后做出的选择，这是单葬墓志中丈夫先卒多于女性的重要原因。但无论是有目的单葬，还是限于实际困难不得不实施的单葬，为了减轻来自社会舆论的压力，"合葬非古"都是最好的理由。

由于北方为藩将割据，王朝重心南移，南朝礼教传统容易对之产生影响。对夷狄的仇恨、不满和恐惧，也促使唐朝社会向传统礼教回归。⑤ 唐中叶以后，李唐王室开始了重兴礼教的工作。德宗即位后通过修纂朝廷礼书、恢复"三礼"等措施，"将礼学的地位提到了开元后的最高峰"⑥。贞元二年（786），《大唐开元礼》被立为官学，开科取士。贞元九年（793），三"礼"成为了科目举、科目选的内容。"礼学至此既成为礼部的贡举选科目，又成为吏部的科目选科目。把当代礼典作为科举考试科目，而且录用从宽、授官从优，使习礼尤其是当代礼制的举选人从科举考试到铨选注官均受到不同程度的重视"⑦。在此作用下，文化重心逐渐下移，礼仪文化与孝道观念便逐渐在社会上普及。而"古无合葬"在一定程度上意味着对周公之典与孝子之情的冲击。从这个角度看，"合葬非古"对丧葬方式的作用便会越来越微弱，反映在墓志中便是"合葬

---

① 《全唐文》卷六二七《代郑相公请刊定施行〈六典〉〈开元礼〉状》，第6326页。
② 牛志平：《从离婚与再嫁看唐代妇女的贞节观》（《陕西师大学报（哲学社会科学版）》1985年第4期）、《唐代妒妇述论》（《人文杂志》1987年第3期）、《说唐代"惧内"之风》（《史学月刊》1988年第2期）等文章；柴松霞：《论唐代妇女再嫁的道德与法律冲突》，《妇女研究论丛》2013年第1期。
③ 齐东方：《中国古代丧葬中的晋制》，《考古学报》2015年第3期，第359页。
④ 阎爱民：《汉代夫妇合葬习俗与"夫妇有别"观念》，《天津师范大学学报（社会科学版）》2011第2期，第18页。
⑤ 唐长孺：《魏晋南北朝隋唐史三论》，北京：中华书局，2011年，第468—473页。
⑥ 王俊利：《唐代礼制文化与文学》，北京：中国社会科学出版社，2014年，第58—62页。
⑦ 《唐代礼制文化与文学》，第61页。

非古"字样的墓志在唐代后期趋于减少。

另外，合葬一事不但耗费大量的人力和物力，而且也需要国家政治大环境的稳定与安全和个人财富的积累。因此，安史之乱以后，迁柩合葬往往是一件奢侈的事情，这是唐代后期夫妻丧葬多呈现出单葬的现实原因。然而，在社会主流价值观的影响下，尽管战乱、分隔两地、占卜不吉等因素导致不能将父母合葬，但身为孝子自然会感受到来自社会舆论的压力。在这种情况下，"合葬非古"作为礼法依据出现在墓志中变得格外重要——孝子藉以表明分葬父母是无可奈何之举。这可能是后期"合葬非古"在合葬和单葬两种葬式中呈现差异的原因。

值得注意的是"合葬非古"字样在前期分别出现于合葬与单葬墓志中并不是格格不入、相互矛盾的，而是体现了礼法人情与现实丧葬习俗的相互作用。"古不合葬，明于终始之理，同于无有也。中古圣人改而合之，盖以别合无在，更缘生以示教也。自此以来，大人君子或合或否，未能知生，安能知死，故各以己意所欲也。"①杜预所云"缘古为今"的灵活变通思想也在唐人丧葬事宜安排上有所反映。武则天逝世，唐中宗意欲将父母合葬，严善思上书建议分葬：

善思奏议曰："谨按《天元房录葬法》云：'尊者先葬，卑者不合于后开入。'则天太后卑于天皇大帝，今欲开乾陵合葬，即是以卑动尊，事既不经，恐非安稳。……今乃更加营作，伏恐还有难生。但合葬非古，著在礼经，缘情为用，无足依准，况今事有不安，岂可复循斯制。……臣伏以合葬者，人缘私情；不合者，前修故事。若以神道有知，幽途自得通会；若以死者无知，合之复有何益。"②

严善思认为将武则天与高宗合葬乾陵弊大于利：一是不符合尊卑等级观念，二是干扰神魂，三是变更先人神位，四是不利于国计民生。他主张操办丧葬事宜要根据实际情况斟酌利弊，灵活变通，不必拘泥于古制。虽然中宗没有采纳严善思的建议，却反映出唐代在丧葬问题上的确有缘古为今、灵活变通的思想。

正因为如此，夫妻单葬与合葬两种方式都为唐代社会所认可，这种观念常见于唐代的单葬墓志。比如"古无合葬，礼有从宜。夫以体归下地，万里岂殊乎黄壤；魂何不之，双棺幸同于玄室"。③再比如"以为合葬非古，礼贵从宜。将追冈极之慈，愿在先茔之侧"。④还有"议者以为岁月未通，合祔非古。即用今载八月十五日，安厝于旧

---

① 《晋书》卷三四《杜预传》，第1032页。
② 《旧唐书》卷一九一《严善思传》，第5103页。
③ （唐）张说著，熊飞校注：《张说集校注》卷二一《颍川郡太夫人陈氏（神道）碑（铭并序）》，北京：中华书局，2013年，第1045页。
④ 《全唐文》卷二三九《大周无上孝明高皇后碑铭》，第2421页。

茔之傍。考古从宜，盖取诸礼也"。① 对唐人这种观念，宋人也持认可的态度："盖诸儒之说为不经，则折衷于孔子；而近世之事为非古，则取法于周公。"② "然礼者，人情而已矣。当于人情，而义足以劝士，则何必古之有哉？"③ 在合葬为主流的价值观念作用下，受各种因素影响而实施单葬时，唐人往往依据前代故事进行折衷变通，因此带有"合葬非古"字样的墓志不仅在唐前后期呈现出不同的特点，在单葬和合葬墓志中也呈现出不同的特点。

结　　论

夫妻合葬是唐代社会的主流，既是礼法规定，也深受唐人认可。但实际上，夫妻丧葬往往会受到各种因素的干扰而实行分葬。"合葬非古"字样在墓志中的出现也证明了这一点。除了有目的要单葬的志主外，一些单葬墓志中的"非古"表达的是"夫妻合葬不是古制，所以单葬也不违礼"的意思，藉以说明单葬是权宜之计、无奈之举。与单葬墓志明显不同的是，合葬墓志中的"非古"表达的是"合葬并不古老，始自周公之礼"的思想，是为了强调夫妻合葬的正当性与合礼性。受唐代礼法制度的影响与现实丧葬习俗的相互作用，带有"合葬非古"字样的墓志呈现出前多后少的趋势，而合葬与单葬墓志都频繁出现"合葬非古"的行文显示了唐人在丧事安排上的援古为今、折衷变通思想。

The Interactions Between the Burial Customs and Rites during the Tang Dynasty

Zheng Weifeng, Jiao Jie

School of History and Civilization

Abstract: In the Tang Dynasty, in addition to women's childless marriage, remarriage, the taboo of disturbing the souls of the dead, an inauspicious result of fortune-telling, and other religious factors, the factors that led to the separated burials of husband and wife included the political environment, ritual system, remarriage system, and population migration. In epitaphs of both joint burials and separated burials, the line "Joint burials are

---

① 吴钢主编：《全唐文补遗》第三辑，《大唐故尚书祠部员外郎裴公夫人荥阳郑氏墓志铭》，西安：三秦出版社，1996年，第102页。
② 《曾巩集》卷二七《贺元丰三年明堂礼毕大赦表》，北京：中华书局，1984年，第420页。
③ （宋）吕祖谦著，任远点校：《皇朝文鉴》卷三八《父》，杭州：浙江古籍出版社，2017年，第646页。

not following the ancient conventions" appeared frequently and got less frequent as time went by. In epitaphs of separated burial tombs, the "ancient" refers to the remote antiquity. The line was used to glorify or conceal the real purposes of applying separated burial, or to express the helpless state. It essentially showed their approval of the tendency toward joint burial. The word "ancient" in epitaphs of joint burial tombs refers to the middle ancient, which is mainly to show the legitimacy and propriety of the joint burial. The characteristics of the occurrence of the line "Joint burials are not following the ancient conventions" in the epitaphs of the Tang Dynasty reflect the interaction between the ritual system and the actual funeral custom during the Tang Dynasty.

Key words: epitaphs of the Tang Dynasty; "Joint burials are not following the ancient conventions"; joint burial; separated burial; ritual system

唐代李濛墓志考释

贾俊侠　王一浩

（西安文理学院　历史文化旅游学院；陕西师范大学　历史文化学院）

摘　要：李濛出自陇西李氏姑臧房，是姑臧公李瑾的八代孙。其一生曾担任太庙室长、汝州叶县主簿、襄城县尉、仙州功曹参军、汴州司户参军、当州录事参军和大理评事。其中，任仙州功曹参军和当州录事参军与赵公有密切关系，赵公即赵令则之子赵瑾。李濛世家官宦，曾祖李义玭授"岐州司功参军"，祖父李昭授"太庙令"，父亲李谧授"舒州司法参军"，兄长李漪授"汝州叶县令"，弟弟李晋授"大理评事兼常州司法参军"，志文虽没有记载姐姐李鸭，但她有墓志存世，收录于《全唐文补遗》。李濛子嗣众多，但无一人有官职记载。此方墓志为补充唐代宗室姑臧房世系和唐代中后期地方官制研究提供了重要史料依据。

关键词：太庙室长；太庙令；功曹参军；司功参军；姑臧公；赵公

《大唐故李府君李濛墓志》（以下简称《李濛墓志》）现藏于洛阳师范学院。李濛[①]在两《唐书》中皆无传记，但根据墓志内容可知他薨于唐代宗大历十三年（778），是陇西贵族之后。其生平与任职，从"太庙室长"荫补官开始，大致经历玄宗、肃宗和

[①] 根据笔者所考，关于人名为李濛者的记载目前唐代文献中能见到的有四处：其一本文墓志志主，陇西李氏姑臧房姑臧公李瑾的八代孙李濛。其二唐玄宗开元天宝时期李韶之子李濛。其墓志曰："公讳濛，字子泉，陇西成纪人也……悲夫！时天宝三载二月戊戌，春秋卅……"（参见吴钢著：《全唐文补遗》千唐志斋新藏墓志专辑《华阴郡□□县尉陇西李府君（濛）墓志铭》，西安：三秦出版社，2006年，第192—193页）。同时据《李符彩墓志》和《李韶妻崔氏墓志》知，李韶出自唐代非常显赫的中国公李穆家族，其族人墓志多有出土；其妻崔氏为宣城宰令崔令钦之女。二人有"三女。并闺门之秀。长适崔涉；次郑成；次王端，妙年夭折。一男蒙，才为时杰，声满国朝。始登秀士甲科，又擢宏词第首……"（参见赵文成、赵君平著：《河洛墓刻拾零》二六五《唐李韶妻崔氏墓志》，北京：北京图书馆出版社，2007年）。其三据唐代中期《唐故左卫司阶檀州长史赐绯鱼袋马府君墓志铭》（以下简称《马炬墓志》）所记，李濛是其墓志铭的撰写者。墓志曰"唐左卫司阶檀州长史赐绯鱼袋马府君墓志铭……陇西李濛书"（志石现藏于洛阳碑拓博物馆）；其四是唐代晚期《田嗣周墓志》的撰书人李濛，是当时掌管国家礼乐的一位官员。因本文墓志志主所处年代、籍贯皆与《马炬墓志》撰写者相符，所以笔者认为二者应该是同一人。

代宗三朝,最终加封"大理评事"。先后娶博陵崔氏和范阳卢氏为妻,有子七人、女三人。关于李濛的家世、经历等大多问题,墓志记载基本清楚,但有两个问题待考证:一是志文中说的"姑臧公"具体指代;二是"赵公"的具体指代。本文拟在唐代相关文献记载及《李濛墓志》志文的基础上,结合学术界已有的研究成果,对李濛生平、家世以及墓志所涉相关问题进行全面考释,以求教于方家。

一、墓志基本信息及录文

《李濛墓志》由志盖和志石两部分组成。志盖呈方形,上端以狮子作装饰,左右两端皆装饰双鸟花卉纹,下端仅刻画花卉,中央篆书刻写"李府君墓志铭"6字(图1)。志石呈方形,上端、右端皆刻画双鸟花卉,左端装饰狮子,下端装饰花卉。志文楷书,共28行,计750字。从志文款式与题写可知,墓志由扶沟县令石浑①撰,李濛嫡长子李全则书。本文根据需要对志文进行了断句、标点和考释整理研究,现依照原志文(图2)格式录全文标点版如下:

图1 《李濛墓志》志盖拓片

唐故朝议郎试大理评事兼许州录事参军陇西李公墓志铭并序

大唐大历十有三祀六月八日,朝议郎、试大理评事兼许州录事参军陇西李公

---

① 扶沟县:今河南扶沟,唐代属河南道。参见《旧唐书》卷三八《地理志》,北京:中华书局,2011年,第1432页。据《唐故衡王府长史致仕石府君墓志》记载,石浑是玄宗开元时期石宾玉之子、石玄英之兄,一生主要任扶沟县令。参见胡戟、荣新江主编:《大唐西市博物馆藏墓志》,北京:北京大学出版社,2012年,第215页。因石浑与志主李濛"久要情深,交契义重",故为其撰写志铭。

卒于州之官舍，享年五十四。呜呼！职不称才，位不充量，而降年不永，悲夫！公讳濛，字鼎奴，其先陇西成纪人。得姓受氏官婚，人物简谍详焉，不可隐括而书也。姑臧公之八代孙，开元中，有诏编于属籍，令为我皇之族，卅世称盛族，时谓甲门。曾祖义琎，皇岐州司功参军，纯孝闻。祖昭，太庙令，德行著。父谧，舒州司法参军，清白称。公即舒州府君之第二子，生而挺岐嶷之资，表凤成之质，童儿之事，迥出时辈。以资荫补太庙室长，常调授汝州叶县主簿。以政理上闻，改襄城尉。时颍州守天水赵公曾牧仙州，备诘能事，辟为功曹掾。未几，而换汴州司户参军，辞满。而赵公以旧政见思，擢居幕下，能使军令严而郡政清，庶务集而民人悦。赵公以州县细务常开乃心，遂奏授当州录事参军，郡中之事，悉以资之，即府无留事矣。加以清而廉，简而要，仁而信，威而惠，酷吏敛手，疲人息肩。将满岁，而上请借留。有下诏加大理评事，以旌善政。公推爱玄言，好谈佛理，博览九经，尤精三礼。左补阙宣城洪经纶，以冠婚祭礼。自后魏已来，衣冠杂于北房，风俗大坏，殊乖古典，遂删为三篇，请公刊削之。公皆曲尽微言，直书其事，而并行于世。至于温恭成性，仁孝为心，内外有生侄孤遗。期功以来，抚而育之，逾于己子。罄以家产为其婚娶者数人，举世称之。何彼苍不吊，歼我良人！郡邑兴嗟，道路挥涕。公娶博陵崔氏，有一子；后婚范阳卢氏，子六人，女三人。嗣子全则等，皆幼稚婴孩，早闻诗礼，回心号泣，殆至毁灭。兄曰漪，前汝州叶县令；弟曰晋，前大理评事兼常州司法参军，皆曰贞曰良，克谐克孝。

图2 《李濛墓志》墓志铭拓片①

---

① 《李濛墓志》志盖及墓志铭拓片由洛阳师范学院毛阳光教授提供，在此深表谢意！

以其年十一月七日权殡于河南县龙门乡之原。礼也！以浑久要情深，交契义重，见托铭志，实愧谀闻，而为铭曰：

　　惟岳降神，生我哲人，性闲心静，体和气真。其一，学古入官，正直纯一，辟命交驰，颂声洋溢；其二，积善何怙，降此鞠凶，遗孤靡托，幼雅何从；其三，伊水之清，龙门之峻，登陂万顷，孤松千仞；其四，白日泉路，黄蒿墓门，徽猷不泯，贞石能存；其五，前扶沟县令石浑撰，嗣子全则书①。

笔者翻检唐代传世文献，没有找到有关李濛本人的记载，只能根据《李濛墓志》以及相关墓志对其生平、家世、祖辈及其子嗣的任职情况等进行讨论研究，以期补史之阙。

二、李濛生平考释

（一）李濛生卒年及其入仕时间

李濛字鼎奴，陇西成纪人，姑臧公之八代孙，玄宗开元年间编入宗室谱籍，成为皇族。墓志中对李濛的卒年记载清楚，虽然没有提及其生年，但根据墓志的相关记述与有关纪年可以推断出李濛生于唐玄宗开元十三年（725），原因有二：一是李濛卒于唐代宗大历十三年（778），享年五十四岁，可知其生年应在唐玄宗开元十三年。二是根据唐代皇帝纪年表，玄宗开元十三年至肃宗即位（756）共计31年，肃宗在位7年，代宗即位（763）至李濛薨（778）共计16年，总计54年，与李濛逝世年龄相吻合。结合《李濛墓志》和传世文献的记载可以确定李濛生于唐玄宗开元十三年无疑。从墓志"以资荫补太庙室长"的记载看，李濛是因门荫而入仕的。至于入仕时间、入仕年龄以及为官期限等问题，志文中均未提及，但据其生年及相关历史文献之记述，笔者推测李濛大致于玄宗天宝十三载（754）入朝为官，此时他三十岁左右。其一，从玄宗开元二十一年（733）制"凡人三十始可出身，四十乃得从事，更造格限，分品为差"②可知，唐代凡是做官，一般三十岁获得为官资格，四十岁才授予正式官职。如中唐著名诗人白居易即如此。史书记载白居易二十九岁中进士，拜秘书省校书郎，大约四十岁时及第，"授盩厔县尉，集贤校理"。③其二，据《李濛墓志》载："（李濛）以资荫补太庙室长，常调授汝州叶县主簿。"《新唐书·百官志》有云："凡（任太庙）室长十年、（郊坛）掌座十二年，皆授官。"④这说明李濛是担任了十年"太庙室长"之

---

① 《大唐故李府君李濛墓志》志文，以下文中所引均不再注释。
② （宋）王溥：《唐会要》卷七四《选部上》，上海：上海古籍出版社，2006年，第1597页。
③ 《旧唐书》卷一六六《白居易列传》，第4340页。
④ 《新唐书》卷四八《百官志》，北京：中华书局，2011年，第1242页。另引文括号中内容为本文作者所加。

后，被正式授予"汝州叶县主簿"一职，符合唐代"出身十年授予正式官职"的规定。

（二）李濛所担任的官职

李濛自天宝十三载前后任"太庙室长"，至大历十三年卒，为官二十载，期间曾任汝州叶县主簿、襄城县尉、仙州功曹参军、汴州司户参军、当州录事参军和大理评事；获封朝议郎、大理评事兼许州录事参军。也就是说，李濛既在中央当职，也担任过地方参军。其官职的变化从侧面也反映出唐代中期陇西贵族参与政治、司法等特点①。为了进一步认识和了解李濛，笔者根据墓志所载李濛生平（包括担任的主要官职）结合唐代的史事与相关制度，对其任职予以考释。

1. 太庙室长

唐玄宗天宝十三载（754）前后李濛初入朝堂荫补"太庙室长"一职。太庙室长是唐代太庙九室的最高长官，主管礼器以及锁钥等诸多事宜。《新唐书·百官志》载："太庙九室，室有长三人，以主樽、罍、篚、幂、锁钥，又有罍洗二人……皆礼部奏补。"②奏补，即奏荫、补荫。唐代的荫补制度规定一般五品以上官员皆可以荫补其子孙，同时规定"三品以上的官员荫曾孙，五品以上的官员荫孙，孙降子一等，曾孙降孙一等"。③但根据《李濛墓志》的记载，其曾祖父李义班授"岐州司功参军"，祖父李昭授"太庙令"，父亲李谧授"舒州司法参军"，他们的官职在唐代皆位于七品之下④，达不到荫补子孙的标准，而李濛却能荫补为官，很可能是因为他出自陇西贵族，故可享有某种特殊之礼遇。同时，结合志文的相关内容知，李濛本人的能力实际也很突出。扶沟县令石浑评价李濛不但有"岐嶷之资""凤成之质"，而且"童儿之事，迥出时辈"。能力超群，加之出身陇西贵族，得到玄宗皇帝赏识，以资荫补太庙室长一职，也有一定可能。

检索唐代诸多史籍，"太庙室长"一职很少见于文献记载，如《旧唐书·职官志》《通典》和《文献通考》等传世文献中均未提及太庙室长，而更多记述的是太庙令。太

---

① 李濛所任职官反映出中唐时期贵族参政两大特点：其一，以门荫入仕的贵族所任官职品阶较低。李濛先后做主簿、县尉、功曹参军和司户参军等，品阶基本皆在七品或八品以下。加封大理评事也只是因为皇帝看重李濛的能力。李濛兄长李潇亦是如此，志文记载李潇曾任"汝州叶县令"，推测他可能也是荫补入仕，后文详细说明；其二，唐代中晚期由于皇权逐渐衰弱，藩镇势力强大，为了维护政治稳定和加强中央集权，统治者往往会对官员的职位进行调动，有的官员一生能够担任多项官职。例如中唐时期贵族李澄，其墓志记载，李澄先后任并州清源县尉、河东郡鄡乡县尉、洛州告成县尉、陕郡司法参军和扶风郡司法参军等；又如唐代中期著名宰相李绛也是这样，史料记载，德宗时期李绛授校书郎、渭南县尉和监察御史等职。宪宗时期任宰相，后罢礼部尚书，穆宗、敬宗时期任洛阳留守，拜尚书右仆射等，官职调动极为频繁。分别参见吴钢：《全唐文补遗》第八辑《李澄墓志》，西安：三秦出版社，2005年，第105—106页；《旧唐书》卷一六四《李绛列传》，第4285—4292页。
② 《新唐书》卷四八《百官志》，第1242页。
③ 《新唐书》卷四五《选举志》，第1173页。
④ 据史料记载，唐代参军事一般是七品或八品，太庙令位居从七品下。分载于《旧唐书》卷四二《职官志》，第1798—1801页；《新唐书》卷四八《百官志》，第1242页。

庙令是唐代太庙署最高长官，主掌开阖、洒扫和释奠之礼等。李濛的祖父李昭就曾授过"太庙令"一职，掌管国家宗庙礼仪。唐代传世典籍中没有明确叙述太庙令和太庙室长的关系，但根据相关文献的细节可以推断二者同属太庙署，而太庙室长实际就是太庙令下辖的职官之一。其一，从唐代太庙人员的构成上看，太庙令下辖斋郎，而斋郎之下又设太庙室长。《旧唐书·职官志》云："两京郊社署：令各一人，从七品下。丞一人，从八品上。府二人，史四人，典事三人，掌固五人，门仆八人，斋郎一百一十人。"① 其中斋郎主掌郊庙之役，郊庙既可以指祭祀天地的郊宫，也指祭祀祖先的太庙。如清章炳麟《訄书·述图》云："汉建昭四年春正月，以诛郅支单于告祠郊庙，群臣上寿，置酒，以其图书示后宫贵人。"② 此处郊庙就指太庙。唐朝的太庙共分九室，设室长三人。其二，从二者职能看，太庙令主掌礼器的设置，太庙室长则负责礼器的管理。据文献记载，唐代郊社令与奉礼郎设置樽、罍、篚、幂等礼器，太庙令实之。而太庙室长则负责管理这些礼器③。由此可见，太庙室长在太庙令之下，属于太庙令的附属官职。

2. 汝州叶县主簿

墓志没有明确记载李濛担任叶县主簿的具体时间和为官期限。但经前文考证可知，天宝十三载前后李濛入朝任太庙室长，十年之后正式被授予汝州叶县④ 主簿一职。由此推断，他任主簿的时间约在唐代宗广德二年（764）。而为官期限大致约在广德二年至大历四年（769）某一时间段。原因有二：其一，李濛担任叶县主簿时，叶县正好隶属于汝州。据史料记载，唐代历史上有两段时间叶县是归属汝州的，一是开元二十六年至大历四年；二是大历五年之后⑤。其二，大历五年李濛已经担任了仙州功曹参军。又依据志文得知李濛任汝州叶县主簿之后，先后担任了襄城县尉和仙州功曹参军。史载，仙州于代宗大历四年三月置，大历五年二月废⑥。也就是说，只有在大历四年至大历五年这段时间里李濛能够做仙州功曹参军，并且具体时间不会晚于大历五年二月。由此推断，从代宗广德二年至大历五年这几年时间里李濛实际经历了三次官职的变动：广德二年至大历四年李濛先授汝州叶县主簿，之后改任襄城县尉；大历四年至五年又授仙州功曹参军。

主簿是对古时主官属下掌管文书佐吏的称谓。《文献通考·职官考》载："主簿，唐

---

① 《旧唐书》卷四四《职官志》，第1874页。
② 章炳麟：《訄书》卷二六《述图》，沈阳：辽宁人民出版社，1994年，第151页。
③ 《新唐书》卷四八《百官志》，第1242页。
④ 叶县即今河南平顶山叶县，为唐代汝州"下辖七县"之一，汝州下辖七县分别指梁县、郏城县、鲁山县、叶县、襄城县、龙兴县和临汝县。唐代属河南道。见载于《旧唐书》卷三八《地理志》，第1340页。
⑤ 传世文献中没有明确记载代宗大历五年之后叶县的具体建制，但据《李濛墓志》记载李濛的兄长李漪曾经做过汝州叶县令。志文曰："兄曰漪，前汝州叶县令。""前"字说明李濛墓志撰写的时候叶县已经不属于汝州，即唐代宗大历十三年（778）。这也为唐代中期叶县建制变化的研究提供了重要的补充资料。
⑥ 《新唐书》卷三八《地理志》，第984页。

置二人，掌付事勾稽，省署抄目，监印，给纸笔等事（余寺主簿并同职）。"①可以看出，主簿一职，若没有真才实学，是无法胜任这个工作的。李濛任叶县主簿，恰恰说明李濛具有较高的文化素养，这在《李濛墓志》中也有体现。志文云："（李濛）推爱玄言，好谈佛理，博览九经②，尤精三礼。"当时左补阙宣城洪经纶③考证自后魏以来的衣冠婚礼祭礼，写有《冠婚祭礼》三篇，"请公刊削之。公皆曲尽微言，直书其事，而并行于世"。可见，李濛不但对礼仪制度颇有研究，而且对佛、道、儒学理有很深的造诣。

3. 襄城县尉

由于李濛任汝州叶县主簿期间政绩突出，故被升任襄城县尉。志文曰："以政理上闻，改襄城尉。"依据前文所述，他担任襄城尉的时间大致也在代宗广德二年至大历四年某一时间段。

襄城，即今河南襄城县，唐代汝州"下辖七县"之一，属河南道。两《唐书》记载，高祖武德元年（618）襄城属于汝州。贞观元年（627）属许州。玄宗开元四年属仙州。开元二十六年先属许州，又改属汝州。县尉是唐代县级政府中的重要官员。马端临《文献通考》记载，唐代县级政府行政机构主要由县令、县丞、主簿和县尉构成，其中县尉掌"判诸司事"④，包括县的行政、司法和财政等各个方面，一般由武官担任。李濛从叶县主簿改任襄城县尉，说明他不仅学识渊博，精通九经三礼，而且略通武艺之学。

4. 仙州功曹参军

志文曰："时颍川守天水赵公曾牧仙州，备诘能事，辟为功曹掾。"李濛担任仙州功曹参军的时间大致在代宗大历四年（769）至五年（770）期间，具体时间不会晚于大历五年二月，此时他四十五岁左右。

仙州位于今河南叶县境内，初置于唐玄宗开元三年（715），属河南道，辖境相当今河南省叶县、襄城和舞阳等县。开元二十六年废。代宗大历四年又复置，大历五年废。功曹，亦称功曹参军、功曹参军事，是郡守、县令等官职的主要佐吏。依据唐制，一般诸都督府设置功曹参军，州郡设置司功参军，主要负责各府或州郡考课、假使、祭祀、礼乐、学校、表疏、书启、禄食、祥异、医药、卜筮、陈设和丧葬等诸多事宜⑤。但事实上在唐代由于"功曹参军"和"司功参军"执掌相当，所以二者混用的

---

① 《文献通考》卷五三《职官考》，北京：中华书局，2011年，第1613页。
② "九经"分别指《诗经》《尚书》《仪礼》《周礼》《礼记》《周易》《春秋左氏传》《春秋公羊传》和《春秋谷梁传》。唐文宗时期在"九经"的基础上增加《孝经》《论语》和《尔雅》，形成"十二经"；北宋又增加《孟子》，合称"十三经"。
③ 洪经纶：唐玄宗天宝年间进士。历官至谏议大夫、宣歙观察使。建中初为黜陟使。及朱泚反，伪授太常少卿。见载于《旧唐书》卷一二七《洪经纶列传》，第3579页。
④ 《文献通考》卷六三《职官考》，第1911页。
⑤ 《新唐书》卷四九《百官志》，第1312页。

现象也是时有发生。如志文记载李濛的曾祖父李义玼曾授"岐州司功参军",而《卢处约妻李氏墓志》则记载的是"岐州功曹参军"①。此外,欧阳修《新唐书·百官志》、杜佑《通典》和马端临《文献通考》等传世文献中也通常将二者合称为"功曹司功参军"。②又据《李濛墓志》知,李濛之所以能够担任仙州功曹参军,是因为赵公赏识李濛的处事能力。赵公认为李濛"备诘能事",故推荐他做仙州功曹参军,佐助赵公处理仙州的一些政务。结合墓志全文来看,李濛的为官生涯中,赵公发挥了重要作用:其一,举荐李濛任仙州功曹参军一职(笔者已考证);其二,李濛汴州司户参军任职期满后,赵公仍"以旧政见思,擢居幕下";其三,上奏唐代宗授予李濛当州录事参军之职。那么,赵公又是何许人?详见后文考释。

5. 汴州司户参军

李濛担任仙州功曹参军不久,便改任汴州司户参军。汴州即唐代汴州城,治所在浚仪县(今河南开封),辖境相当今河南开封、封丘和兰考等地,属河南道。玄宗天宝元年改汴州为陈留郡。乾元元年(758)又改为汴州。司户参军,亦可作"司户参军事""户曹司户参军事",主掌民户之事。杜佑《通典·职官十五》亦云:"司户参军:大唐掌户口、籍帐、婚嫁、田宅、杂徭、道路之事。"③汴州司户参军任职期满后,赵公仍"以旧政见思,擢居幕下"。也就是说,李濛从汴州司户参军至授当州录事参军前,曾又在赵公幕下任职过一段时间,期间"军令严而郡政清,庶务集而民人悦",事务治理得井井有条,深得人心。依据唐代地方官的任期,一般州刺史和县令三年一迁,杂佐官四年一迁。如此推之,李濛做汴州司户参军和之后在赵公幕下任职的时间大约在代宗大历八年(773)至九年期间。

6. 当州录事参军

墓志云:"赵公以州县细务常开乃心,遂奏授当州录事参军,郡中之事,悉以资之,即府无留事矣。"李濛在赵公幕下任职一段时间后,赵公上奏朝廷授予其当州录事参军一职。此时,李濛从河南道调至剑南道任职④。当州,治所在通轨县(今四川黑水),辖境约今四川黑水县一带。当州地望曾经过多次的变迁,史料记载,太宗贞观二十一年(647)当州初置,属陇右道;高宗仪凤二年(677)迁徙至逢臼桥(今四川黑水),改属剑南道;天宝元年(742)改当州为江源郡;乾元元年又改为当州;大历

---

① 墓志云:"姑臧公七代孙义玼,岐州功曹参军。"参见吴刚著:《全唐文补遗》第八辑《卢处约妻李氏墓志》,第167页。

② 《新唐书·百官志》载:"功曹司功参军事",《通典》和《文献通考》中均无"事"。分别参见《新唐书》卷四九《百官志》,第1312页;(唐)杜佑著,王文锦等点校:《通典》卷三三《职官十五》,北京:中华书局,2015年,第912页;《文献通考》卷六三《职官考十七》,第1905页。

③ (唐)杜佑著:《通典》卷三三《职官十五》,第913页。

④ 结合墓志全文来看,李濛从太庙室长之后,先后做汝州叶县主簿、襄城尉、仙州功曹参军和汴州司户参军,皆在河南道任职。李濛授当州录事参军,即是从河南道调至剑南道任职。

五年当州"移入山阴要变之地,以备吐蕃"。①而李濛正于唐代宗大历九年(774)左右被派往当州,任录事参军一职,很有可能是为了协助当州长官抵御吐蕃入侵②。

录事参军也称"录事参军事",是诸州长官重要僚佐,主管总录众曹文簿,举弹善恶。马端临《文献通考·职官考十七》亦有记载:"后魏洎隋,皆有录事参军。炀帝置郡,有东西曹掾及主簿。唐武德复为录事参军,开元改司录参军。掌正违失,涖符印。"③李濛在当州任录事参军期间,"郡中之事,悉以资之,即府无留事矣",再加上他"清而廉,简而要,仁而信,威而惠,酷吏敛手,疲人息肩",恩威并施,深得民众青睐,以至于李濛任期将满四年时,百姓上请朝廷请其继续留任。

7. 大理评事

志文曰:"有下诏加大理评事,以旌善政。"由于李濛治理当州事务取得了卓越的成绩,因而唐代宗下诏授任其大理评事。大理评事亦称"大理寺评事",是大理寺属官。其员额大致设置12人,期间也略有变化。如贞观二十二年(648)置10员,后增加2员,为12员。④到元和十五年(820),"敕减大理评事两员,以增六丞之俸",又成了10员。⑤大理评事是从八品下的官吏,官品虽不高,但因掌出使推案、断狱之权力,比起同等品级的官员来说,更受朝廷重视。李濛做过太庙室长、主簿、县尉、功曹参军、司功参军、录事参军等职官,熟悉礼仪典章、地方政务和法典章程等,加之为官清廉,上得长官赏识,下受百姓爱戴,完全符合唐代大理评事用人选人之原则。依据志题"唐故朝议郎、试大理评事兼许州录事参军"信息以及学者对唐代大理评事的研究成果,⑥笔者推断李濛所任大理评事应属于唐后期外官(主要是幕府职官)"带职"现象之一种。因其任职不久便即去世,故志文中对其任大理评事和许州录事参军无任何记述。

8. 许州录事参军

古代墓志铭撰写的特点之一是在志题中书写终官。据《李濛墓志》志题"唐故朝议郎、试大理评事兼许州录事参军陇西李公墓志铭并序"显示,李濛去世时不仅任大

---

① (宋)乐史:《太平寰宇记》卷八一《当州》,北京:中华书局,2007年,第1636页。
② 安史之乱后,唐朝国力日渐衰微,吐蕃趁机入侵,占据唐王朝大片疆土。据史料记载,自玄宗天宝十四载(755)以来,吐蕃侵占剑南、安西、河西和凉州等地,甚至一度攻占唐都城长安。直至唐穆宗长庆年间,唐蕃进行"长庆会盟",唐王朝与吐蕃的关系才有所缓和。可参见《旧唐书》卷一九六《吐蕃列传》,第5219—5269页。
③ 《文献通考》卷六三《职官考》,第1904页。
④ 《文献通考》卷五六《职官考》,第1649页。
⑤ (宋)王溥:《唐会要》卷六六《大理寺》,第1358页。
⑥ 关于唐代大理评事的研究,主要参以下相关成果:(1)杜文玉的《论唐代员外官与试官》,《陕西师范大学学报》1993年第3期,第90—97页;(2)黄正建的《唐代法典、司法与〈天圣令〉诸问题研究》第二编《司法编》之"唐代大理寺官员考略(之一):大理评事——以墓志资料为中心",北京:中国社会科学出版社,2018年,第206—221页;(3)冯培红的《论唐五代藩镇幕职的带职现象——以检校、兼、试官为中心》,载京都大学人文科学研究所《唐代宗教文化与制度》,2007年,第133—210页。其中第138页转引张国刚观点;第186—187页归纳赖瑞和观点,同时冯先生也提出了自己的看法。

理评事,还是正六品文散官朝议郎,兼职许州录事参军。结合前文所述,李濛在当州录事参军即将届满之时,朝廷下诏加任他为大理评事,"以旌善政",时间大约当在大历十二年底或大历十三年初。也就是说届满后旋即被改任许州录事参军,即"试大理评事兼许州录事参军"。又据志文"大唐大历十有三祀六月八日,朝议郎、试大理评事兼许州录事参军陇西李公卒于州之官舍,享年五十四"可知,李濛所去世的"州之官舍"之"州",当指许州无疑。许州初设于北周大定元年(581),以郑州改名,治长社县(今河南许昌市)①。隋大业初改为颍川郡,唐初复名许州;天宝元年(742)改为颍川郡;乾元元年(758)复为许州。唐时辖境相当今河南许昌、长葛、鄢陵、扶沟、临颍、舞阳、襄城等县地。李濛卒于任上,推测可能是突发疾病而亡。大历十三年十一月七日权殡于河南县龙门乡之原,当时"郡邑兴嗟,道路挥涕"。

三、李濛家世考释

李濛家族为陇西官宦世家,从曾祖李义玼至李濛的兄长李漪、弟弟李晋四世为官,其子嗣除嫡长子李全则为其书写墓志外,其他不得而知。

(一)曾祖李义玼授"皇岐州司功参军"

岐州即唐代凤翔府。史书记载,高祖武德元年(618)将隋朝扶风郡改为岐州,肃宗至德二年(757)又将岐州改为凤翔府,辖境相当今周至、陇县和宝鸡等地,属关内道。司功参军,亦作"司功参军事""功曹司功参军事",一般设置于各州郡,但经常与功曹参军事混用,负责祭祀、礼乐和学校等诸多事宜。李义玼任岐州司功参军期间,以孝闻于世。

检索史料可知,李义玼是高宗时期宰相李义琰②的弟弟。他出自李氏姑臧房③,先祖李承、李韶、李瑾、李蒨之在当时皆身居要职,祖父李武卿官职记载不详,父亲李玄德任瘿陶④县令。其兄长一曰李义琰,一曰李义璡,李义璡无官职记载。李义玼长子名李昭(即李濛的祖父),授太庙令;仲子李融详见于《卢处约妻李氏墓志》,其曰:"姑臧公七代孙义玼,岐州功曹参军;玼生融,河南府渑池县令;融生穑,河内

---

① 长社县:北齐时改颍阴县为长社县,治今河南许昌市。隋开皇初改为颍川县,唐武德四年(621)复为长社县,为许州治。参见《旧唐书》卷三八《地理志》,第1432页。
② 李义琰,唐高宗时期宰相。分载于《旧唐书》卷八一《李义琰列传》,第2756—2758页;《新唐书》卷一〇五《李义琰列传》,第4033—4034页。
③ 姑臧房:姑臧房是唐代皇室的远支,为唐代"陇西李氏四房"之一。陇西李氏定著四房:其一曰武阳,二曰姑臧,三曰敦煌,四曰丹阳。参见《新唐书》卷七二《宰相世系表》,第2473页。关于姑臧房到底是否是唐宗室,学界有不同看法,本文依从大多数学者之观点,暂认定为唐宗室。
④ 瘿陶县,今河北宁晋县。隋开皇六年(586)置,天宝元年(742)改名宁晋县。参见《旧唐书》卷三九《地理志》,第1501页。

太守……"①《卢处约妻李氏墓志》中详细叙述了仲子李融的家族世系,而《李濛墓志》为长子李昭的世系补充了重要的资料。

(二)祖父李昭授"太庙令"

李濛祖父李昭②曾任太庙令,掌管国家宗庙礼仪。任职期间以高尚的品行著称,深受世人赞颂。两《唐书》中没有明确记载李昭的官职,此番考证为唐代传世文献提供了补充资料。同时据志文记载,李濛刚入仕时任太庙室长,太庙室长与太庙令同属太庙署之职,由此推断,这很有可能是与他祖父授过太庙令有关。

(三)父亲李谧授"舒州司法参军"

舒州,治所在怀宁县(今安徽潜山),辖境相当安庆、太湖和望江等地,唐代属淮南道。史料记载,高祖武德四年改隋同安郡为舒州。天宝元年又改舒州为同安郡。乾元元年改为舒州。司法参军,也称"司法参军事",主掌刑法。欧阳修《新唐书·百官志》亦云:"司法参军事,掌鞫狱丽法、督盗贼、知赃贿没入。"③李谧做司法参军以清白著称,受到百姓爱戴④。

(四)李濛兄长李漪授"汝州叶县令"

墓志记载,李濛有一位兄长和一个弟弟,兄曰李漪,弟曰李晋,并且他们都曾经做过官,至于年龄多大,何时入仕,志文中均未提及。

县令是一县之长的统称。唐代的县令依据县所辖的户口数量划分为不同等级⑤,主要职责是倡导风化、体察冤滞以及查听狱讼等。同时"凡民田收授,县令给之。每岁季冬,行乡饮酒礼。籍帐、传驿、仓库、盗贼、堤道,虽有专官,皆通知"。⑥李漪能够胜任汝州叶县令与他的为人及品行有密切关系,时人评价李漪"曰贞曰良,克谐克孝",可见他不仅才能出众,且具有高洁品格。

(五)李濛弟弟李晋授"大理评事兼常州司法参军"

李晋既在中央做大理评事,也兼任常州司法参军。大理评事是大理寺属官,主管司法。常州,高祖武德三年(620)初置,治所在丹徒县(今江苏丹徒),辖境相当于

---

① 吴刚主编:《全唐文补遗》第八辑《卢处约妻李氏墓志》,西安:三秦出版社,2005年,第167页。
② 《新唐书·宰相世系表》载:"昭,一作照"。参见《新唐书》卷七二《宰相世系表》,第2448页。
③ 《新唐书》卷四九《百官志》,第1313页。
④ 李谧在唐代传世文献中无载,职官的考证为唐代文献研究提供了重要的补充资料。
⑤ 唐代主要以县所辖户数为标准将全国各县划分为京、畿、上、中、中下、下六等,而且不同时期所依据的户口数量不同。《唐会要》记载:高祖武德年间,规定"户五千已上为上县,二千户已上为中县,一千户已上为中下县"。至玄宗开元二十八年由于唐朝国力强盛,户口数量日益增加,又提高了县的升等标准,规定"以六千户已上为上县,三千户已上为中县,不满三千户为中下县"。参见《唐会要》卷七十《量户口定州县等第例》,第1457页。
⑥ 《新唐书》卷四九《百官志》,第1319页。

今江苏睢宁、无锡和宜兴等地，唐代属江南东道。天宝元年改常州为晋陵郡。乾元元年又改为常州。司法参军，掌司法之职，负责督拿盗贼、刑法狱讼等事。可见，李晋无论是在中央还是在地方做官，皆行使司法之职，这属于唐代兼官制度①的一种。从志文知，李晋与兄长李漪一样，也具有"曰贞曰良，克谐克孝"的品德修养。

李晋任大理评事兼常州司法参军②，职位远远高于他的兄长李漪所授汝州叶县令。这实际上反映的是唐代贵族为官的一种普遍现象。在唐代，贵族做官主要有两种途径：一是科举考取功名；二是通过门荫入仕。而依靠门荫制度所授官职品阶往往比较低，如唐德宗时期齐州临济县令顾忏即是如此。其墓志记载，顾忏家族世称高族，但他没有通过科举考取功名，而是依靠家族的力量，得到当时礼部尚书李师道和刑部尚书殷宥的赏识提拔，先后任黄县县尉，东光、章丘和临济县令③。因此，根据李漪和李晋所任官职推测，李漪很可能是依靠门荫入仕，而李晋则是科举授官。

（六）李濛姐姐李鸭

李鸭不见于《李濛墓志》的记载，但她有墓志存世，现收录于《全唐文补遗》。据《李鸭墓志》记载："夫人讳鸭，字鸭儿，陇西狄道人也。姑臧公之八代孙。曾祖义琎，岐州司功。祖昭，太庙令。父谧，舒州司法。夫人即司法之元女也。"④可知，李鸭是李谧的长女，生于唐玄宗开元二年（714），病逝于天宝五载（746），享年三十三岁。《李鸭墓志》记载李鸭的家世与《李濛墓志》所言内容基本相同，但未涉及李漪和李晋。同时，从志文"乃令伯道无子，若敖喂。而二女穷号，哀感邻里"可以看出李鸭没有儿子，仅有两个女儿。《李濛墓志》中没有记载李鸭，可能是因为根据古时相关礼仪制度，李鸭嫁给了左监门卫直长郑沼为妻，已经不属于李濛家族的世系成员，但《李鸭墓志》为研究李濛家族世系提供了补充资料。

（七）李濛子嗣官职不详

墓志记载，李濛先后有两任妻子，与博陵崔氏有一子，与范阳卢氏有六个儿子，三个女儿。博陵崔氏和范阳卢氏皆是隋唐时期的名门望族。博陵崔氏，最早源起于汉代，唐代形成了庞大的家族。《新唐书·宰相世系表（二）》载唐代"崔氏十房"⑤中

---

① 史料记载，唐代兼官主要有三种情况：其一，同时兼任两个（或两个以上）职官，且此类官职属于职事官，李濛之弟李晋就同此类；其二，部分加衔，如玄宗时期张守珪，即以幽州节度使、右羽林大将军兼御史大夫；其三，官员职事官官品比散官官品高一阶，例唐代初期岑文本"除秘书郎，兼直中书省"。可参见《旧唐书》卷七十《岑文本列传》，第1785—1786页。
② 李晋任大理评事兼常州司法参军与其兄志主李濛"试大理评事兼许州录事参军"情况类似，兹不再讨论。
③ 郭俊峰、王勇等：《山东济阳前刘村唐代家族墓发掘简报》，《考古学研究》2017年第5期，第15页。
④ 吴刚主编：《全唐文补遗》第八辑《李鸭墓志》，第206页。
⑤ 崔氏十房：郑州、鄢陵、南祖、清河大房、清河小房、清河青州房、博陵安平房、博陵大房、博陵第二房和博陵第三房。参见《新唐书》卷七二《宰相世系表》，第2817页。

博陵崔氏就占据四房；范阳卢氏，唐代时期位列七姓十家[①]，与博陵崔氏并称为"崔卢"。作为当时的望族，崔氏、卢氏与李唐皇室联姻也极为频繁。有学者曾统计，唐代历史上博陵崔氏、范阳卢氏与李氏家族等联姻总数量达到60%以上[②]，通过与皇室通婚的方式来维系自身家族的声望和地位。

李濛的嫡长子叫李全则，也是《李濛墓志》的书写人。李全则及李濛其他子嗣是否做过官？墓志也没有明确记载，仅言他们"皆幼稚婴孩，早闻诗礼"，有待相关墓志出土以补证。

四、相关问题考释

《李濛墓志》对李濛一生的大多事情记载清楚，但有两个问题待考证：一是志文中"姑臧公"的具体指代；二是曾举荐李濛做仙州功曹参军和当州录事参军的"赵公"是何许人。笔者以下就此问题提出个人拙见，且提供证据以论之。

（一）"姑臧公"考释

墓志曰："公讳濛，字鼎奴，其先陇西成纪人……姑臧公之八代孙。"且清楚的记载李濛是姑臧公的八代孙，但姑臧公的指代却不明确。又据其姊《李鸭墓志》云："（李鸭）姑臧公之八代孙。"[③]但《卢处约妻李氏墓志》中言李濛的曾祖父李义班是姑臧公七代孙。结合文献和志文内容，笔者认为《李濛墓志》《李鸭墓志》与《卢处约妻李氏墓志》中"姑臧公"则谓指代不同。证据如下。

1.《李濛墓志》所载"姑臧公"应指文恭候李瑾。一是依照李濛家族的世系[④]，李瑾是李濛的八世祖（或曰："李濛是李瑾的八代孙"）；二是根据《新唐书·宰相世系表》的记载，李瑾作为李韶之子，出自李氏姑臧房，承袭了父亲"（姑臧）文恭候"[⑤]的名号，符合志文"姑臧公"的记载。

2. 李濛曾祖李义班是姑臧公李承的七代孙。其一，结合李濛家族世系可知，李承是李义班的七世祖；其二，《卢处约妻李氏墓志》曰："（李）暠生翻，翻生宝，宝生四

---

① 七姓：陇西李氏、太原王氏、荥阳郑氏、范阳卢氏、清河崔氏、博陵崔氏和赵郡李氏。十家：李宝、王琼、郑温、卢度世、卢辅、卢溥、崔宗伯、崔元孙、崔懿和李楷。参见（清）董诰著：《全唐文》卷三一八《唐赠太子少师崔公神道碑》，北京：中华书局，1982年，第3230页。

② 李国强：《唐代范阳卢氏婚姻问题研究》，《湖北社会科学》2012年第6期，第109页。

③ 李鸭和李濛同为李谧之子，因而《李鸭墓志》和《李濛墓志》所言"姑臧公"是同一人。

④ 结合《新唐书·宰相世系表》和《李濛墓志》的记载可知，李濛家族的世系是："西凉武昭王李暠生翻，翻生宝，宝生承，承生韶，韶生瑾，瑾生青之，青之生武卿，武卿生玄德，玄德生义班（曾祖），义班生昭（祖），昭生谧（父），谧生鸭、㵾、濛和晋，濛生全则等。"参见《新唐书》卷七二《宰相世系表》，第2443—2448页。

⑤ 李韶"姑臧文恭候"，其子李瑾亦称"文恭候"。同时，姑臧房中子孙封号前加"姑臧"的情况时有发生，如李承获封"姑臧穆候，其子李韶袭"姑臧文恭候"。参见《新唐书》卷七二《宰相世系表》，第2443—2444页。

子，遂分为四房，时人谓之四公子，婚媾鼎甲者，独称姑臧公。"四房分别指姑臧房、武阳房、丹阳房和敦煌房。史料记载，李承作为李宝长子，是姑臧李氏的创始者，其本人也获封"姑臧穆侯"，故被称为"姑臧公"。张琛先生《唐姑臧房世系校补》一文也认为"李义琎是姑臧公李承的七代孙"[1]，为本文考证提供了证据。

故据墓志和传世文献及学者所考，可以确定李义琎是李承的七代孙、李濛是文恭候李瑾的八代孙无疑。"姑臧公"讨论，为唐代宗室姑臧房世系研究提供了十分重要的依据。

（二）"赵公"考释

《李濛墓志》记载李濛仕途的发展与赵公有密切关系，却没有明确的记载赵公的名讳，以致赵公的具体指代成为研究该墓志疑团之一。

志文关于赵公仅言"颍川守天水赵公曾牧仙州"。从这句话中我们可以得出两个信息：其一，赵公的籍贯是天水赵氏；其二，他曾经担任过颍川[2]郡守和仙州州牧。唐代传世文献中符合条件的"赵公"记载有两处：一是唐代僧护国所作之诗《许州赵使君孩子晬日》[3]中的"赵使君"。根据郁贤皓《唐刺史考全编》的记载，赵使君曾经在唐代中期做过颍川郡守[4]，符合《李濛墓志》中赵公所授官职及为官时间；二是唐赵令则[5]之子赵瑾。其一，依据天水赵氏家族的世系可知，赵瑾出自天水赵氏[6]，符合《李濛墓志》"天水赵公"的记载；其二，赵公的生活年代在唐代中期。结合历史文献的记载，天水赵氏家族中大致生活在这个时期的仅有赵令则的子孙——赵琪、赵瑾、赵璔、赵玗、赵珮、赵珦、赵玘和赵琚；其三，在赵令则众多子嗣中，仅有赵瑾职官不详。陕西师范大学刘鹏先生撰有《唐代天水赵氏家族研究》一文，文中对赵琪、赵璔、赵玗、赵珮、赵珦和赵玘的官职均进行了梳理与研究，恰巧只有赵瑾官职不清楚[7]。又据《赵令则墓志》中所言"（令则）长子湖州安吉县丞琪，琪弟某官瑾，苏州嘉兴县

---

[1] 张琛先生在《唐姑臧房世系校补》一文中说："《世系表》中记载承生韶生瑾生蒨之生武卿生玄德生义琎，义琎为姑臧公承七代孙。"参见张琛：《唐姑臧房世系校补》，《西南交通大学学报（社会科学版）》2013年第6期，第128页。
[2] 颍川，今河南禹州，唐代属河南道。参见《旧唐书》卷三八《地理志》，第1431—1432页。
[3] 其诗曰："毛骨贵天生，肌肤片玉明。见人空解笑，弄物不知名。国器嗟犹小，门风望益清。抱来芳树下，时引凤雏声。"参见（唐）韦庄：《又玄集》卷上《许州赵使君孩子晬日》，北京：商务印书馆，1958年，第118页。
[4] 郁贤皓：《唐刺史考全编》第五编《河南道—许州》，合肥：安徽大学出版社，2000年，第840页。
[5] 赵令则，许州长史赵庆逸之子。参见（清）董诰著：《全唐文》卷三九二《唐故虢州弘农令天水赵府君墓志》，第3987—3988页。
[6] 天水赵氏家族世系是：公辅十三代孙融，融曾孙密，密生巍，巍生迁，迁玄孙翼，翼从子超宗、令胜，超宗子仲懿，仲懿子㷟，㷟生义臣、正臣，正臣生德楷，令胜孙环讷，怀讷生慈景、慈皓，慈景生节、质，质生曦，曦生益，益生著、祎、随，密长孙昌，昌子温、逸，温子广夏，琰，琰子应，煦，煦子演，琨冲，演子士亮，芬，琨冲子佺，士亮方方、改、海，海生本道、本质，本道生思谦，琮，斑，斑生懋伯，懋伯生素、肇。芬生元恪、元憎、元叔、元楷。元楷生崇基、崇道、崇嗣、崇肃、崇孝，崇基生庆逸，庆逸生令言、令则，令则生琪、瑾、璔、玗、珮、珦、玘、琚，崇嗣生楘。参见刘鹏：《唐代天水赵氏家族研究》，陕西师范大学博士论文，2007年，第13页。
[7] 其任职情况如下：赵琪"湖州安吉县丞"，赵璔"苏州嘉兴县丞"，赵玗"京兆府郿县令"，赵珮"晋州临汾县尉"，赵珦"临金县尉"，赵玘"通事舍人"。参见刘鹏：《唐代天水赵氏家族研究》，第21页。

丞瑨"①之记载，证明赵瑨是有官职存在，只是具体职官不详。

依据以上资料及情理推测，笔者初步断定《李濛墓志》中"赵公"与赵使君极有可能是同一人，即赵令则之子赵瑨。

综上所述，李濛家世属于官宦世家，从曾祖李义玭至李濛及其兄长、弟弟四世为官，其子嗣记载不详。但纵观李濛生平，自天宝十三载前后任"太庙室长"至大历十三年卒，为官二十载：历经玄宗、肃宗和代宗三次皇权更迭；一生迁转多地，但大多集中于河南道范围；最高品级为正六品文散官"朝议郎"，最显耀为"试大理评事"；为官"正直纯一，辟命交驰，颂声洋溢"；为人"温恭成性，仁孝为心，举世称之"。再者，李濛本人及其家族，史书未见记载，故《李濛墓志》为研究唐中后期陇西李氏参与政治、司法、政治联姻等活动以及唐代宗室姑臧房世系情况提供了重要的史料依据。

A Research on Li Meng's Epitaph in the Tang Dynasty

Jia Junxia, Wang Yihao

School of History, Culture and Tourism, Xi'an University of Arts and Sciences;
College of History and Culture, Shaanxi Normal University

Abstract: Li Meng was the descendant of Li Jin the Duke Guzang from the Li Clan originated from Longxi. During his life, he served as Director of the Imperial Ancestral, Assistant Magistrate of Yexian County in Ruzhou, Commandant of Xiangcheng County, Administer of Labor in Xianzhou, etc. His position as Head of the Labor Section in Xianzhou was associated with Zhao Guan, the son of Zhao Lingze. Li Meng was from a family of officials, with his great-grandfather Li Yijin, his grandfather Li Zhao, his father Li Mi, his elder brother Li Yi and his younger brother Li Jin all having official posts. Even his elder sister Li Ya, although there was little record of her, had an epigraph, which was included in *the Addendum to the Anthology of Writings in the Tang Dynasty*（《全唐文补遗》）. Li Meng had several sons, but none of them was recorded to have official posts. This epitaph provides important historical data for supplementing the research on the lineage of the Guzang branch of the Li Clan and the local official system in the middle and late Tang Dynasty.

Key words: Director of the Imperial Ancestral, Head of the Imperial Ancestral Temple; Assistant Magistrate of Yexian County; Administer of Labor; Administer of Personnel; Duke Guzang; Zhao Guan

---

① 董诰等：《全唐文》卷三九二《唐故虢州弘农令天水赵府君墓志》，第3987—3988页。

唐《司马逸客墓志》与武周、景龙间军政史实考

马振颖　陈晶晶

（兰州大学　敦煌学研究所）

摘　要：唐景云二年（711）《司马逸客墓志》所载志主先世人物信息，还原了北朝隋唐之交云中司马氏的旁支承袭状况。其有关司马逸客履历记载详备，印证或补充了武周革命时期的多次政治事件，以及长寿至景龙间对突厥多次战争的史实。墓志关于令狐德棻、契苾嵩等相关人物，及"岳岭守捉使""陇右诸军州节度等大使"等特殊性官职名称的记载，又有重要的补史作用。

关键词：司马逸客墓志；司马子如；武周革命；岳岭守捉使；命吕休璟等北伐制

唐景云二年（711）《司马逸客墓志》，志盖原题"大唐故狱（司）马府君墓志"，志文首题"唐故刑部侍郎鸿胪卿司马府君墓志文并序"，于河南洛阳考古发掘出土，现藏洛阳市文物考古研究院，志石长96厘米，宽99厘米。志文凡44行，满行44字，正书，有方界格。其志盖、志石拓片及录文并见《洛阳市文物考古研究院藏石萃编·墓志篇》[①]。志主司马逸客，正史无传，传世文献载其简略事迹。

李宗俊《〈唐司马逸客墓志〉跋》曾对此墓志录文进行过校正，并对其先世世系问题及任职凉州等事作过考证，然较为简略[②]。又其《首任河西节度使与凉州大云寺碑相关问题再考》一文，结合墓志与传世《凉州卫大云寺古刹功德碑》文，对首任河西节度使问题进行了考证[③]。但墓志所涉内容十分丰富，除对志主先世信息与凉州诸

---

* 本文为国家社科基金冷门绝学研究专项学术团队项目"敦煌河西碑铭与河西史研究"（项目编号21VJXT002）阶段性成果。

① 《洛阳市文物考古研究院藏石萃编·墓志篇》录入此墓志，以其为景龙二年（708），实为景云二年之误。洛阳市文物考古研究院编：《洛阳市文物考古研究院藏石萃编·墓志篇》，郑州：中州古籍出版社，2020年，第120—122页。

② 李宗俊：《〈唐司马逸客墓志〉跋》，《唐都学刊》2022年第2期，第5—11页。

③ 李宗俊：《首任河西节度使与凉州大云寺碑相关问题再考》，《西域研究》2022年第4期，第35—43页。

事的记载，其对武周时期的许多政治与军事史实的记载同样值得考证；另李文所考又有可讨论与补正者。故本文将根据志文所述内容，分志主世系信息、志主前期履历及相关政治事件、志主后期履历与周唐对突厥战事三部分对志文进行全面考述。另考释过程中所节引志文，以李宗俊《〈唐司马逸客墓志〉跋》之校正版为据，并有所校正。

一、志主世系考

志言："曾祖义恭，字之肃，魏太子太傅、司空公之孙，左光禄大夫、散骑常侍、牟平公之子。……深为齐侍中、宜阳王赵彦深所器重，擢为府功曹参军。入周，转华阴丞，隋授相州司法参军事。有才无命，俄终于官。大父偲，字含章……与河南令令狐德棻友善，而物疏道亲。贞观五年，辟授义乌尉，又转华阴主簿。……昭考志寂，字同玄……"即司马逸客五世祖、高祖、曾祖、祖、父五代之信息。

（一）司马子如

志主五世祖"魏太子太傅、司空公"者，志文不言其名。按北朝司马氏，以云中司马子如家族最著，子如曾为北齐文宣帝时司空，或是。按司马子如随高欢久仕西魏，然诸史并不载其曾为西魏太子太傅。《北齐书·文宣帝纪》载北齐天保元年（550）五月受禅于魏，六月以"开府仪同三司司马子如为司空"①，即子如任司空在北齐受禅之际。又《北史·裴藻传》载："裴藻字文芳。少机辨，有不羁之志，为子如太傅主簿。"②如是则司马子如曾为太傅，然不知在东魏或北齐。《北齐书》等载司马子如终官于太尉，未言其曾任太傅；另北齐天保四年（553）《司马遵业（子如）墓志》亦言子如卒于天保三年（552），终官太尉，赠太师③，亦不载有太傅之任，而《裴藻传》言裴藻年少时，司马子如已为太傅，则其事当早在北魏或东魏，而彼时以太傅之高，子如当尚不可达。由此可以推测，司马子如于北魏末或东魏时所任，当为志文所言太子太傅，文宣帝受禅建齐，以之为司空，故志文言其"魏太子太傅、司空"，乃综其在魏、齐所任言之，于理可通。

又《司马遵业墓志》言司马子如"晋陇西王泰即九叶祖也"④，《北齐书》本言其

---

① 《北齐书》卷四《文宣帝纪》，北京：中华书局，1972年，第52页。
② 《北史》卷五四《裴藻传》，北京：中华书局，1972年，第1949页。
③ 赵超：《汉魏南北朝墓志汇编》，天津：天津古籍出版社，2008年，第389—392页。
④ 赵超：《汉魏南北朝墓志汇编》，第389页。

"八世祖模，晋司空、南阳王"①；又依《凉州碑》，司马模为子如八世祖②；又东魏兴和三年（541）《司马兴龙墓志》载司马泰为子如九世祖③，则司马模为子如八世祖，此上四载皆合。而《司马逸客墓志》言司马子如为其五世祖，司马泰为其十三世祖，如此则司马泰为子如八世祖，司马模为子如七世祖，此与以上四载不合，由此推测，此当为《司马逸客墓志》之窜乱。

（二）司马某

志主高祖"左光禄大夫、散骑常侍、牟平公"者，亦不言名。史载司马子如之子，仅司马消难一人，疑是。按司马消难，《北齐书·司马消难传》载："尚高祖女……频历中书、黄门郎、光禄少卿。出为北豫州刺史，镇武牢。④"即其在西魏末至北齐文宣帝时所任诸官，与志文不合。而其奔北周后"授大将军、荥阳公。……纳女为静帝后。寻出为邓州总管"。⑤即在北齐、北周所授官爵，与志文皆异。依此观之，志主高祖当非司马消难，应为其兄弟，诸史不载，待考。

（三）司马义恭

志主曾祖司马义恭，志言其"深为齐侍中、宜阳王赵彦深所器重，擢为府功曹参军。入周，转华阴丞，隋授相州司法参军事。"司马义恭诸书皆不载，而赵彦深《北齐书》有传，文宣帝时为侍中，武成帝时授宜阳王，与志文合。按赵彦深，《北齐书·赵彦深传》载其本为司马子如"贱客"，其之后屡次之升迁，皆子如举荐之功⑥。如此司马子如有大恩于赵彦深，然子如之孙义恭既为赵彦深所器重，在北齐仅授府功曹参军，应因司马消难于天保九年（558）叛逃至北周，其家族受祸，司马义恭为消难侄，因受牵连，幸赖赵彦深护持方为府功曹参军。司马义恭入周任华阴县丞，当在承光元年（577，北周建德六年）北周灭齐后，县丞仅九品，低于其前所任府功曹参军。隋时司马义恭任相州司法参军事，虽不知具体在何时，然当为州府要职。

（四）司马偲

志主祖父司马偲，"与河南令令狐德棻友善，而物疏道亲。贞观五年，辟授义乌尉，又转华阴主簿。……"司马偲史籍不载。而志言其友令狐德棻曾任河南令，按令

---

① 《北齐书》卷十八《司马子如传》，第238页。
② 《凉州碑》言司马模为司马逸客十三世祖，《司马逸客墓志》言司马子如为逸客五世祖，如此则司马模当为子如八世祖，即与《司马子如墓志》《北齐书》同。
③ 东魏兴和三年《司马兴龙墓志》，录文见赵超：《汉魏南北朝墓志汇编》，第348—349页。研究成果见郑绍宗：《北魏司马兴龙墓志铭跋》，《文物》1979年第9期，第64—65页。
④ 《北齐书》卷十八《司马消难传》，第240页。
⑤ 《周书》卷二一《司马消难传》，北京：中华书局，1971年，第354页。
⑥ 《北齐书》卷三八《赵彦深传》，第505—506页。

狐德棻,《旧唐书·令狐德棻传》载:

> 大业末,为药城长,以世乱不就职。及义旗建,淮安王神通据太平宫,自称总管,以德棻为记室参军。高祖入关,引直大丞相府记室。武德元年,转起居舍人,甚见亲待。五年,迁秘书丞……（贞观）六年,累迁礼部侍郎。①

《新唐书》略同,他书亦不载其任河南令。即令狐德棻隋大业末任药城长而未就职,随即便入唐,隋末未至关东,因而志文载其任河南令,当在唐初。按河南令,唐初为六赤县令之一,正五品上②;而其武德元年（618）所任起居舍人,为正六品上③;武德五年（622）所任秘书丞,为正五品上④;贞观六年（632）所任礼部侍郎,为正四品下⑤;即令狐德棻于武德、贞观间平稳升官。而同品者,外官一般轻于京官,由此可以推测,其为河南令,当在武德五年之前。而唐平王世充收东都,在武德四年（621）五月,由此观之,令狐德棻或为唐平河南后首任河南令,诸史不载,此可补之。

（五）司马志寂

志主父司马志寂,志言其"有先人之风,盖轻王佐,重天爵也,就拜其职,抗疏不从。有《高栖集》数卷,行于好事也"。司马志寂诸史不载,其所著《高栖集》,亦不见载,待考。

志文对志主近世先人信息的记载,虽不甚明晰,但经分析,可以基本理清云中司马氏司马子如—司马某—司马义恭—司马偲—司马志寂—司马逸客—司马例⑥的世系传承。并且由此可以窥见,在北朝、隋、唐更替的政治变动中,云中司马氏旁支逐渐走向没落。

二、志主前期履历及相关政治事件考

志文对志主司马逸客的履历记载十分详细,大概可以分为前期与后期两个阶段。前期主要记载其在唐高宗龙朔间至武周革命后的出仕经历,期间志主所任,除去在龙朔间的短暂从军经历,基本为低层文官,但后者涉及武则天称制前后的诸多政治事件,这些记载对彼时相关的政治举措有一定的印证与补充作用,在此可细析之。

---

① 《旧唐书》卷七三《令狐德棻传》,北京:中华书局,1970年,第3596—3598页。
② 《旧唐书》卷四二《职官志一》,第1794页。
③ 《旧唐书》卷四二《职官志一》,第1797页。
④ 《旧唐书》卷四二《职官志一》,第1797页。
⑤ 《旧唐书》卷四二《职官志一》,第1793页。
⑥ 志文末有言"子都水监丞例"。

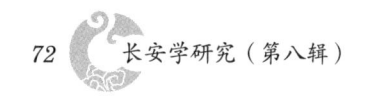

（一）志主早期事迹

志文关于志主早期信息的描述，即自"君则王屋之精"至"……转缑氏主簿。才望郁兴，声绩遂远"。讲述了志主幼年不食"西王母之枣"，少年专研兵书，青年初涉仕途诸事。

志文言司马逸客专研兵书，在"志学之年"，即十五岁上下，由此计得约在乾封元年（666）[1]。按唐高宗前期，东西拓疆数千里，名将辈出，此即志主少年时。至乾封元年，又有契苾何力、李绩等攻伐高句丽[2]。志主祖父司马偲"临人行简，著述尤多"，父司马志寂亦有著述，志主"早丧所天，偏慈见育"，家学并无所承，因弃文从武，此为其以后以战建功张本。

志主起家，从裴行俭。志文言："永隆初，为定襄道大总管、礼部尚书裴行俭所奏，以为军谋，功成，授上柱国。"志主因裴行俭奏荐为军谋，并非经科举入仕。按调露元年（679）至二年（680，永隆元年），唐以裴行俭为定襄道大总管，总戎平定突厥阿史德温傅及奉职二部之乱[3]，志主所参与，当即此战，并于战后授上柱国。上柱国为正二品高阶勋官[4]，虽荣而无职事，然志主受勋如此之高，则当有殊功。

（二）志主与武周革命相关事件

1. 武后称制与志主应举出仕

志主于"垂拱二年（686），应制举通乙科，敕授郑州管城尉，转缑氏主簿"。按"制举"为皇帝制令科考，非常例贡举，《新唐书·科举志》载："其天子自诏者曰制举，所以待非常之才焉。"[5] 而此"乙科"者，当为进士乙科，《通典·选举典》载："而明经虽有甲乙丙丁四科，进士有甲乙二科，自武德以来，明经唯有丁第，进士唯乙科而已。"[6] 即是。睿宗文明元年（684），武后已称制，同年改元光宅，即彼时睿宗虽为皇帝，而主持制举者当为武后，则志主所中乙科进士，当为武后所制选。

志主所任郑州管城县尉、洛州缑氏县主簿，虽皆为九品末流[7]，然皆在东都附近，尤其后者，临近神都[8]，则志主彼时品位虽低，但已属武后称制之初所亲选新朝之显职，即为武后亲信，这在之后志主长期担任武周朝要职上可以体现。

---

[1] 司马逸客卒于景云二年（711），寿六十岁，则其生于永徽三年（652），十五岁时当在乾封元年（666）。
[2] 《旧唐书》卷五《高宗纪下》，第90页。
[3] 《旧唐书》卷五《高宗纪下》，第105—106页。
[4] 《旧唐书》卷四二《职官志一》，第1791页。
[5] 《新唐书》卷四四《科举志上》，北京：中华书局，1975年，第1159页。
[6] （唐）杜佑撰，王文锦等点校：《通典》卷十五《选举典三》，北京：中华书局，1988年，第357页。
[7] 管城为下县，县尉从九品下，缑氏为畿县，主簿正九品下。《旧唐书》卷四二《职官志一》，第1802—1803页。
[8] 谭其骧：《中国历史地图集》第5册《隋唐五代十国时期·唐都畿道河南道》，北京：中国地图出版社，1982年，第44—45页。

2. 武周革命与志主平冤理民

志主在武周初创前后的履历，主要集中于在神都或近畿为官，而从所任官职信息来看，基本上以平冤与理民为主职。

志言："则天之革命也，广施严防，蒺藜当途，桃李屏迹，皇枝摧折，殆欲伤根，宗子思贤，陷入极法。差君按验，以速严诛。君以为毁可封之朝，行比屋之祸，非尧舜之道，乃以平典雪之。虽朝士为之危惧，而君处之自若。则天竟从其奏，议者皆以为荣。"即司马逸客受差使按验李氏皇族，然并未载其所任何职、具体针对何事。而言"则天之革命……"，则志主此后诸事皆在武周革命时期，即在天授元年（690）武后称帝建周前后。按武后诛杀李氏皇族，主要集中于镇压越王李贞等之乱后的垂拱四年（688）至天授元年（690）数年间①，史不载有为宗室伸冤事，志文可补之。而志主以微末之身，却能使得武后听从，则证明其确为武后亲信之人。

志言："寻加朝散大夫，行陕州司功。俄拜洛州司户参军事。盘根错节，闻干将而自解；兼弱攻昧，乘吉良而取捷。天子下优制，擢为都官员外郎。"志主所任陕州司功（参军事）、洛州司户参军事，二职虽皆为七品之低阶②，但亦在神都附近，尤其后者，直接执掌神都所在洛州之民政，实为要职。而志主任职陕州及洛州，或与天授二年（691）徙关中民众实洛阳有关。《旧唐书·则天皇后纪》载天授二年：

> 秋七月，徙关内雍、同等七州户数十万以实洛阳。分京兆置鼎、稷、鸿、宜四州。③

徙关中数十万户实东都，约百万人，如此巨数入洛，必当复杂难以应付，志文言"盘根错节"等语，或即此况。而志主所任洛州司户，执掌州内民政，当与此事相关。

志主随后所任都官员外郎，为刑部从六品上，《旧唐书·职官志》载："郎中、员外郎之职，掌配役隶，簿隶俘囚以给衣粮药疗，以理诉竞雪冤。"④即志主处理李氏案件有方，又解决神都之民政问题，此乃武周开朝之所亟需，故授此职，专为武后解决冤案问题。志主随之便处理了张光辅与杜儒童子孙连坐案。志言："先是，凤阁侍郎张光辅及杜儒童等，佥被枉刑，其后咸蒙宥典，子孙弥年冤滞，有司不能与夺。君既悬镜无私，虚钟有感，片言致析，物议欢心。转夏官员外郎，申朝劝也。"按凤阁侍郎张光辅冤死于永昌元年（689）徐敬业叛乱之后，并"家口籍没"⑤；杜儒童为太州刺史，死于天授元年⑥，不知何故，志文言"佥被枉刑"，则亦为冤死。志文言二人之"子孙

---

① 《旧唐书》卷六《则天皇后纪》，第119页。
② 陕州为上州，州司功为七品下，洛州（后河南府）为三都之一，州司户正七品下。《旧唐书》卷四二四《职官志三》，第1916、1918页。
③ 《旧唐书》卷六《则天皇后纪》，第119—121页。
④ 《旧唐书》卷四三《职官志三》，第1837页。
⑤ 《旧唐书》卷九〇《张光辅传》，第2923页。
⑥ 《新唐书》卷四《则天皇后纪》，第90页。

弥年冤滞",则志主平冤此案,至早在天授二年之后。

三、志主后期履历与周唐对突厥战事考

志文所载司马逸客的后期履历,在武周政权巩固之后,期间志主所任基本为外任官职。依志主多次外镇北方边境或参与战事的记载,我们可以结合史书所载,对彼时周唐朝廷与突厥的战和情况加以分析。

(一)长寿至圣历间的对突厥战事

志文言:"时关河近辅,烽火遥侵,以君听断如流,方略有备,出为泽州司马,以遏游氛。寻以汉月无尘,胡风敛霭,又转杭州长史。以广其能,所在匡益,实光风听。"泽州(今山西晋城)[1]在太行以西,洛阳以北,并非边境,志主因"烽火遥侵"而出为泽州司马,即战事当在北方。志言"时关河近辅……"在平冤诸事后,即约在武周建国前期,彼时对北战事即对突厥之役,而武周时对突厥之战事,基本开始于长寿末默啜南侵。《资治通鉴》载长寿三年(694,延载元年):

> 突厥可汗骨笃禄卒,其子幼,弟默啜自立为可汗。腊月,甲戌,默啜寇灵州。
> ……(二月)庚午,以僧怀义为代北道行军大总管,以讨默啜。
> ……(三月)更以僧怀义为朔方道行军大总管,以李昭德为长史,苏味道为司马,帅契苾明、曹仁师、沙咤忠义等十八将军以讨默啜,未行,虏退而止。[2]

即此年以薛怀义等北伐默啜之役因"虏退而止",此与志文所言"胡风敛霭"意合,则司马逸客任泽州司马,本为此战备之,因出战未果而随即南任杭州长史。

其后,志主外镇河陇及河朔,志言:"河西五郡,为要害之冲,御史两丞,当纠察之任,惟才是抚,得人斯理。可兰州诸军事、兰州刺史,兼右肃政台中丞,节度秦、成、河、渭、岷、叠、宕、文、武、鄯、廓、积石、河源、武始等州诸军事。……于时,李牧既已,魏尚无继,胡马南入,飞龙北瞻。授银州刺史兼灵武军长史。既有所假,亦以察才。君时行山立,敌不敢进。制曰:常山作镇,赵甸分符,式仁惟良,卑从明试。可定州诸军事、定州刺史,兼充岳岭守捉使。仍遣中使宣劳,赐赏丰厚。"

志主出镇兰州、银州、定州诸地,皆未言其时,亦无法以地点依次确定对应时间,然其北刺定州,依武周时对外战事来看,当与圣历元年(698)突厥默啜因和亲事南侵

---

[1] 谭其骧:《中国历史地图集》第5册《隋唐五代十国时期·唐河东道》,第46—47页。
[2] 《资治通鉴》卷二〇六,则天后延载元年(694)二月、三月条,北京:中华书局,1956年,第6493—6494页。

定州之事有关，因此可以先分析志主出镇定州与岳岭之事。《旧唐书·则天皇后纪》载圣历元年：

> 八月，突厥默啜以延秀非唐室诸王，乃囚于别所，率众与阎知微入寇妫、檀等州。……己丑，默啜攻陷定州，刺史孙彦高死之，焚烧百姓庐舍，遇害者数千人。……（九月）癸未，默啜尽杀所掠赵、定州男女万余人，从五回道而去，所至残害，不可胜纪。①

此后默啜再未南至定、赵之地，而志文未载其刺定州后有何战事，旋即南刺湖州，则可以推测，志主刺定州，当在此战之后。而其所任岳岭守捉使，唐史不载，唯《旧唐书·宋庆礼传》载：

> 宋庆礼……则天时，侍御史桓彦范受诏于河北断塞居庸、岳岭、五回等路，以备突厥，特召庆礼以谋其事。②

即岳岭同居庸、五回，为山道或山塞，同在河北。顾祖禹《读史方舆纪要》载：

> 大茂山，［唐］县西北百八十里，即恒岳也。北亘云、蔚，南连镇、定，为河东、河北之翰蔽。缘山有村，曰石门。《志》云：今有岳岭口巡司，在［唐］县西北百十里，即大茂山之东麓。③

此即明代岳岭口，在唐县西北百余里，唐代唐县，亦在定州，由此，唐代"岳岭"即《纪要》所言大茂山（恒岳、恒山），岳岭设守捉，当在恒山飞狐道附近，以遏突厥南下，其东为五回山及五回道（详参《谭图》所示）④，志主为岳岭守捉使，当在《宋庆礼传》所载侍御史桓彦范于河北备突厥之时。此事亦不明其时，《则天皇后纪》及《桓彦范传》等不载，而《旧唐书·桓彦范传》载：

> 圣历初，累除司卫寺主簿。纳言狄仁杰特相礼异，尝谓曰："足下才识如是，必能自致远大。"寻擢授监察御史。长安三年，历迁御史中丞。⑤

狄仁杰任纳言，在圣历元年八月⑥，则桓彦范任监察御史，约在圣历二年（699），而其

---

① 《旧唐书》卷六《则天皇后纪》，第 127 页。
② 《旧唐书》卷一八五下《良吏下·宋庆礼传》，第 4813 页。
③ （清）顾祖禹撰，贺次君、施和金点校：《读史方舆纪要》卷十二《北直二》，北京：中华书局，2005 年，第 523 页。
④ 谭其骧：《中国历史地图集》第 5 册《隋唐五代十国时期·唐河北道南部》，第 48—49 页。
⑤ 《旧唐书》卷九一《桓彦范传》，第 2927 页。
⑥ 《旧唐书》卷六《则天皇后纪》，第 127 页。

长安三年（703）已为御史中丞，按侍御史高于监察御史，低于御史中丞①，则其任侍御史，当在圣历二年之后、长安三年之前。即桓彦范察备岳岭等地，在圣历二年后，那么司马逸客刺定州，并守捉岳岭，当在此时或其后，此正在圣历元年突厥默啜南寇定州之后，时间皆合。诸史皆不载武周时设岳岭守捉以御默啜之事，今依志文及诸传所载，可补之。

志主刺兰州、银州，在刺定州之前，即皆在圣历二年之前，其时皆不可确，此再析之。首先，志主所任"兰州诸军事、兰州刺史，兼右肃政台中丞，节度秦、成、河、渭、岷、叠、宕、文、武、鄯、廓、积石、河源、武始等州诸军事"。此河陇诸州节度，驻所兰州，西临吐蕃，尤叠、宕、文、武、鄯、廓、积石、河源、武始等州，皆为边州。彼时陇右节度使尚未设立，朝廷于此所设以兰州为中心的节度范围，基本为其后陇右节度使的辖域。志不载司马逸客刺兰州时与吐蕃有何具体战事，按武周长寿三年后至圣历间，与吐蕃之战主要集中在万岁登封元年（695）至万岁通天元年（696），《旧唐书·吐蕃传》载：

> 万岁登封元年，孝杰复为肃边道大总管，率副总管娄师德与吐蕃将论钦陵、赞婆战于素罗汗山。官军败绩，孝杰坐免官。万岁通天元年，吐蕃四万众奄至凉州城下，都督许钦明初不之觉，轻出按部，遂遇贼，拒战久之，力屈为贼所杀。时吐蕃又遣使请和，则天将许之；论钦陵乃请去安西四镇兵，仍索分十姓之地，则天竟不许之。②

此两次战役武周皆败，之后数年未与吐蕃战，直至久视二年（701）方再战，可以推测，司马逸客刺兰州应在万岁通天元年之后。再者，其所任宪衔右肃政台中丞，即右御史中丞，《旧唐书·职官志》载武后称制后：

> 光宅元年分台为左右，号曰左右肃政台。左台专知京百司，右台按察诸州。③

即可以推测，王孝杰、许钦明之败，朝廷以司马逸客节制陇右诸州，并兼御史之职以按察诸州败事。

随后志主刺银州，兼灵武军长史，亦不明何时何事，以时间推算，应在万岁通天后期至圣历二年前，而武周与突厥在银州、灵州一线的战和，亦主要集中于圣历元年（698）。《旧唐书·突厥传》载：

---

① 唐初御史中丞正五品上，侍御史从六品下，监察御史正八品下，《旧唐书》卷四四《职官志三》，第1861—1863页。
② 《旧唐书》卷一九六上《吐蕃传上》，第5225页。
③ 《旧唐书》卷四四《职官志三》，第1861页。

> 万岁通天元年，契丹首领李尽忠、孙万荣反叛，攻陷营府。默啜遣使上言："请还河西降户，即率部落兵马为国家讨击契丹。"制许之。……圣历元年，默啜表请与则天为子，并言有女，请和亲。初，咸亨中，突厥诸部落来降附者，多处之丰、胜、灵、夏、朔、代等六州，谓之降户。……时朝廷惧其兵势，纳言姚璹、鸾台侍郎杨再思建议请许其和亲，遂尽驱六州降户数千帐，并种子四万余硕、农器三千事以与之，默啜浸强由此也。①

即圣历元年已迁河西（关内之河西）诸州降胡归于默啜，银州地近此区，志主当以此时刺银州，并为灵武军长史，以备默啜趁机南犯。而此后河西诸州胡民皆已被掳尽，突厥无所取者，且默啜随后集中进犯河东至河北一线，因而圣历元年八月默啜南寇定州后不久，司马逸客即于次年后改镇定州备之。

（二）景龙四年吕休璟等北伐事

志主再镇河陇，志文言："检校凉州都督兼赤水军及九姓、陇右诸军州节度等大使，同城道大总管兼右御史中丞。"此在神龙二年（706）前，不载具体在何时，按志主所兼右御史中丞，即武周右肃政台中丞，于神龙元年（705）二月中宗反正后复名②。则志主都督凉州，当在神龙元年二月后。

志文言"神龙二年冬，匈奴大入，君密行计会，潜为机变。与朔方军大使张仁亶，共为表里，遣赤水军副使中郎张真楷、将军陈家丘并九姓首领、贺兰都督契苾嵩等，各率蕃汉兵众，分麾直指凶寇，及时剪馘，应机摧败。天子闻之，大加宠锡，遂得玉阙时泰，金方告静。"如是则此战大胜，按神龙二年冬对突厥之战事，《旧唐书·中宗纪》载：

> 十二月己卯，突厥默啜寇灵州鸣沙县，灵武军大总管沙吒忠义逆击之，官军败绩，死者三万。丁巳，突厥进寇原、会等州，掠陇右牧马万余而去。③

即此战唐军大败，与志文大胜不合，诸书均不载此战有司马逸客、张仁亶等参与；又志文亦不载沙吒忠义败事。如此墓志与史书所载完全相悖，即墓志所言此战当非神龙二年冬对突厥之役，则志言"神龙二年"云云，仅言其后诸战之始耳，并非特指司马逸客与张仁亶合军败敌事在神龙二年。由此需分析志文所言胜战具体在何时。按志云"朔方军大使张仁亶"，张仁亶节制朔方军，在沙吒忠义兵败之后的神龙三年（907）五

---

① 《旧唐书》卷一九四上《突厥传上》，第5168—5169页。
② 《旧唐书》卷七《中宗纪》，第136页。
③ 《旧唐书》卷七《中宗纪》，第143页。

月①，则此战当在彼时之后。而自神龙三年直至景云二年（711）司马逸客死时，正史不载唐与突厥鏖战于朔方或河陇，唯《唐大诏令集》等收景龙四年（710）苏颋《命吕休璟等北伐制》载：

> ……右领军卫将军兼检校北庭都护碎叶镇守使安抚十姓吕休璟……可为金山道行军大总管。北庭副都护郭虔瓘、安处哲等……并可为副大总管，领瀚海、北庭、碎叶等汉兵及骁勇健儿五万骑。金山道前军大使特进贺腊毗伽钦化可汗突骑施守忠领诸番部落兵健儿二十五万骑，相知计会，逐便赴金山道。朔方道行军大总管、右武卫大将军、摄右台大夫、同中书门下三品、上柱国、韩国公张仁亶……与副大总管右监门卫大将军鲁受信等将蕃汉兵募健儿，武用绝群飞骑城傍等十五万骑。赤水军大使、凉州都督司马逸客……与右武卫将军陈家丘……领当军及当界蕃汉兵募健儿七万骑。②

由此可以断定，志文所载"各率蕃汉兵众……及时剪截，应机摧败"云云，即是景龙四年吕休璟等领军北伐之役，而非史书所载神龙二年沙咤忠义之败事。诸书不载此战经过与战果，志文所载详备，可补史缺。

而志文所载此战参与将领，仅朔方军之张仁亶，凉州军之张真楷、陈家丘、契苾嵩（赤水军、贺兰都督府，治皆在凉州）③，并不言北伐制所载安西北庭军之吕休璟、郭虔瓘等。联系《命吕休璟等北伐制》所述诸军次序，此战明显分为三大战区，其一为吕休璟所都统安西北庭战区，其二为张仁亶所都统朔方战区，其三为司马逸客所都统河陇战区，因朔方与河陇相邻，且此前默啜南侵朔方，亦寇及陇右（见前文引述），故朔方与河陇作战，必不可分离，因而墓志仅言司马逸客之凉州军与张仁亶之朔方军合力败敌，不言远在安西之吕休璟等军动向。

另志文载司马逸客都督凉州所辖"赤水军副使中郎张真楷、将军陈家丘并九姓首领、贺兰都督契苾嵩"三人事迹，亦可与其他文献所互证互补。

张真楷，《册府元龟》载：

> 孙佺为幽州都督，睿宗延和元年六月，将兵二万、骑八千以袭奚，师至冷陉，并没焉，佺为虏所擒，送于默啜，副使将军周以悌死之，将军李楷雒、乌可利、张真楷挺身以出。④

---

① 《旧唐书》卷七《中宗纪》，第144页。
② （宋）宋敏求编：《唐大诏令集》卷一三〇《蕃夷·讨伐》，北京：中华书局，2008年，第705页。
③ 谭其骧：《中国历史地图集》第5册《隋唐五代十国时期·唐陇右道东部》，第61—62页。
④ （宋）王钦若等编：《册府元龟》卷四四四《将帅部·陷没》，北京：中华书局，1960年，第5273页。

此为张真楷首见载,在延和元年(712)六月,时为幽州部将。又《唐大诏令集》等收开元二年(714)二月二十八日苏颋《命姚崇等北伐制》载:

> 检校左威卫将军灵州都督吕休璟……可右军副大总管。左骁卫将军论弓仁、右金吾卫大将军勿部珣、左领军卫郎将摄本卫将军张真楷、单于副都护臧怀亮、右领军卫中郎将王海宾、前朔州刺史刘元楷、右武卫郎将杨楚客、并州定清府果毅元萧然等……弓仁及珣并可前锋总管,真楷可左虞候总管,怀亮可右虞候总管,海宾、元楷、楚客、萧然等并可行军总管。①

即开元二年张真楷摄左领军将军、左虞侯总管。又天宝十载(751)徐浩《张庭珪墓志》载:

> 其详刑也,免张文成于殊死,谏张真楷于极法。回九重之听,进谠议焉。②

即张庭珪曾进谏救护张真楷,志不载何时何事。按张文成即张鷟,张庭珪谏救张鷟事,依《桂林风土记》等载,在开元初③;谏救张真楷事诸书不载,应亦在此前后。而墓志载张真楷任凉州赤水军副使、中郎将,在景龙四年北伐时,皆早于以上诸事,此可补史载之缺。

陈家丘,景龙四年(710)苏颋《命吕休璟等北伐制》有载"右武卫将军陈家丘"④。又《全唐文》收刘秀《凉州卫大云寺古刹功德碑》载:

> 时有明牧右武[卫]将军右御史中丞内供奉持节河西诸军节度大使赤水军大使九姓大使监秦凉州仓库使检校凉州都督河内司马名逸客……重兴般若之台,广塑真如之像。赤水军副使右卫将军陈宗北、左金吾卫翊府中郎将安忠敬、军长史万彻、军司马王休祥、神乌县令胡宗辅,并门承诗礼,世袭箕裘,席工文墨,兼悟兵机,深达般若,乐修檀行。⑤

---

① 苏颋《命姚崇等北伐制》,其中张真楷之名,除《唐大诏令集》外,《文苑英华》《全唐文》讹作张直楷,今依《司马逸客墓志》《张庭珪墓志》,可知正讹。(宋)宋敏求:《唐大诏令集》卷一三〇《蕃夷·讨伐》,第706页。
② (唐)徐浩:《唐故赠工部尚书张公庭珪墓志铭》,吴钢主编:《全唐文补遗》第5辑,西安:三秦出版社,1998年,第31页。
③ 论述详见朱关田:《〈张庭珪墓志〉题记》,朱关田:《初果集——朱关田论书文集》,北京:荣宝斋出版社,2008年,第196页。
④ 苏颋:《命吕休璟等北伐制》,见录《唐大诏令集》《文苑英华》《全唐文》等。陈家丘,《唐大诏令集》作陈家丘,《文苑英华》作陈丘,《全唐文》作陈邱,依墓志,当正作陈家丘。(宋)宋敏求:《唐大诏令集》卷一三〇《蕃夷·讨伐》,第705页。
⑤ (清)董诰等编:《全唐文》卷二七八《凉州卫大云寺古刹功德碑》,北京:中华书局,2008年,第2821页。此碑录文窜乱较多,岑仲勉等有校证。参见(唐)林宝撰,岑仲勉校记:《元和姓纂(附四校记)》卷二,北京:中华书局,1994年,第117—118页。

《凉州碑》虽成书时间不详，然言司马逸客领"右武卫将军""秦凉州仓库使"职，志文载景龙四年战后，司马逸客方"授右武卫将军，中丞、凉州余使并如故，仍加旌节，兼知秦凉仓库事"，由此可知，《凉州碑》所载司马逸客等增建凉州大云寺事，在景龙四年战事后，则刘秀《凉州碑》成文时间，亦在此后。已知景龙四年之战时，司马逸客兼赤水军使，张真楷为副使（见前文），陈家丘仅列名将军，而《凉州碑》言"陈宗北"为副使，张真楷不见载，此在战后。可以推测，此"陈宗北"应为"陈家丘"之讹，（"宗"类"家"，"北"类"丘［北，俗体］"），即此时张真楷已去职，陈家丘以凉州将领继为赤水军副使、右卫将军。

契苾嵩，开元十八年（730）《契苾嵩墓志》载：

> 授公兄揓为都督。狼星角怒，群羊虏云。不夕即朝，时无可识。凶奴大下，公兄频胜，短兵接战，为虏所擒。荒外身亡，骸留不返。主上矜念，褒赠荣官。部落有余，授公为都督，检校征战。累功迁至右领军卫大将军、赤水军副持节。①

即契苾嵩因兄死而继为都督，然不言都督何处。又依董春林《唐代契苾氏家族考论》对万岁通天元年（696）《契苾明碑》等内容分析知，契苾何力、契苾明、契苾揓祖孙三代袭领贺兰（州）都督②，则《契苾嵩墓志》言其所授都督，即继其兄契苾揓之贺兰都督，此与《司马逸客墓志》所载甚合。已知景龙四年北伐时，契苾嵩为贺兰都督，则至迟在景龙四年，契苾揓已死，其弟契苾嵩继为贺兰都督。

（三）"陇右诸军州节度等大使"与河西节度使的设立问题

志主于神龙元年（705）领"检校凉州都督，兼赤水军及九姓、陇右诸军州节度等大使、同城道大总管"，至景龙四年战后，"凉州余使如故"，即仍节度陇右诸州与九姓、赤水军。按景龙四年七月睿宗改景云元年（710），《新唐书·方镇表》载景云元年：

> 置河西诸军州节度、支度营田督察九姓部落、赤水军兵马大使，领凉、甘、肃、伊、瓜、沙、西七州，治凉州。③

《唐会要》载：

---

① 周绍良主编：《唐代墓志汇编》开元三一四《大唐故契苾公墓志铭》，上海：上海古籍出版社，1992年，第1374页。
② 董春林：《唐代契苾氏家族考论》，《石河子大学学报（哲学社会科学版）》2007年第3期，第45—48页。
③ 《新唐书》卷六七《方镇表四》，第1861—1862页。

> 景云二年（711）四月，贺拔延嗣除凉州都督，充河西节度使，此始有节度之号。①

又《凉州碑》言"时有明牧右武卫将军、右御史中丞、内供奉、持节河西诸军节度大使、赤水军大使、九姓大使、监秦凉州仓库使、检校凉州都督河内司马名逸客"，濮仲远依《新表》与《凉州碑》，以为司马逸客当为首任河西节度使，在贺拔延嗣前。②

而志言司马逸客于景云元年都督凉州，兼赤水军及九姓、陇右诸军州节度等大使、同城道大总管，然并不言其任河西节度使，则彼时河西节度使当尚未设置，李宗俊《首任河西节度使与凉州大云寺碑相关问题再考》依此亦以为是③，即是。

而对于志言所言司马逸客先任兰州都督以统辖河陇之间诸州（见前文引），后任凉州都督，兼领整个陇右道诸州，李宗俊据此以为其后所任陇右诸州职仅为领衔，不一定具有实权，并以为：

> 该时期整个陇右道的军事节制权是不统一的，被分成了几个军区，在武则天时期，兰州以东的军事节制权一度归兰州刺史管，而兰州以西又归凉州都督等节制。在武则天时期郭元振在大足元年（701）起任凉州都督时，又兼任陇右诸军州大使，拥有整个陇右的军事指挥权，到了司马逸客任凉州都督时，他又是兼任陇右诸军州节度大使。所谓"同城道大总管"更是行军制的继续，而非节镇长官的称号。尤其说明该时期，整个陇右道时而划分为两个军区，时而合并为一个军区，尚不稳定。④

李文此言需商榷：陇右道彼时确有兰州都督、凉州都督两个军事辖区无误，然已知郭元振、司马逸客前后皆以凉州都督领"陇右诸军州节度大使"之职，即可知"陇右诸军州节度大使"治在凉州，都督凉州为常例。故在河西、陇右这两个节度使分置之前，整个陇右道的军事统辖皆在治所凉州的"陇右诸军州节度大使"之下。而其后至景云、开元之际，当因分别对抗吐蕃、突厥在南北两面军事压力的需要，以及减弱地方大员过高军权之所需，唐分别以兰州、凉州两个都督区设置陇右、河西二节度使，至此完全析分了陇右道军事总统于一的局面。李文所疑，盖因误将兰州都督与陇右诸军州节度大使并列论之所致，并且陇右道的军事统辖，自武周以后，逐渐一分为二，而非"时而为二，时而为一"。

另志文撰者员半千，两《唐书》有传，而其撰志时为"银青光禄大夫、太子右谕

---

① （宋）王溥：《唐会要》卷七八《诸使中·节度使》，上海：上海古籍出版社，第1686页。
② 濮仲远：《唐代凉州〈大云碑〉与首任河西节度使》，《西域研究》2020年第3期，第23—30页。
③ 李宗俊：《首任河西节度使与凉州大云寺碑相关问题再考》，《西域研究》2022年第4期，第37—40页。
④ 李宗俊：《首任河西节度使与凉州大云寺碑相关问题再考》，《西域研究》2022年第4期，第41页。

德、崇文馆学士、上柱国、平源（原）县开国男"。按《旧唐书·员半千传》载：

> 睿宗即位，征拜太子右谕德，兼崇文馆学士，加银青光禄大夫，累封平原郡公。开元二年卒。①

可知景云二年撰志时，其尚为开国男，至开元初，终授郡公。

另志主母"河内郡太君"、子都水监丞司马例，皆不见载，待考。

《司马逸客墓志》篇幅较长，涉及信息十分丰富，其不仅为两《唐书》对司马逸客这一重要政治人物的阙载进行了补充，更是研究初盛唐时期军政变革的重要史料。而志文对司马逸客部分亲属人物信息的记载比较简略，加之笔者水平有限，因而本文对于这一部分的相关论述比较繁复却缺乏确证，这是本文最主要的缺陷之处，因此需要更多材料来补充印证，也希望方家不吝赐教。

A Textual Research on the Military and Political Events from Wu Zetian's Reign to the Jinglong Period in "Sima Yike's Epitaph" in the Tang Dynasty

Ma Zhenying, Chen Jingjing

Institute of Dunhuang Studies, Lanzhou University

Abstract: "The Epitaph of Sima Yike" (711) provided data on Sima Yike's ancestors and the collateral branch's lineage of the Sima Clan from Yunzhong in the Northern Dynasties and the Sui-Tang Period. The detailed records of Sima Yike's experiences not only confirm or supplement the political events in the Tang-Zhou transitioning period in Wu Zetian's reign but also correct the historical records of wars against Turks from the Changshou Period to the Jinglong Period. The epitaph records about Linghu Defen, Qibi Song, and other related historical figures, as well as their special official titles, also supplement to historical records.

Key words: "The Epitaph of Sima Yike"; Sima Ziru; the Tang-Zhou Transition during Wu Zetian's reign; Yueling Defense and Security Commissioner; The imperial Edict of Lv Xiuing's Northern Expedition

---

① 《旧唐书》卷一九〇中《文苑中·员半千传》，第 5015 页。

长安学与城市史

"近代"社会的形成与九世纪长安的街东社会[①]

妹尾达彦

（日本中央大学　文学部）

摘　要：近代社会，不是以暴力去控制人们，自己的事情可以由自己决定，通过自主行动，实现让每个人感受到平等权力的社会。考试制度，可以说是创造了这种近代社会的代表性制度之一。9世纪科举官僚们的言行，表现出中国大陆社会，是根据自己的意愿经过不懈努力，最终踏入用来约束自己的权力制社会。通过努力来创造自己的命运，在得到自由的同时，失败也需要自己来承担，这也使青年人陷入痛苦之中。本文以欧亚大陆东部的一个都城长安为例，论述了9世纪长安街东中部，形成了与近代都市中激进的市民所聚集的文化艺术空间相类似的都市空间，成为与现代有直接联系的东亚文化史的起点。9世纪长安街东中部的社会面临着一些新的问题，即：人们通过认同彼此的成就、"才能"，第一次建立起密切的人际关系；从既存的社会脱离出来的孤独的个人意识；被大众文化的普遍性吞没的知识分子，而这些问题，不正是现代社会中存在的诸多问题的遥远源头吗？

关键词：近代社会；九世纪；街东社会；业绩主义；主体；大众爱情戏剧

绪　言

近代社会的形成，即围绕近代化的问题，作为人文、社会科学最重要的课题之一，主要以欧美社会为例，积累了庞大的研究成果。近代化是指，从以共同体和身份制为主的传统社会，向以个人可以主动活动的功能分化社会的变迁，对世界有合理认识的启蒙思想的发展、自由与人权意识的普及、工业化（产业化）和资本主义化等方面之

[①]　本稿在妹尾达彦：《9世紀的転換——長安街東社会的形成》（松本悠子编《歴史の中の個と共同体》，八王子：中央大学出版部，2022年），第339—379页的基础上，进行修改增补。

间是相互联系共同发展的①。

近年，以欧美以外地区的近代国家的发展为背景，世界各地围绕近代化的比较研究取得了进展，分析世界各地区的近代社会在人类史中的地位成为研究的主流。即历史学的脱欧洲中心化（de-centering Europe），特别是经济发展显著的亚洲史的再评价（re-orientalizing Asia），其研究动向受到关注②。

从人类史的角度来看，无论是不是欧洲社会，对特定的地区和社会状况都不能用特殊的眼光去看待。人类的历史，各个地区都有发展丰富的固有文化，摸索人类共同的理念，这是人类共同的实践活动。人类史，是人类想要实现生而为人就该拥有的"生存权利"和"人的尊严"这种普遍价值的历史。"不受生活所迫想过上更好的生活""不受歧视想被平等对待"的这种愿望，不是特定的地区和时代的思想，而是无论出生在哪个地区、哪个时代、属于哪个阶层、哪个民族和国家，人们所抱有的共同愿望。黑格尔所论述的世界史，是寻求自由和理性的人类发展过程，大概其真正的意义就在于此③。

推动历史发展的主角，不是少数的英雄和执政者，而是绝大多数的民众。无论是哪个地区、哪个时代，历史不得不朝着民众所希望的方向而发展。民众不会受到国界的限制，总是不断追求美好的生活和文化，寻求美味的食物、优美的音乐、让自己得到救赎的宗教等。在历史中，民众才是根本的世界主义者。民众与执政者根本的不同在于这种普遍性。无论古今中外，不能满足民众意愿的执政者，终将被民众所抛弃。从这种意义上来说，人类有着相似的世界史构造④。

近代社会，是从以古典文化的复兴运动（欧洲史的文艺复兴）为契机，普遍宗教

---

① 近代化，是与政治、经济、社会、文化、军事等有关人类活动的所有问题相关联的。因此，本文无法将研究史做全部的整理。在此仅列举两个本文特别参看的系统性研究，一个是基于马克思主义进行研究整理的 Anthony Giddens, *The Nation-State and Violence*, Cambridge: Polity Press, 1985〔アンソニー・ギデンス（Anthony Giddens）著，松尾精文、小幡正敏译：《國民國家と暴力》（《国民国家与暴力》），而立书房，1999年〕；另一个是基于美国社会学社会变动论的富永健一的研究，富永健一：《近代化の理論　近代化における西洋と東洋》（《近代化的理论　近代化的西洋与东洋》），讲谈社学术文库1212，1996年。

② 马克斯·韦伯（Max Weber，1864—1920），将西欧近代社会形成的必然性在世界史中做了分析定位，开创了近代比较研究的方法。但是，韦伯的分析只是集中于证明西欧社会发展模式的先进合理化，不得不受到基于非西欧社会事例的实证性、理论性的批判。从20世纪后半期至今，与西欧近代社会的比较分析，在经济学、政治学、法学、人类学、历史学等学术领域展开。本文也是针对人类史一个事例的研究，是探讨西欧社会历史地位的近年研究动向的一个关联部分。特别是从以历史人类学者杰克·古迪（Jack Goody，1919—2015）为首，论述西欧社会和非西欧社会共同性的一系列比较研究中深受启发（Jack Goody, *The Theft of History*, Cambridge: Cambridge University Press, 2006）。

③ 黑格尔（Georg Wilhelm Friedrich Hegel，1770—1831）根据西欧市民社会形成的19世纪初的时代状况，以理性来审视世界史的普遍理论，叙述了从东洋世界至日耳曼世界的人类自由精神的发展史。黑格尔述说了东洋的后进性和西欧的先进性，认为人类史是个理性的发展过程，运用法学、宗教、自然科学、艺术、文学、地理学等多方面知识，完成了以往所不存在的连贯的历史叙述。黑格尔的一系列讲解，可以说堪比现在所说的世界史。

④ 基于这种思想，笔者在《グローバル・ヒストリー》（《世界・历史》，八王子：中央大学出版部，2018年）一书中，叙述了人类史发展的大体潮流。本文是将在此书中进行简单叙述的中国近代化萌芽问题，以9世纪长安为例所做的专论。

文化圈（世界宗教文化圈）发生动摇而开始的。人们基于佛教、基督教和伊斯兰教等普遍宗教的经历，为寻求普遍的价值观走向前进的道路①。如欧亚大陆东部的佛教文化圈，约从9世纪开始，发起了佛教渗透以前的古典（中国是复兴汉代文化）复兴运动，而佛教文化圈也随之发生了变化。

本文的目的在于，以中国大陆的都城为对象来分析人类近代化的历程，为比较研究提供新的数据。本文的结构如下：首先，在《近代社会的开始》中，从宏观视角概观欧亚大陆的思想动向；其次，在《长安街东社会的形成》中，从微观视角进入唐朝（618—907）之都—九世纪长安的都城空间，与读者一同目睹街衢的变化；最后，在《创造新的人际关系、新的都市文化》中，探讨向近代迈进的都城居民的心性。

一、近代社会的开始

欧亚大陆的思想动向——7世纪至14世纪

考察近代社会的构成时，在7世纪至8世纪的欧亚大陆，基督教文化圈、伊斯兰教文化圈和佛教文化圈的三个普遍宗教文化圈的形成，成为考察的出发点。普遍宗教文化圈之间相互影响，使9世纪至14世纪兴起古典文化复兴运动，以此为契机，在各个宗教文化圈中建立了近代社会原型的社会关系。

经历了普遍宗教文化圈的形成，近代社会之所以会形成的原因，如图1所示，由于人们信仰普遍宗教文化圈的神God、安拉Allāh和佛法（真理）dharma这些普遍概念＝超越的价值观，因此，在人们中间第一次产生了"普遍所带来的平等"这种近代思想的源流。伴随普遍宗教文化圈的形成，使人们在以往受到限制的身份、共同体中有了相对的独立，培养出自己是普遍人际关系中的一员这种个人意识。

人类史，是人们所共有的普遍概念，是从神、佛法、天这种超越性观念，向每个人本该拥有的人类尊严变迁的过程。这里所说的尊严，是指以最低限度（健康且有文化性）过活的生存权为主的人权。近代哲学，与"神""佛法"等普遍概念相同，"人

---

① 7世纪至8世纪，欧亚大陆普遍宗教文化圈形成以后，各宗教文化圈于9世纪至12世纪展开了古典文化复兴运动，关于各地域近代社会萌芽的产生，参见宫崎市定：《東洋のルネッサンスと西洋のルネッサンス》（《东洋的文艺复兴与西洋的文艺复兴》），宫崎市定：《宫崎市定全集19》，东京：岩波书店，1992年，1940年首次出刊，第3—50页；Jacque Gernet, *Le Monde chinois*, Paris: Armand Colin, 1972 (translated by J. R. Foster, *A History of Chinese Civilization*, Cambridge: Cambridge University Press, 1982, Chap.15, The Civilization of the Chinese "Renaissance", pp.330—348); Jack Goody, *Renaissances, The One or the Many?* Cambridge: Cambridge University Press, 2009 等论考。另外，在佛教的发祥地印度，4世纪笈多王朝（4世纪至6世纪）崛起后，印度教代替了佛教，其信仰文化圈不断扩大，婆罗门思想Brahminism（婆罗门教）逐渐被民间社会所接受，并持续至今。到了8世纪中叶，作为新佛教的密教急速盛行，但11世纪以后，伊斯兰教的渗透和印度教的扩大，使得佛教在印度逐渐衰落。关于印度佛教的受容，参见古井龙介：《インド亜大陆の社会と佛教》（《印度次大陆的社会与佛教》），新川登龟男编：《佛教文明と世俗秩序—國家・社会・聖地の形成—》（《佛教文明与世俗秩序—国家・社会・圣地的形成—》），东京：勉诚社，2015年，第3—27页。

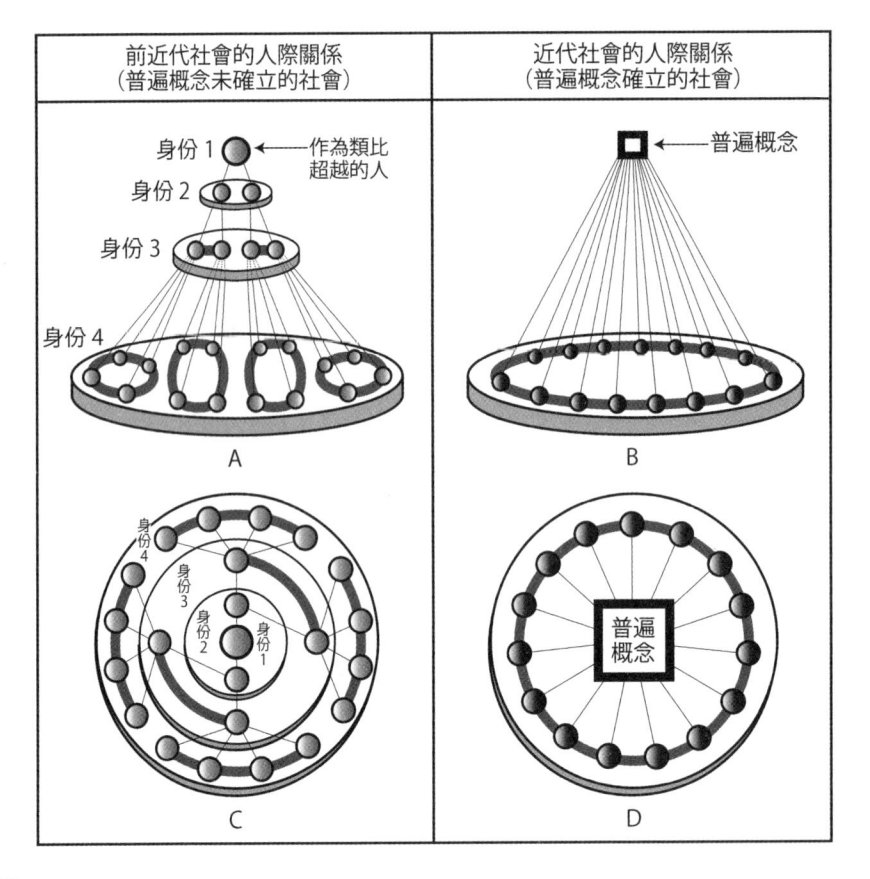

【圖例】
- ●● 人間
- ⊕ 上下關係的人際關係
- ⌣ 身份不同的有限人際關係
- ▢ 普遍概念（"神""佛法""天"到"理""人權""個人尊嚴"）
- ▢⊙ 通過將普遍概念內在化而產生的個人意識
- ○ 共有普遍概念的平等同伴意識

图1　前近代社会与近代社会的人际关系——普遍概念未确立的社会与普遍概念确立的社会

【出处】根据妹尾达彦：《全球史》，八王子：中央大学出版部，2018年，第20页图4修改。

的尊严"也被认为是人类生来就具有的超越且普遍的概念，这给人类的历史带来了新的认识。由神、佛法向人的普遍认识的转变，是在将普遍宗教的超越性概念，代入古典的合理思想重新解释的过程中产生的①。

---

① 关于西欧基督教，神的超越性观念成为产生人权的超越性思想的基础，参见上述韦伯、杜蒙、黑格尔等学者的论考。最初将这个问题进行系统性论述的是康德（Immanuel Kant，1724—1804），在他的宣扬超越论哲学 Transzendentalphilosophie 的著作中，论述了人类具有本质的、先验的理性和尊严〔主要著作 Kritik der reinen Vernunft, 1781; second edition 1787（其著作有很多日语译本，这里仅列举：カント（Immanuel Kant）著、中山元译：《纯粹理性批判1—7》，东京：光文社，2010—2012年）〕。由于康德认为人权是具超越性先验的存在，才可能有黑格尔以理性发展为核心的世界史解释，和基于理性的西欧近代思想的展开。超越论哲学，与基于佛法（宇宙的真理）的佛教和以理（万物的根源）为本的儒学思想，其思想结构在根本上是共通的。

在欧亚大陆西部,从自然现象中探索世界合理秩序的自然哲学,于公元前 6 世纪的爱奥尼亚产生。这一思想,被公元前 5 世纪至公元前 4 世纪,希腊的苏格拉底(Socrates,约前 469—前 399)、柏拉图(Plato,约前 429—前 347)和亚里士多德(Aristotle,前 384—前 322)所继承,创立了古代的世界认识体系。7 世纪以后基督教文化圈扩大,以唯一神为本,综合了古典时期哲学的基督教神学得到发展,神=基于普遍的概念对世界做出统一的解释,并于 13 世纪迎来了神学的黄金时代。

16 世纪以后,人们不再依据神=普遍的概念,而是基于自然科学的发展和对自古以来合理主义的再探讨,开始逐渐产生注重人类尊严、以人类为主体的新认识,自然法则和人权与神相同,也是先验的超越的存在,这种思想标志着西欧近代哲学时代的到来[①]。

在欧亚大陆中央地带,基于美索不达米亚的天文学和测量的技术,继承了人类最初对世界的合理认知,约从公元前 6 世纪开始,论述宇宙原理的波斯古代哲学发展起来。7 世纪以后进入伊斯兰时代,对宇宙体系的解释是基于创造世界秩序的唯一神——安拉的绝对性。10 世纪以后,理性主义在伊斯兰世界开始逐渐发展起来,根据波斯的传统思想和希腊古典哲学的合理思想,神的绝对性可以用人们普遍具有的理性(知性)来进行理解,形成了科学与伊斯兰教并存发展的格局[②]。

在欧亚大陆东部,公元前 8 世纪至公元前 3 世纪,春秋战国时代的诸子百家与希腊和波斯相同,创立了合理解释世界的古典思想,创造了近代思想久远的源流。4 世纪至 8 世纪,普遍宗教的印度佛教逐渐渗入中国社会,中国古典思想受到佛教的冲击,开始吸收佛教思想使其与中国古典思想相融合。

于是,以身份(阶层)为社会秩序前提的儒教,受到禅宗的佛性观(人生来都有佛性)和基于《华严经》的"理"(本质产生现象)、"事"(现象基于本质)概念的宇宙论等启发,根据原始儒教的传统,试图创立解释世界的新体系。以万物的根源"理",

---

[①] 关于本文中所叙述的西欧哲学的流派在大体上的划分,特别参考了 Russel, Bertrand, *History of Western Philosophy* (Routledge Classics, 2004, first published 1946) 中简洁的叙述。关于基督教史,依据 Jean Daniélou; Henri Marrou; David Knowles; R. Aubert; L. J. Rogier; et al., *The Christian Centuries, A New History of the Catholic Church, vol.1—5*, New York: Darton, Longman and Todd, 1964〔ジャン・ダニエルほか(Jean Daniélou 等):《キリスト教史 1～11》(《基督教史 1～11》),东京:平凡社,1996—1997 年〕中的概述等。

[②] 关于以波斯为核心的伊斯兰哲学史,参见 Henry Corbin, *Histoire de la philosophie islamique-des origines jusqu'a la mort d'averroes (595—1198)*, Editions Gallimard, 1964〔アンリ・コルバン(Henry Corbin)著,黑田寿郎、柏木英彦译:《イスラーム哲学史》(《伊斯兰哲学史》),东京:岩波书店,1974 年〕。关于伊斯兰理性主义的神学思想的源流,从塩尻和子:《イスラームの人間観・世界観——宗教思想の深淵へ》(《伊斯兰的人类观・世界观——至宗教思想的深渊》),つくば:筑波大学出版会,2008 年)一书的叙述中受到诸多启发。另外,Tamim Ansary, *Destiny Disrupted, A History of the World Through Islamic Eyes*, New York: Public Affairs, 2009〔タミム・アンサーリー(Tamim Ansary)著,小沢千重子译:《イスラームから見た〈世界史〉》(《伊斯兰眼中的〈世界史〉》),东京:纪伊国屋书店,2011 年〕虽然不是学术研究著作,但也是侧重于波斯,将伊斯兰思想史的特点与西欧思想史相比较,叙述方式清晰易懂。

和存在的现象"气"的概念为基础的世界性思想——朱子学诞生了①。这正是宣扬"平等"（不认同差异的存在）的佛教思想，让以遵从身份的平等（阶层有别的"平等"），建立起秩序的儒教传统思想改变的结果。众所周知，平等 sama 一词是佛教用语（《杂阿含》第一二、《新华严经》第五三等），意为无差别，原本中国并没有这个词语。

朱子（朱熹，1130—1200）的思想，与众人都有佛性的思想相同，认为人性本善，以超越的"理"为本，宣扬人的本性平等，其思想对东亚近代伦理的形成起了先导作用。唐代以前的儒教，是以"天"的概念为根本，社会秩序的基础是身份制（阶层性），在相同等级的身份（阶层）中面向均质化、平等化发展，而宋代以后的儒学，由于构建"理"的概念，使超越本来身份，论及众人平等思想的产生变为可能（参照图 1）②。

12 世纪欧亚大陆东部的佛教文化圈，提出理的普遍概念改造了儒教的朱子，把普遍宗教和古代思想进行批判地综合，推进思想的普遍化，在这一点上，朱子与基督教文化圈的托马斯·阿奎纳（Thomas Aquinas，约 1225—1274）、伊斯兰教文化圈的伊本·西那（Ibn Sīnā 或阿维森纳 Avicenna，980—1037）齐名，可以说他们是同时代的思想家。

16 世纪以后，随着市场经济和自然科学的发展，欧亚非大陆的普遍宗教文化圈逐渐瓦解，比起普遍宗教，人们开始追求普遍性更高的合理思想，在各地域产生了文化冲突。近年的研究表明，在这种时代环境的影响下，欧亚大陆东西的思想交流，比以往研究所认为的交流范围更广、程度更深。例如，以理为本宣扬众人平等的朱子学，为寻求对世界的普遍解释（不依据神的概念）的西欧近世知识分子带来决定性影响，这便是关于近年欧亚大陆东西思想交流的其中一例③。

7 世纪至 8 世纪形成的佛教文化圈，进入 9 世纪后逐渐解体，与此同时，中国古

---

① 关于朱子学与佛教的关系，参见武内义雄：《中國思想史》（东京：岩波书店，岩波全书 73，1936 年，1957 年改版），特别是第 213—311 页《近世期 儒教革新的时代》；荒木见悟：《新版 佛教と儒教》（《新版 佛教与儒教》，东京：研文出版，1993 年）第 3 章朱子的哲学，第 182—349 页；葛兆光：《中国思想史》第 2 卷《七世纪至十九世纪 中国的知识、思想与信仰》（上海：复旦大学出版社，2000 年）第二节理学的延续：朱陆之辩及其周边，第 316—355 页；土田健次郎：《道學の形成》（《道学的形成》），东京：创文社，2002 年，第 5 章道学与佛教·道教，第 267—315 页；土田健次郎：《朱熹の思想體系》（《朱熹的思想体系》），东京：汲古书院，2019 年。土田健次郎在上书中提出，需要注意儒教"理"的概念与佛教"理"的概念的区别。

② 关于这一点，参见 Wm. T. Theodor de Bary, *The Liberal Tradition in China*, Hong Kong: The Chinese University Press, 1983〔Wm. T. ドバリー（Wm. T. Theodor de Bary）著、山口久和译：《朱子學と自由の傳統》（《朱子学与自由的传统》），平凡社选书 107，1987 年〕；山田胜芳：《中国のユートピアと"均"の理念》（《中国的乌托邦与"均"的理念》），东京：汲古书院，2001 年；小岛毅：《宋代天譴論の政治理念》（《宋代天谴论的政治理念》），《东洋文化研究所纪要》107，东京大学东洋文化研究所，1988 年，第 1—88 页）。

③ 参见井川义次：《宋學の西遷》（《宋学的西迁》），京都：人文书院，2009 年；井川义次：《儒教を媒介とするヨーロッパ·日本·中国の近代化》（《以儒教为媒介的欧洲·日本·中国的近代化》），《中國——社会と文化》（《中国——社会与文化》）35，2020 年，第 45—66 页。关于 13 世纪至 17 世纪东西思想交流的概要，参见堀川信夫：《中國哲學とヨーロッパの哲學者上·下》（《中国哲学与欧洲的哲学者上·下》），东京：明治书院，1996—2002 年。

典文化（汉文化）的复兴运动兴起，开始探索新的价值观，本文将对这一时期的时代状况，以长安居民为焦点进行具体论述。

二、长安街东社会的形成

前近代都市与近代都市的差异①

一般说来，前近代都市的特点，归纳起来，即：前近代都市的技术有限导致分工不发达，有固定的阶层结构、注重出身，遵从身份和传统的价值观，都市空间的结构是不均质的。前近代的空间、时间与传统的社会秩序相对应，个人很难将其改变。传统社会的人们，生来就要在这样的空间、时间里生存，便让社会秩序循环渐进、使之固定化。

而近代都市，技术发达具有特色，社会分工不断发展进步、社会功能的分化明显，身份制逐渐解体，阶层结构变得具有流动性。社会规范和宗教规范对人们的约束力减弱，比起出身、身份，更加注重个人努力的结果。因此，人们可以自由选择职业和居住地，可以主动改造都市空间，于是，都市空间便成为具有流动性的均质空间。与此同时，在时间上也发生了变化，不会因为地区和职业而产生差异，也不会预先被决定，而是可以进行自主管理。到了近代，地球上第一次产生了任何人在任何地方都可以共有的均质的时间与空间。

近代社会的人们，不能安于传统的价值，必须在均质的具有流动性的空间与时间中建立新的社会关系。近代国家的政治权力，无论居住在何处都能平等地渗透于每个人，这是因为近代的人们失去了由空间、时间和身份所构筑的共同体的屏障。

本文是以面对近代社会萌芽的九世纪都城长安居民的生活动向，为主要研究对象。图2是以长安为例，表示了基于传统思想构建的具有象征性的空间秩序瓦解后，根据土地利用的功能分化，形成了自由、均质的空间秩序的状况。由此可知，7世纪初的长安，是基于传统的阴阳思想、东西对称的具有象征性的都市规划。可是，9世纪的长安，基于阴阳思想、左右对称的具有象征性的都市规划衰退，转变成根据用途可以合理利用土地资源的空间。

---

① 本小节的叙述，关于空间认识，主要参看了 Gideon Sjoberg, *The Preindustrial City, Past and Present*, London: The Free Press, 1960（G. ショウバーグ（Gideon Sjoberg）著，仓泽进译：《前产业型都市》，东京：鹿岛出版社，1968年）一书中的论述，关于时间认识，主要参看了 Benedict Anderson, *Imagined Communities, Reflections on the Origin and Spread of Nationalism*, London and New York, Verso, 1983〔ベネディクト・アンダーソン（Benedict Anderson）著，白石さや、白石隆译：《定本 想像の共同体 ナショナリズムの起源と流行》（《定本 想象的共同体 民族主义的起源与流行》），东京：书籍工房早山，2007年〕中的论述。关于前近代都市与近代都市的区别，妹尾达彦在《前近代王都论》（中央大学人文科学研究所编：《アジア史における社会と国家》《亚洲史中的社会与国家》，八王子：中央大学出版部，2005年，第183—229页）的一文中也做了整理。

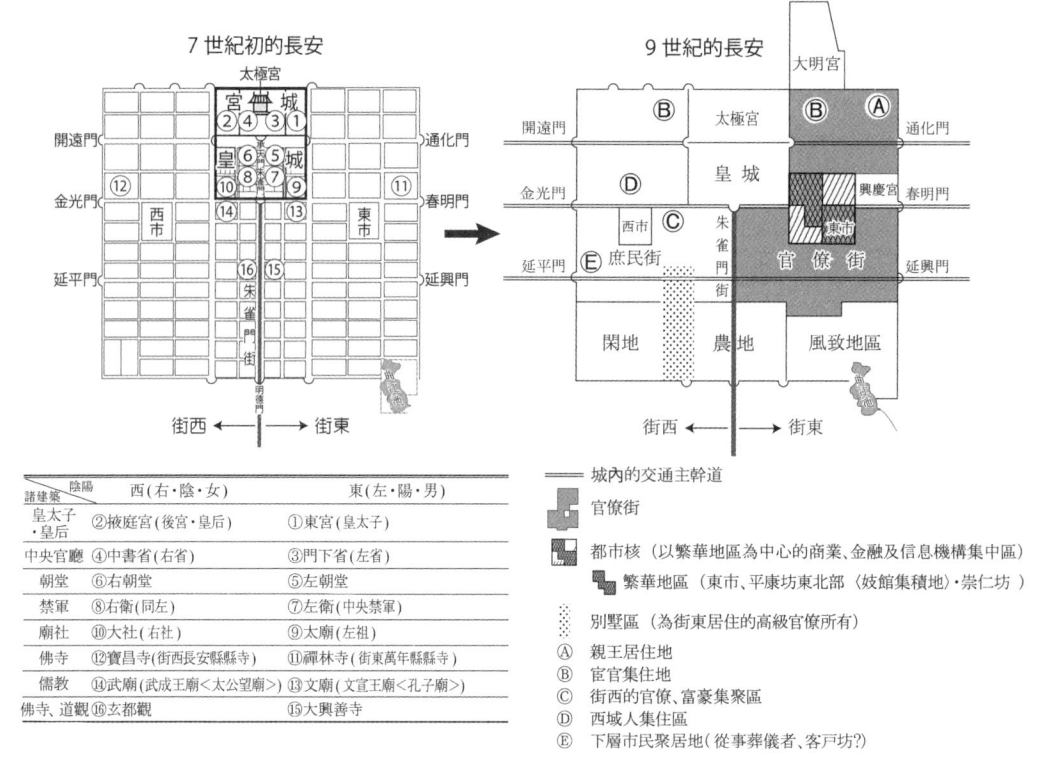

图2 长安空间秩序的变迁——象征性、身份性的空间向功能性、均质性空间的转变

【出处】妹尾达彦:《隋唐长安与东亚比较都城史》,西安:西北大学出版社,2019年,图8、图52修改。

都市核的形成[1]

8世纪以后,农业地区和游牧地区各自建立政权,形成复数政权并存的局面,彼此之间发展成为对立与合作的关系,于是,各国家的发展产业和国际分工得到发展,9世纪的欧亚大陆东部,开始形成跨国的广域经济圈。在成为广域经济圈之一的核心都市长安,沿着连接城内外主干道,城内东部形成高级住宅街和繁华街,城内西部形成平民街和国际化市场,城内土地利用出现明显的功能分化。与城内的功能分化相对应,城外也建设了墓葬区、别墅区和游览区等郊区社会[2]。

如图3所示,城内街东中部进奏院的集中分布,象征性地展示了唐代后期长安土地利用的功能分化。进奏院,以向皇帝进奏(呈递上奏文)为主要目的,是节度使和观察使等地方行政机构在长安设置的驻京机构(驻京办事机构)。进奏院的主要功能,

---

[1] 本小节基于妹尾达彦:《唐長安の都市核と進奏院——進奏院狀(P3547・S1156)をてがかりに一》(《唐长安的都市核与进奏院——以进奏院状(P3547・S1156)为线索》),土肥义和、气贺泽保规编:《敦煌・吐鲁番文書の世界とその時代》(《敦煌・吐鲁番文书的世界与其时代》),东京:东洋文库、汲古书院,2017年,第157—186页。

[2] 妹尾达彦:《唐長安城の官人居住地》(《唐长安城的官人居住地》),《东洋史研究》55-2,1996年,第35—74页。

除了地方行政机构向朝廷进奏和管理传达进贡（向皇帝进贡物品）的本职之外，还为地方行政机构向中央派遣的使节提供住宿场所，作为节度使等的代理，出席各种宫廷礼仪（皇帝登基大典和生日节庆、祭天的南郊大礼等），在中央政界用贿赂等手段为地方行政机构争取利益，搜集宫廷、中央政府最新的政治情报，从事间谍情报活动等涉及甚广。

进奏院还负责办理地方向朝廷上供两税事宜，发行在都城和地方城市间使用的汇兑券（飞钱），作为连接地方行政机构与长安的财政、金融机构也备受重视。8世纪末以后，中央政府开始对进奏院进行管理，想将它作为向地方行政机构传达政令的上情下达的行政机构。进奏院作为连接中央与地方的情报、财政、金融、行政机构是不可缺少的存在，为推动全国情报与金融的均质化发挥了重要作用。

进奏院的前身，是唐代前期全国各州在长安设置的州邸，州邸根据国家实施的合理利用城内空地的方针，被唐政府建在长安城内第九列的东西诸坊。而进奏院是由地方政府选择并购置便于开展工作的场所，需要自费建造，与由国家建造的州邸的布局状况是完全不同的。

进奏院集中分布于长安街东中部的东市与皇城之间的区域，这明确显示了街东中部的一部分区域，是收集长安的公私政治情报和处理财政、金融业务的情报金融业的集聚区。这种情况让我们想到，近现代都市情报技术产业和金融服务业的集中分布，在都市的一角形成特定领域的产业集群（industrial clusters）。9世纪，进奏院以外的商业设施也有聚集在街东中部相同地区的倾向，进奏院集中分布的街东中部的崇仁坊（H4）、平康坊（H5）和东市的区域，形成了长安都市的中心——都市核。

当然，9世纪的长安虽不是基于资本主义的产业社会，但确实也出现了近代化的几个要素，即社会功能分化的发展，土地利用出现明显的功能分化。传统社会的压力依然很大，但身份制秩序发生动摇，人们的主体意识增长，开始坚实地迈向自由多样的社会，其意义不可小视。

随着城内土地利用出现功能的分化，居住地的分化也随之出现。如图4所示，政府高官、宦官、诸王集中居住的高级住宅街形成，其位置在交通极其便利的大明宫正南面，宫城、皇城东侧的街东东北部一至四列的诸坊，城内最受重视的诸多宗教设施（佛教的大安国寺、光宅寺、荷恩寺［七宝台寺］、资圣寺，道教的太清宫、景龙观等等）也分布在这一区域，这里成为长安最有威望的地区。

隔着东市的五列至九列诸坊的街东中部，如图5所示，是科举出身的新兴官僚集中居住的地区，唐代后期很多科举出身，在官场起主导作用的官僚都有自己的住宅，这里成为官僚之间往来、构建密切人际关系的政治空间。再往南面的十列至十三列诸坊的街东南部，建有皇族、城内官僚阶层的游览区。在街西，西市北部的地区成为官

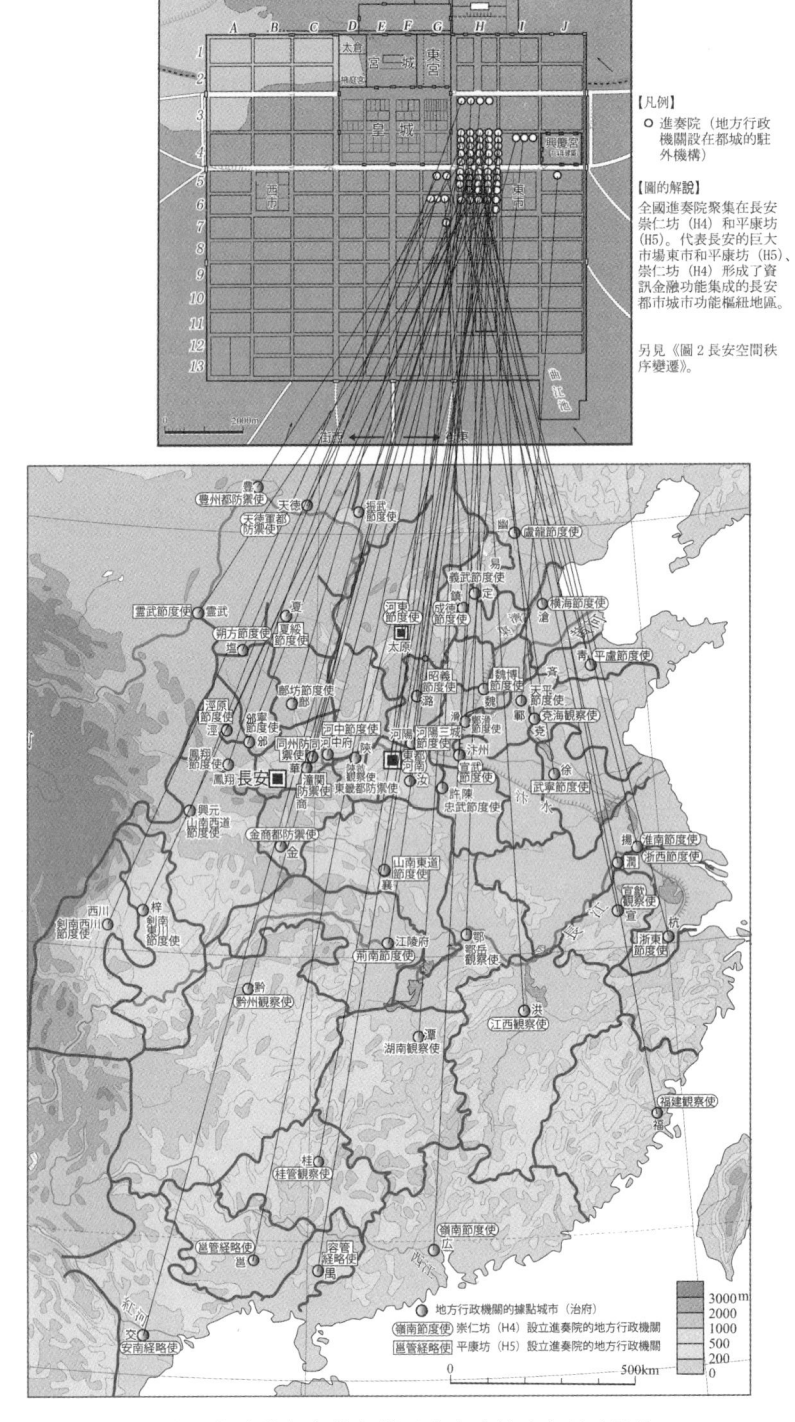

图3 长安的都市核与设置进奏院的地方行政机构

【出处】根据妹尾达彦:《唐長安の都市核と進奏院——進奏院狀（P3547、S1156）をてがかりに》,土肥义和、气贺泽保规编:《敦煌·吐鲁番文书的世界与其时代》,东京:东洋文库,汲古书院,2017年,第477页图4修改。

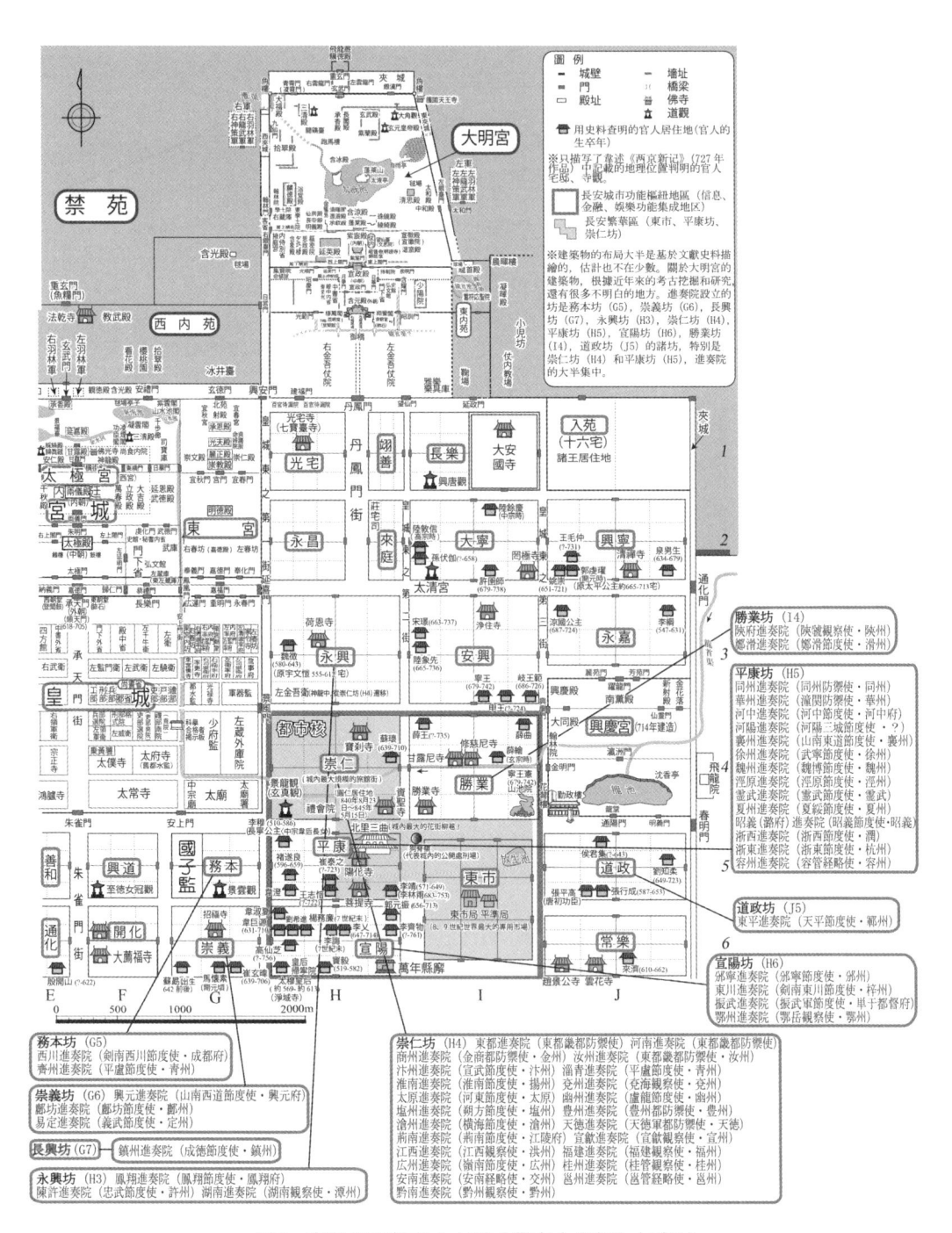

图4 唐长安的都市中心部（街东中北部）与宫城

【出处】妹尾达彦：《唐長安の都市核と進奏院——進奏院狀（P3547、S1156）をてがかりに》，土肥义和、气贺泽保规编：《敦煌・吐鲁番文書の世界とその時代》，东京：东洋文库，汲古书院，2017年，第477页图3修改。

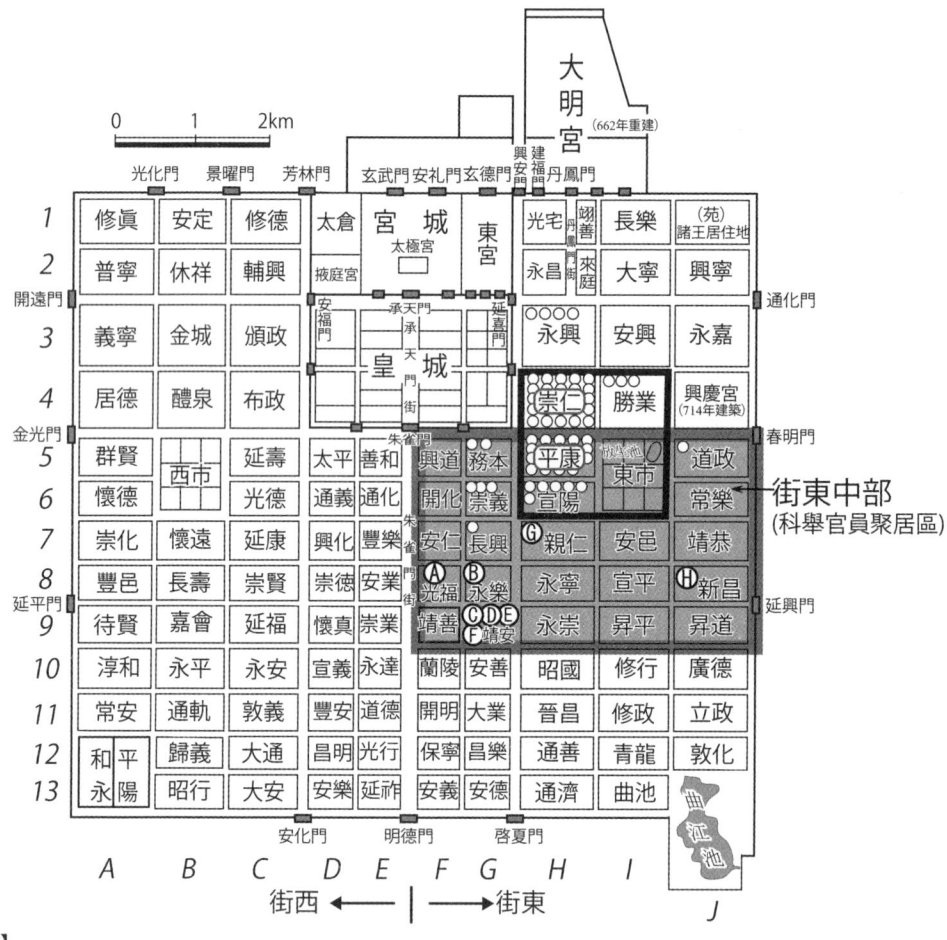

图5 九世纪前半期的街东中部科举官僚的集居地——八名著名文人的事例

【出处】妹尾达彦：《长安的忧愁——9世纪的转换》，《亞洲遊學》78，2005年，第75頁图2修改。

僚、西域人和商人居住的区域，西市周边成为商人和平民集中居住的地区[①]。

---

① 妹尾达彦：《唐代长安の街西》(《唐代长安的街西》)，《史流》25，1984年，第1—31页；妹尾达彦：《唐代长安の店铺立地と街西の致富譚》(《唐代长安的店铺立地与街西的致富谭》)，《布目潮渢博士古稀记念論文集 東アジアの法と社會》(《布目潮渢博士古稀纪念论文集 东亚的法与社会》)，东京：汲古书院，1990年，第191—243页；妹尾达彦：《长安の忧愁》(《长安的忧愁》)，《アジア遊學 中國都市の時空世界》(《亚洲游学 中国都市的时空世界》) 78，2005年，第69—84页。

均质空间的诞生①

如上所述,9世纪长安街东中部,由于社会阶层的流动化和城内的功能分化,都市空间的形态发生了变动。由唐代前期赋予象征性、身份性意义的都市空间,转变为居民可以主动将其改变的均质空间。于是,街东中部变成了科举考试合格者聚集的新兴文人居住区。科举高等文官考试的合格者为了与家人一起生活,在这个区域购置了土地和住宅,这里逐渐成为长安的文教区②。

文人们通过集中居住在街东中部来维持人际交往,构建了所谓科举考试合格者阶层(科举文人)的新时代人际关系。在思想方面,科举文人们是连接当时的民众社会与统治阶级之间的媒介,将外来宗教的佛教与传统思想的儒教、道教相融合,寻求对世界的新解释。

在文学艺术方面,8世纪后半期至9世纪初的中唐时期,科举文人在以杜甫、李白为代表的8世纪前半期的盛唐时期诗歌的基础上,以日常生活为主题进行诗歌创作,并反对魏晋南北朝时期的骈俪文发起了古文运动。还致力于绘画、音乐和书法的革新,一边注重佛教文化,一边参加儒教的革新运动,倡导了佛教渗透以前的汉代传统文化复兴运动。

科举文人们也强烈关注着民众的生活,在兴起的大众文化的影响下,他们创作了民众喜爱的武侠小说(比起文、民众更加注重武),并将参加科举考试的自己看作为"才子",将恋爱对象的女性塑造为"佳人",创作了才子佳人小说这种恋爱小说。他们通过构建科举文人应具备的"男性气质"和"女性气质"来建构社会性别。总之,在9世纪长安街东中部,诞生了明清后期中华帝国(late imperial China)知识分子社会(士大夫社会)的原型③。

图5所示是9世纪居住在街东中部的科举官僚中,较为著名的八名官僚的居住地。8世纪末科举考试合格成为青年官僚的一代中,很多人在9世纪初的街东中部购置了自己的住宅,一边维持着人际交往,一边享受着大都市的生活。科举官僚们对政治体制抱有强烈的改革意识,因此,他们遭到旧势力的排斥,一直在贬官和升官之间来回穿梭。

---

① 本小节是基于妹尾达彦:《唐长安城の官人居住地》(《唐长安城的官人居住地》),《东洋史研究》55-2,1996年,第35—74页;妹尾达彦:《唐长安城における官人の居住环境》(《唐长安城的官人居住环境》),《历史人类》27,1999年,第3—37页。

② 对于9世纪长安街东近年来官人社会的形成,徐畅的研究最为突出。参见徐畅:《白居易与新昌杨家——兼论唐中后期都城官僚交往中的同坊之谊》,《中华文史论丛》2021年第4期,第141—164页,同《朋党政争与9世纪上半叶唐都长安的坊里空间》(吴中博物馆编:《长安——考古所见唐代生活与艺术》,上海:上海古籍出版社,2022年,第39—45页)等论著。

③ 本文是在以下三篇妹尾达彦论文叙述的基础上,根据之后围绕九世纪时代面貌的国内外研究进行了补充修改。妹尾达彦:《九世纪的转型——以白居易为例》,荣新江主编:《唐研究》第13号,北京大学出版社,2005年12月,第493—532页;《長安の憂愁——9世紀の転換》(《长安的忧愁——九世纪的转换》),《アジア遊学》(《亚洲游学》)78,2005年8月,第69—84页;《長安の変貌——大中国の都から小中国の都へ》(《长安的变貌——从大中国之都到小中国之都》),《历史评论》,东京:校仓书房,2010年4月号(总720号),第47—60页。

随着街东中北部诸坊官僚集中居住区的发展，约从9世纪开始，用高官的姓氏加坊名的称呼方式变得较为平常，街东居住地的坊名，已经不只是单单的地名，如同爵邑成为社会身份的标志。例如，在靖安坊（G9）居住的宰相李宗闵（805年进士及第）被称为"李靖安"，居住于靖恭坊（J7）的刑部尚书（正三品）杨汝士（809年进士及第）和居住于修行坊（I10）的宰相杨收（841年进士及第），并称为"靖恭、修行的二杨"等。街东的坊名，逐渐成为权力、财富、成功等象征。因此，科举考试合格并在街东中部购置宅邸，便成为男性知识分子的梦想。

三、创造新的人际关系、新的都市文化

创造合格者阶层的科举

随着中国大陆科举成为定制，8世纪末至9世纪初，人类历史上第一次诞生了以考试的形式选拔人才的业绩主义社会。在这之前，地球上任何地区都没有出现过用考试制度来选拔人才的业绩主义社会。考试合格获得业绩者便成为社会的高官阶层，这种制度在唐代的都城长安诞生了。

关于业绩主义社会，笔者先来整理一下社会学的见解[①]。一般来说，越是复杂的社会，为了建立分工、合作关系，就越是需要超越共同体制约的社会集团。于是，按照财产、职业、身份、学历、年龄等顺序排列划分成社会阶层，即阶层被不断地创造出来。

阶层的形成，大致有两种理论：（a）属性（阶级、爵位、家世[贵族与平民之别]、人种、地缘、血缘等自出生便具备的），（b）业绩（经过后天的努力和能力而获得的）。（a）属性是以共同体的存在为前提，而（b）业绩则是以个人的存在为前提。

一般来说，前近代（传统主义）的阶层结构是根据（a）属性构成的，到了近代社会第一次产生了由（b）业绩构成的阶层结构。这是因为，近代社会形成的关键——功能分化（将法制、经济、情报等分化为单独的功能集团），超越了以往的属性和共同体，是根据个人的业绩和能力，以掌握专业知识阶层的形成为前提的。

业绩，即有能力（merit）的人们统治、支配的社会，称之为精英政治的社会（能力主义社会 meritocracy society）。精英政治的社会，是象征近代社会的制度之一[②]。

[①] 关于业绩主义社会形成的诸问题，参考了 Ralph Linton、Talcott Parsons、Randall Collins、Raymond Murphy 等学者的美国社会学的研究。另外，在社会中处于有利地位的贵族们，利用科举考试来守护优越的社会地位，关于这一点可以参考 Pierre Bourdieu 对文化资本的分析。

[②] 关于中国的精英政治社会（贤能政治的社会）的形成，参见 Denis Twitchett, "The Birth of the Chinese Meritocracy: Bureaucrats and Examinations in Tang China," *The China Society Occasional Papers*, no.18, 1976, pp.5—33；妹尾达彦：《詩のことば、テクストの權力——九世紀中国における科擧文學の成立》(《诗的语言、文本的权力——九世纪中国科举文学的成立》)，《中国——社会と文化》(《中国——社会与文化》) 16，中国社会文化学会，2001年，第25—55页。

当然，现实中在完全平等条件下的竞争和其结果产生的能力主义社会是不可能存在的，因此，更准确地说，特定的人们抱有"政治精英进行统治"的这种想法的社会，才是精英政治的社会。精英政治通过让人们认为一切好像是平等竞争的结果，从而来守护既得权益的制度。而中国的科举制度也强烈反映出，当初，4世纪以来的传统的名门贵族们，利用科举制度来维护自己身份特权的一面。

中国社会已经从6世纪末开始，通过业绩（科举考试合格）来选拔高级官僚。科举出身者的比率，8世纪已占高级官僚的近一半，9世纪占了八成至九成，科举出身者成为统治阶层这一中国帝政后期的社会构造的原型由此诞生。通过科举这种业绩考试，合格者们超越了以往细致的贵族等级划分的属性（被称为郡望），创造了一个可称为"科举考试合格者阶层"的新阶层。特别是同一年科举考试合格者之间，无关乎出身地、出身身份和官衔（官职、官品），有着很强的终生为友的连带意识[1]。

同一年的考试合格者们，互相称之为"同年""同年友"的这种强烈的伙伴意识，在8世纪中叶至9世纪前半期逐渐形成，记录同一年考试合格者的姓名、籍贯、履历的"同年录"一直存续至科举废除的清末，建立了跨越血缘和地缘的新的人际关系。在现代社会，高中和大学的同窗会、校友会可以说是沿袭了这种功能。

如此看来，科举考试合格的这种业绩，相当于一种"爵位"，转变为终生有效的属性。在社会学中，这种属性不同于本来的属性，将其称为"业绩主义的属性 achieved ascription"。科举考试合格者获得的业绩主义的属性可以终生享有，这有利地引导了他们在官场的晋升、婚姻和人际关系。因此，为了获得这种属性，考试竞争变得越来越激烈。

到了9世纪，非门阀的中下层贵族出身的科举考试合格者，也可以和门阀之女成婚，但这在以往是不可能发生的。例如，寒族出身的白居易（800年进士及第），就与当时具有代表性的贵族杨氏一族的女性成婚；出生在中小官僚家庭，父母早亡，一直被亲戚抚养的韩愈，也同样与名门贵族出身的卢氏成婚。

然而，能参加科举考试的只限于一部分男性，女性、贱民、僧侣、道士等都不能参加考试，商人在明代以前也是不能够参加考试的。科举制度所带来的前近代中国的贤能政治，是以一部分人为对象而产生的，从整体来看，可以说只限于精英内部的流动。近代的精英政治所不可缺少的公共教育的平等化，也没有得到充分发展。需要注意的是，科举制度，只是一个考试制度，没有与教育制度相连接。

关于教育，基本上是家族、氏族、书院、私塾等私人领域应该承担的事情，社会

---

[1] 妹尾达彦：《唐代科舉制度と長安の合格儀禮》(《唐代科举制度与长安的合格礼仪》)，唐代史研究会编：《律令制——中国・朝鮮の法と國家》(《律令制——中国・朝鲜的法与国家》)，东京：汲古书院，1986年，第239—274页。

上层人士从年幼时就已经做好应试准备，书香门第的家庭环境使他们受到熏陶，科举制度对他们来说是有利的。在中国，以大众为对象的制度化公共教育，是从清末至中华民国时期开始的。尽管如此，9世纪已成为定制的科举制度，使中国的社会结构发生了动摇，确实对以后社会各方面产生了深远的影响。

主体的形成 1——以白居易（772—846年）为例

在当时入京参加考试，进士及第成为政府高官，并在街东中部购置宅邸的文人中，笔者以白居易（772—846）和韩愈（768—824）二人为例，来考察街东中部购置住宅的历史意义[①]。

白居易于800年（贞元十六年）29岁进士科及第，从此开始步入仕途。白居易留下了很多有关长安私宅、友人宅邸和风景胜地的诗歌，图6通过整理分析长安的诗歌，再现白居易的生活空间。从图6还可以看出，有关街东中部的社会文人们丰富的人际关系。

白居易曾被贬为江州司马（从五品下），后被任命为忠州刺史（正四品下），于821年（长庆元年）春被召回长安，在任职中书舍人（正五品上）时第一次在新昌坊（J8）购置了宅邸。白居易曾在很多诗歌中表达了对长安宅邸的喜爱。下列的诗歌就是其中一例[②]。

诗中的元郎中，是尚书省仓部郎中（从五品上）元宗简（？—822），居住在升平坊（I9），即白居易所居住的新昌坊（J8）的东南，元宗简进士及第的时间（及第时间不详）与白居易比较相近[③]。张博士，是国子监国子学博士（正五品上）张籍（766？—830？），居住在靖安坊（G9），799年进士及第。元宗简和张籍，与白居易同为科举考试进士科出身，是白居易的两位挚友。

---

　① 关于白居易的私宅，妹尾达彦在《白居易と長安・洛陽》(《白居易与长安・洛阳》),《白居易研究講座　第一卷　白居易の文學と人生 I》(《白居易研究讲座　第一卷　白居易的文学与人生 I》)，东京：勉诚社，1993年，和同论文的增补版《9世纪的转型——以白居易为例》(荣新江主编《唐研究》第13号，北京大学出版社，2005年，第493—532页)的两篇论文中做了论述。另外，参见埋田重夫的三篇论文，埋田重夫：《白居易と家屋表現（上）——身體と居住空間を繋ぐもの》(《白居易与家屋表达（上）——身体与居住空间的生活连接》),《中国诗文论丛》第15集，1996年，第26—39页；《白居易と家屋表現（下）の1—詩人における盧山草堂の意義》(《白居易与家屋表达（下）1——诗人的庐山草堂的意义》),《中国诗文论丛》第17集，1998年，第103—113页；《白居易と家屋表現（下）の2—詩人における長安新昌里邸の意義》(《白居易与家屋表达（下）2——诗人的长安新昌里邸的意义》),《中国诗文论丛》第18集，1999年，第62—72页；以及中尾健一郎：《白居易の長安新昌里邸について》(《关于白居易的长安新昌里邸》)，九州岛中国学会《九州岛中国学会报》43号，2005年，第16—30页。

　② 白居易诗文的引用，是基于白居易著、朱金城笺校：《白居易集笺校》卷一九，律诗，上海：上海古籍出版社，1988年，第1269—1270页，但部分做了修改。在翻译此诗时，还参看了白居易著、谢思炜校注：《白居易诗集校注》卷一九，律诗《新昌新居书四十韵因寄元郎中张博士》，北京：中华书局，2006年，第1543—1546页；冈村繁：《新释汉文大系100白居易文集4》1259《新昌新居书事四十韵因寄元郎中张博士》，东京：明治书院，1990年，第283—289页。

　③ 关于白居易与元宗简交游，参见李丹婕：《白居易笔下的元宗简——兼谈长安东南隅与中唐文人的交游空间》,《文献》2018年2期，第80—89页。

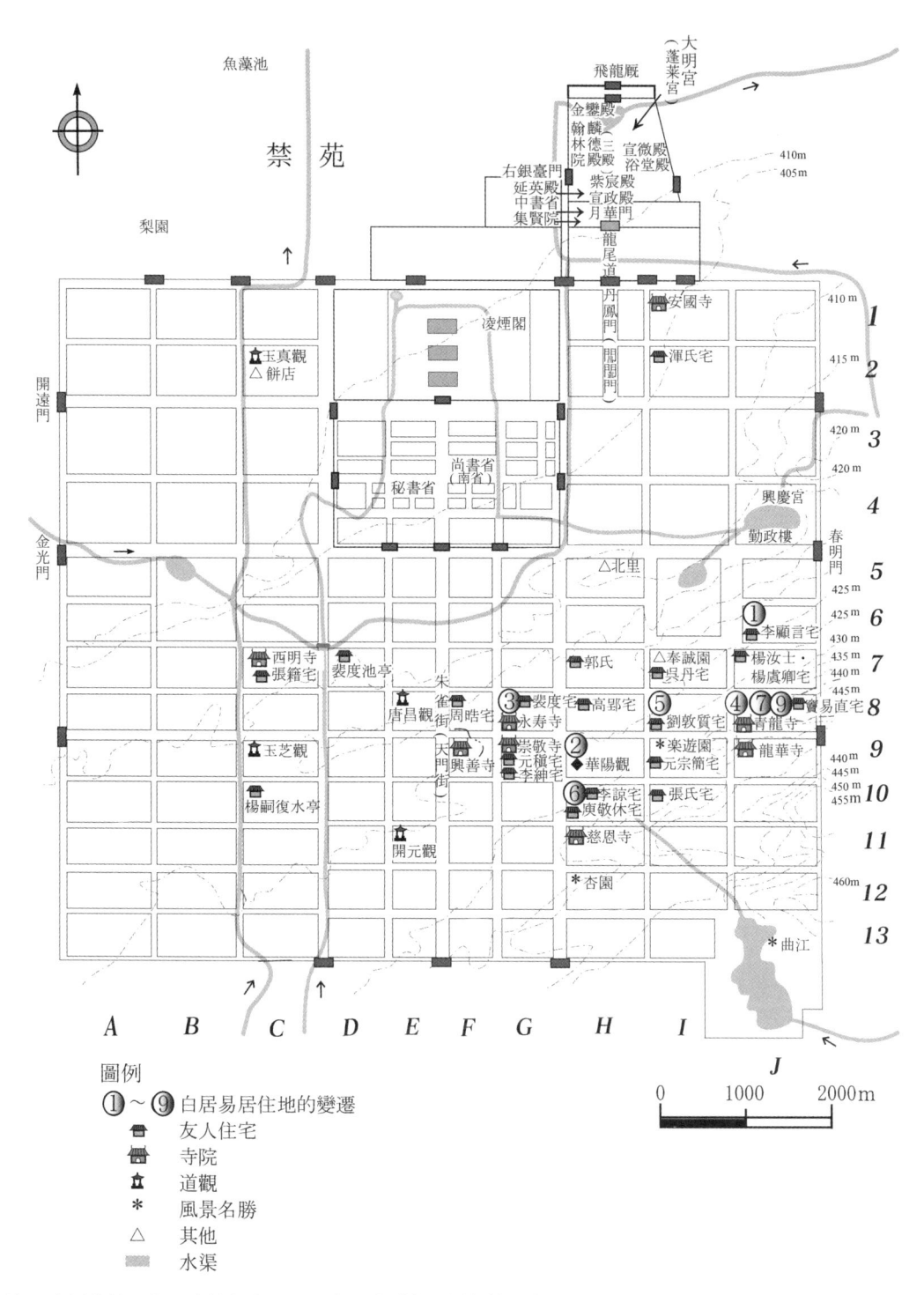

"近代"社会的形成与九世纪长安的街东社会

图6 白居易（772—846）的长安生活圈

【出处】妹尾达彦：《九世紀的轉型—以白居易爲例—》，荣新江主编：《唐研究》第 13 号，北京：北京大学出版社，2005 年，第 514 页图 1 修改。

白居易《新昌新居书事四十韵因寄元郎中张博士》

1 冒宠已三迁，	2 归朝始二年。
3 囊中贮余俸，	4 园外买闲田。
5 狐兔同三径，	6 蒿莱共一廛。
7 新园聊划秽，	8 旧屋且扶颠。
9 檐漏移倾瓦，	10 梁敧换蠹椽。
11 平治绕台路，	12 整顿近阶砖。
13 巷狭开容驾，	14 墙低垒过肩。
15 门间堪驻盖，	16 堂室可铺筵。
17 丹凤楼当后，	18 青龙寺在前。
19 市街尘不到，	20 宫树影相连。
21 省吏嫌坊远，	22 豪家笑地偏。
23 敢劳宾客访，	24 或望子孙传。
25 不觅他人爱，	26 唯将自性便。
27 等闲栽树木，	28 随分占风烟。
29 逸致因心得，	30 幽期遇境牵。
31 松声疑涧底，	32 草色胜河边。
33 虚润冰销地，	34 晴和日出天。
35 苔行滑如簟，	36 莎坐软于绵。
37 帘每当山卷，	38 帷多待月褰。
39 篱东花掩映，	40 窗北竹婵娟。
41 迹慕青门隐，	42 名渐紫禁仙。
43 假归思晚沐，	44 朝去恋春眠。
45 拙薄才无取，	46 疏慵职不专。
47 题墙书命笔，	48 沽酒率分钱。
49 柏杵舂灵药，	50 铜瓶漱暖泉。
51 炉香穿盖散，	52 笼烛隔纱然。
53 陈室何曾扫，	54 陶琴不要弦。
55 屏除俗事尽，	56 养活道情全。
57 尚有妻孥累，	58 犹为组绶缠。
59 终须抛爵禄，	60 渐拟断腥膻。
61 大底宗庄叟，	62 私心事竺干。
63 浮荣水划字，	64 真谛火生莲。

65 梵部经十二，	66 玄书字五千。
67 是非都付梦，	68 语默不妨禅。
69 博士官犹冷，	70 郎中病已痊。
71 多同僻处住，	72 久结静中缘。
73 缓步携筇杖，	74 徐吟展蜀笺。
75 老宜闲语话，	76 闷忆好诗篇。
77 蛮榼来方泻，	78 蒙茶到始煎。
79 无辞数相见，	80 鬓发各苍然。

对知识分子来说，科举考试合格成为政府高官，花费多年积蓄在都城街东中部的住宅街购置宅邸，这种幸福的时代已经来临（第1—4句）。按照自己的喜好建造自宅（第25—44句），邀请同为科举考试合格的优秀友人们来家中畅谈言欢（第69—80句），已成为人生的一个梦想。诗中所描写的细致的都城景观和与友人的密切来往，是在激烈的科举竞争中脱颖而出、在官场上立身扬名的科举官僚们的心灵支柱。

白居易新昌坊的宅邸，虽距离任职地的大明宫较远，但远离喧嚣的人群，是一处幽静之地，这一优点笔者已经多次提及。街东东市以南的诸坊，以往被认为是距大明宫较远的偏僻之地，而到了9世纪前半期，高官的宅邸也开始建造在这一区域，于是，注重密切的人际关系、影响政府政策、野心膨胀的政治集团的居住空间，在长安街东中部形成了。

主体的形成2——以韩愈（768—824年）为例[①]

韩愈，在792年（德宗贞元八年）25岁时科举考试进士及第[②]。虽然年纪轻轻就通过考试，但在他考试合格的八年前，自19岁进京、20岁第一次参加考试以来，一连三次均失败，直到第四次考试时才考取。

韩愈做了很长时间的地方官后，于40岁时再次回到长安，快到50岁时，才在靖安坊（G9）购置了宅邸。对韩愈来说，长安的这套宅邸，与白居易的情况相同，象征着人生的成功。韩愈为了训导自己的儿子所写的诗《示儿》，可以说描写得比较直白，对于自己能在都城中购置府第的这种成功引以为豪。

《示儿》被认为是816年（元和十一年）韩愈在49岁时所作的诗，即韩愈从中书舍人（正五品上）转任太子右庶子（正四品上）这一闲职的时候（关于《示儿》的

[①] 本小节基于妹尾达彦：《長安の憂愁——9世紀の轉換》(《长安的忧愁——九世纪的转换》)，《アジア遊学》(《亚洲游学》) 78，2005年，第69—84页；妹尾达彦：《韓愈與長安——9世紀的轉型》，杜文玉编：《唐史研究论集》，第1—28页。

[②] 韩愈的年谱还参看了川合康三、绿川英树、好川聪编：《韓愈詩譯注 第2冊》，东京：研文出版，2017年，所载《韩愈年谱》第557—564页。

系年，除了元和十一年之说，还有元和十二年、元和十三年之说。本文是依据陈克明《韩愈年谱及诗文系年》[成都：巴蜀书社，1999年]一书中的系年)[1]。

《示儿》

1 始我来京师，　　2 止携一束书。
3 辛勤三十年，　　4 以有此屋庐。
5 此屋岂为华，　　6 于我自有余。
7 中堂高且新，　　8 四时登牢蔬。
9 前荣馔宾亲，　　10 冠婚之所于。
11 庭内无所有，　　12 高树八九株。
13 有藤娄络之，　　14 春华夏阴敷。
15 东堂坐见山，　　16 云风相吹嘘。
17 松果连南亭，　　18 外有瓜芋区。
19 西偏屋不多，　　20 槐榆翳空虚。
21 山鸟旦夕鸣，　　22 有类涧谷居。
23 主妇治北堂，　　24 膳服适戚疏。
25 恩封高平君，　　26 子孙从朝裾。
27 开门问谁来，　　28 无非卿大夫。
29 不知官高卑，　　30 玉带悬金鱼。
31 问客之所为，　　32 峨冠讲唐虞。
33 酒食罢无为，　　34 棋槊以相娱。
35 凡此座中人，　　36 十九持钧枢。
37 又问谁与频，　　38 莫与张樊如。
39 来过亦无事，　　40 考评道精麄。
41 跫跫媚学子，　　42 墙屏日有徒。
43 以能问不能，　　44 其蔽岂可祛。
45 嗟我不修饰，　　46 事与庸人俱。
47 安能坐如此，　　48 比肩于朝儒。
49 诗以示儿曹，　　50 其无迷厥初。

《示儿》直白地描述了韩愈进士及第后，历经辛苦终于实现愿望成为政府高官，生活也变得宽裕后，在长安购置了宅邸，并与当时社会地位最高的人们应酬往来的喜悦

---

[1] 《示儿》基于韩愈著，钱仲联释：《韩昌黎诗系年集释　下》，上海：上海古籍出版社，1984年，第952—958页。还参看了韩愈著，屈守元、常思春主编：《韩愈全集校注》，成都：四川大学出版社，1996年，第669—674页。

之情（第1—4句）。这首诗直白具体地描写了韩愈的生活价值观，韩愈反对魏晋南北朝以来的骈文，提倡恢复古文，而这种直白的描述符合韩愈的风格。

韩愈在诗的开头部分叙述了自宅建筑的布局和功能，与白居易的诗相同，生动地描述了住宅周围的自然、人文环境（第5—22句）。之后叙述了一同住在靖安坊（G9）的张籍和参加了韩愈倡导的古文运动的樊宗师（808年武举考试合格？—823年）频繁来访家中，以及除了当时的政府高官们的相继拜访之外，还有优秀的青年们频繁来求教的幸福之情（第27—48句）。

在9世纪以后至20世纪初废除科举制度的一千年以上的期间里，知识分子家庭的教育模式，一直都是以参加科举考试为目的而进行的家庭教育。韩愈的儿子韩昶，824年（长庆四年），在韩愈56岁时进士及第（徐松著、孟二东补正：《登科记考补正》，北京：燕山出版社，2003年，第806页）。

通过科举考试的官僚精英集中居住的街东中部，这里的居住者，并不是固定的子孙代代都居住在这里，而是频繁更换的，这个区域，是为科举考试合格的新精英敞开的空间。因此，进入街东社会圈的竞争也越来越激烈。

将《示儿》与下列的三十年前韩愈初次进京时所作的《出门》一诗相比较，可知韩愈的境遇和情感有很大的转变①。

《出门》，被认为是787年（贞元三年），韩愈20岁时所写的诗。是年，是韩愈从江南宣城去参加科举考试入京的第二年。此诗反映出作者不知道考试能否合格、没有安家立业之时的焦虑心情，是韩愈充满野心又焦虑不安的时期的作品。这一年韩愈没有通过进士科考试，如前所述，一连三次都未通过，终于在第四次考试时才考中，25岁时进士及第。

《出门》

1 长安百万家　2 出门无所之
3 岂敢尚幽独　4 与世实参差
5 古人虽已死　6 书上有其辞
7 开卷读且想　8 千载若相期
9 出门各有道　10 我道方未夷
11 且于此中息　12 天命不我欺

韩愈所留下的诗文，写出了复杂且细腻的内心起伏，有通向成功的自信和遭遇失

---

① 本文中《出门》的诗文，基于韩愈著，钱仲联释：《韩昌黎诗系年集解》上（上海：上海古籍出版社，1984年）第4—5页。还参看了韩愈著，屈守元、常思春主编：《韩愈全集校注》（成都：四川大学出版社，1996年）第917—918页的注释，以及川合康三、绿川英树、好川聪编：《韩愈诗译注》第1册（东京：研文出版，2015年）第7—10页的译注。

败的不安，自负的心理和对挫折的恐惧交织在一起。野心勃勃的青年，经过不懈的努力通过了科举考试，想要建立一个比起身份更加注重业绩的新社会阶层，写出了青年人的这种希望和不安相交织的情感。这种情感是过去人类所没有经历过的一种感受，却与生活在 21 世纪的我们，产生了某种心理上的共鸣①。

8 世纪末至 9 世纪初的长安，男性知识分子的社会地位取决于个人努力所获得的成就。就如韩愈的《出门》一诗中所描写的，这样的时代让很多男性知识分子抱有强烈的立身扬名的愿望，但同时又因为失败引起的不安产生了过度的精神紧张。一次取得的成就也只限于一代，不能传给子孙，因此，如《示儿》中所述，经过不断努力来创造一个强制性的社会环境。

韩愈的诗文之所以带有"现代"性，是因为他所生活的环境，成为与现代社会有直接联系的社会原型。他的诗富有深意、丰富生动，表现手法高超，善于抓住新时代的特点，可以说韩愈是一个才华横溢的大文豪。

圆仁（794—864 年）眼中长安的变化②

武宗（840—846 在位）"会昌废佛"运动兴起后，僧侣被迫还俗，这也使圆仁如愿以偿回到了日本。圆仁的亲身经历，成为了解 9 世纪普遍宗教文化圈解体的重要实录数据。

日本以比睿山为中心的天台宗僧人圆仁（慈觉大师），从 840 年（开成五年）八月至 845 年（会昌五年）五月滞留在长安街东。圆仁的日记《入唐求法巡礼行记》卷四、卷五，记录了 9 世纪中期长安的政治、社会、文化状况，让人有身临其境之感。图 7 是将圆仁滞留于长安时所写的《入唐求法巡礼行记》中所载长安的地名绘制成图。圆仁与韩愈、白居易是同时代的人，他在长安的生活与两人有共同的生活圈，但同时又生活在与科举官僚不同的世界。圆仁还走访了街西和建在大明宫前宦官的居住区，也正因为他是僧人才会在长安留下很多足迹。

圆仁的日记在长安史研究上具有很高的价值，其原因有以下几点：由于圆仁是外国僧人，对长安宗教界的动向很敏感，因此留下了详细的记录；圆仁的滞留时期，正值唐后期文宗（827—840 在位）驾崩，至武宗（840—846 在位）九世纪中期发起的"会昌废佛"的动荡时期，其间发生了许多大事件，为圆仁日记提供了材料；圆仁寄居在城内街东崇仁坊（H4）东南的资圣寺，此寺位于城内屈指可数的情报集聚区（参照

---

① 参见妹尾达彦：《詩のことば、テクストの権力——九世紀中國における科擧文學の成立》(《诗的语言、文本的权力——九世纪中国科举文学的成立》)，《中國——社會と文化》(《中国——社会与文化》) 16，2001 年。

② 本小节基于妹尾达彦：《长安、礼仪的都——以圆仁〈入唐求法巡礼行记〉为素材》，荣新江主编：《唐研究》第 15 号，北京：北京大学出版社，2009 年，第 385—434 页；Seo Tatsuhiko, "Buddhism and Commerce in Ninth-Century Chang'an: A study of Ennin's Nittō Guhō Junrei Kōki 入唐求法巡礼行记," *Studies in Chinese Religions*, 2019, London and NewYork: Routledge, pp. 85—104.

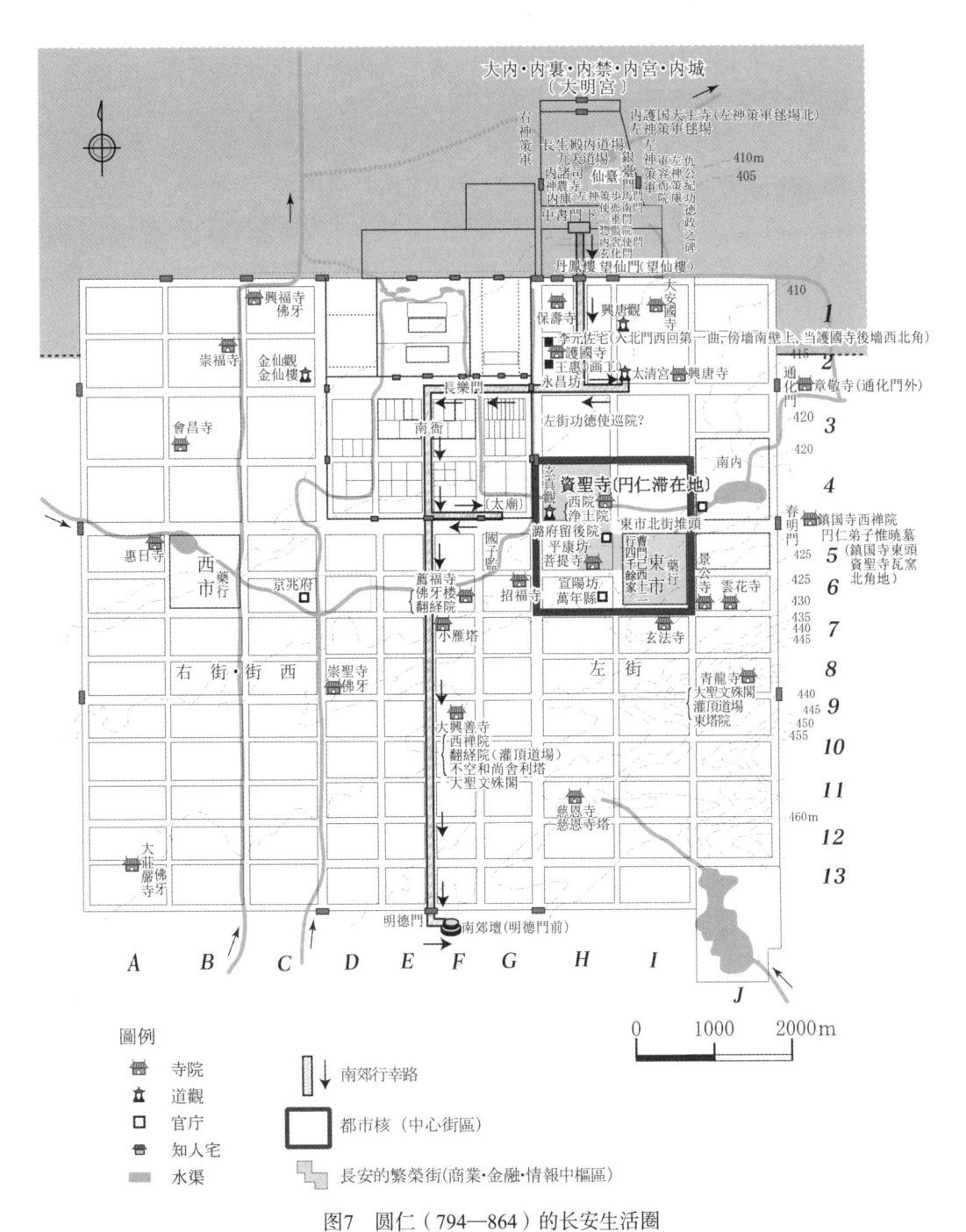

图7 圆仁（794—864）的长安生活圈

【出处】妹尾达彦：《長安、禮儀的都——以圓仁〈入唐求法巡禮行記〉為素材》，荣新江主编：《唐研究》15，2009年，第517页图2修改。

图4），僧侣身份可以让他自由往来于不同阶层间，可以广泛收集从宫廷内部至东市的商业活动的各种情报等。圆仁的记录大部分都与唐朝的史料相吻合，而圆仁的记载则更加生动详细，这就决定其史料价值更高。

在长安逗留的四年九个月的期间中,圆仁目睹了唐朝后期的政治形势,唐朝政府对待外来宗教和本土教派持有截然不同的态度,武宗崇信本土的道教、儒教,而对以佛教为首的外来宗教进行批判、强烈镇压;唐朝无法忍受以回鹘为代表的游牧势力,敌对情绪高涨;中央政府对发动叛乱的地方势力的强烈憎恶;以及将皇帝、军人、官僚、宗教者、商人、平民所有人囊括其中的城内各种活动的狂热气氛。长安周围严峻的军事形势,使长安统治阶层的排外主义越发高涨。圆仁还把当时道士们写的激烈批判佛教的上奏文也一并记录于日记中。

武宗 845 年(会昌五年)对佛教、摩尼教、祆教、景教等外来宗教的禁止,标志着唐朝国际性的消失。在废佛运动前的 843 年(会昌三年),左神策军军容使将长安城内的外国僧人招进官署,包括圆仁在内仅有二十一名(《入唐求法巡礼行记》卷三,会昌三年正月二十八日条)。隋唐初的长安,是一个开放包容的都市,有来自各地域的宗教者,然而,9 世纪中期产生了一个与隋唐初的长安具有不同性质的社会。

民间戏剧的"发现"——以《李娃传》为例[①]

居住在街东中部的科举考生和进士及第的文人们,将当时流传于民间的许多故事以文言文的形式记录下来。从这些故事中,我们可以窥见 9 世纪在长安形成的大众文化的一角。

被认为是取材于 9 世纪初长安的民间说唱而写成的传奇小说《李娃传》(《太平广记》卷四八四,李娃传),是居住在街东的白居易的弟弟白行简(805 年进士及第,776—826 年),在耳闻目睹的民间爱情戏剧的基础上,以文言文的形式写成的。故事的内容如下:

> 玄宗天宝年间,一位出身名门望族的男子,赴京参加科举考试,住在街西布政坊(C4)的旅馆里。男子去东市(I5·6)游玩回来的途中,从平康坊(H5)的东门进入坊内,遇到了妓女李娃。男子对李娃一见钟情,于是,带着大量金钱来拜访李娃并住进了李家。由于整日在酒宴上玩乐,用光了所有钱财,被李娃的鸨母设计驱逐。
>
> 伤心之余身患重病的男子,幸得西市(B5·6)凶肆的人照顾疾病才得以痊愈,后来成为京城首屈一指的挽歌歌手。当时,长安东西两市的凶肆互争胜负,

---

① 妹尾达彦:《唐代後半期の長安と傳奇小說——〈李娃傳〉の分析を中心にして》(《唐代后半期的长安与传奇小说——以〈李娃传〉的分析为中心》),《日野開三郎博士頌壽記念論集 中國社會·制度·文化史の諸問題》(《日野开三郎博士颂寿纪念论集 中国社会·制度·文化史的诸问题》),福冈:中国书店,1987 年,第 476—505 页;妹尾达彦:《唐代后期的长安与传奇小说——以〈李娃传〉的分析为中心》,段宇译,常建华主编:《中国城市社会史名篇精读》,上海:上海教育出版社,2020 年,第 38—75 页; Seo, Tatsuhiko, "Performance Spaces in Ancient Chinese Cities: Street Theaters of the 9th Century Capital Chang'an," in Nawata, Yuji and Hans Joachim Dethlefs eds., *Theatre History as a History of Performance Spaces and Stage Technologies: A Comparative Perspective*, Bielefield: Transcript Verlag, 2022, pp.15—34.

比赛唱挽歌，东市的凶肆丧葬用品较好，但挽歌却不及西市。于是，东市的店铺暗中出两万钱来请男子加入。双方决定在朱雀门街进行比赛，输的一方负责承担宴会的费用。长安中聚集了很多观众，最终，东市店铺因为男子的挽歌取得了胜利。

可是，偶然入京的父亲也在观客当中，于是父子重逢。男子父亲因为儿子放弃科举考试有辱家门，愤怒之下把儿子带到城内东南部的曲江池附近，用马鞭将其痛打。随后跟来的东市凶肆的同伴要将他的尸骨埋葬，发现还有微弱的气息。于是，将他抬回东市，但见他没有恢复健康，便将他弃之路边，身体溃烂肮脏的男子，沦为乞丐在东市和街东住宅区游走。

在一个大雪之日，饥寒交迫筋疲力尽的男子来到安邑坊（I7）一户人家的门前，那里正是李娃的住处。听到乞讨的声音便认出男子的李娃连忙跑出去，用自己的绣襦抱着男子。之后，李娃在安邑坊（I7）北隅租赁了房屋与男子一同居住，在李娃全心全意的帮助下，男子科举考试合格被任命为成都府参军，便到成都赴任。遇见了已成为成都尹兼剑南采访使的父亲，父亲同意了儿子与李娃的婚事。从此，家族兴旺昌盛。

以上的《李娃传》，叙述了一个富有才华入京应试的男子，和一个美貌与才华兼备的女子之间的爱情故事，属于才子佳人小说，反映了文人的价值观。《李娃传》中"入京的学生（考生）在京城经历第一次恋爱"的主题，让我们想起明治时代的森欧外和夏目漱石的小说。但《李娃传》在故事结构上，无疑是"命中注定的女子对流浪男子的救助"这种大众喜爱的具有普遍性的结构（森欧外和夏目漱石的小说也可以看到这种故事结构）。

"命中注定的女子对流浪男子的救助"或"命中注定的男子对流浪女子的救助"这两种戏剧结构，是大众爱情戏剧的基本类型。如图8所示，大众爱情戏剧一般是采用四人构成的四象限结构，即命中注定的男子或女子，和处于故事中心地位的主人公这两个主角，以及两个主角的辅助（分身），与主角的性格完全相反的两个配角。

古今中外的大众爱情戏剧之所以具有相同的结构，大概是因为古今中外的大众戏剧，特别是街头表演的戏剧，有以下三个共同的结构：

（1）在技术方面，有限的时间、空间（舞台）和演员，都有基本的设置和表演形式。

（2）在人物结构安排方面，有男主人公、女主人公的两个主角，和辅助主角的两个配角，只有让主角和配角分别有不同的性格形成鲜明对比的形象时，才可以构建完整的故事世界，使故事情节波澜起伏富有深意，这一点在当时已经被广泛认识到。

（3）为了引导观众情感投入，在安排命中注定的女子或男子和与其相遇的故事主

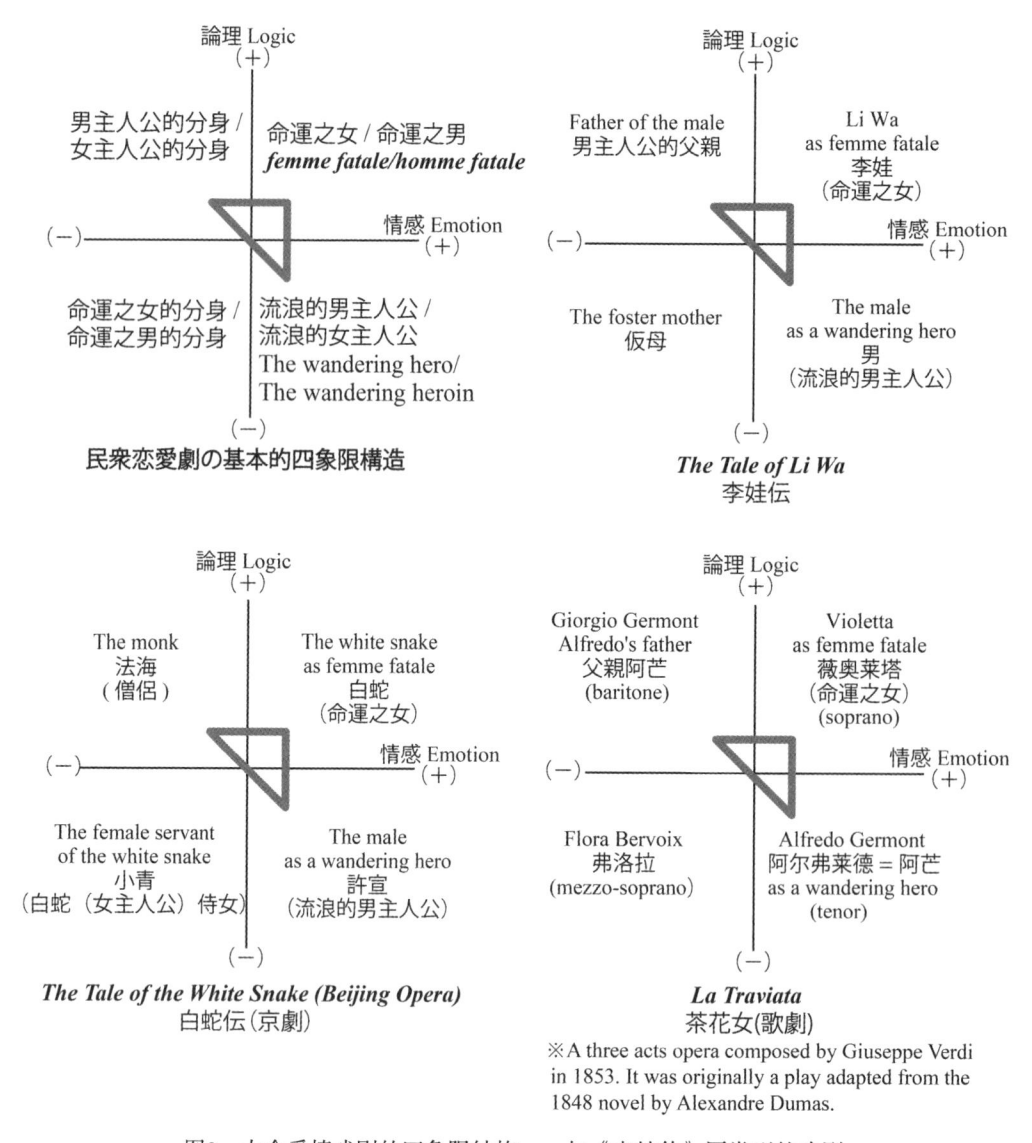

图8 大众爱情戏剧的四象限结构——与《李娃传》同类型的戏剧

◁ 围绕着主人公的三角关系

【出处】Seo, Tatsuhiko, "Performance Spaces in Ancient Chinese Cities: Street Theaters of the 9th Century Capital Chang'an," in Nawata, Yuji and Hans Joachim Dethlefs eds., *Theatre History as a History of Performance Spaces and Stage Technologies: A Comparative Perspective*, Bielefeld : Transcript, 2021, p.28, Fig.5 修改。

角形象时，人物的阶层、身份、出身都不得不设定在现存秩序之外。相爱的两人必须是"越界"的存在。

从图8的四象限结构来说，命中注定的男子或女子是属于"情感＋理论＋"的类型，是一个绝对的存在，四处漂泊推动故事发展的主人公，被强烈的情感所驱使，属于第四象限的"情感＋理论－"这一类型。这也就决定了辅助命中注定的女子或男子，和主人公的两个配角的四象限位置。这个故事的结构，在古今中外的大众艺术中，具

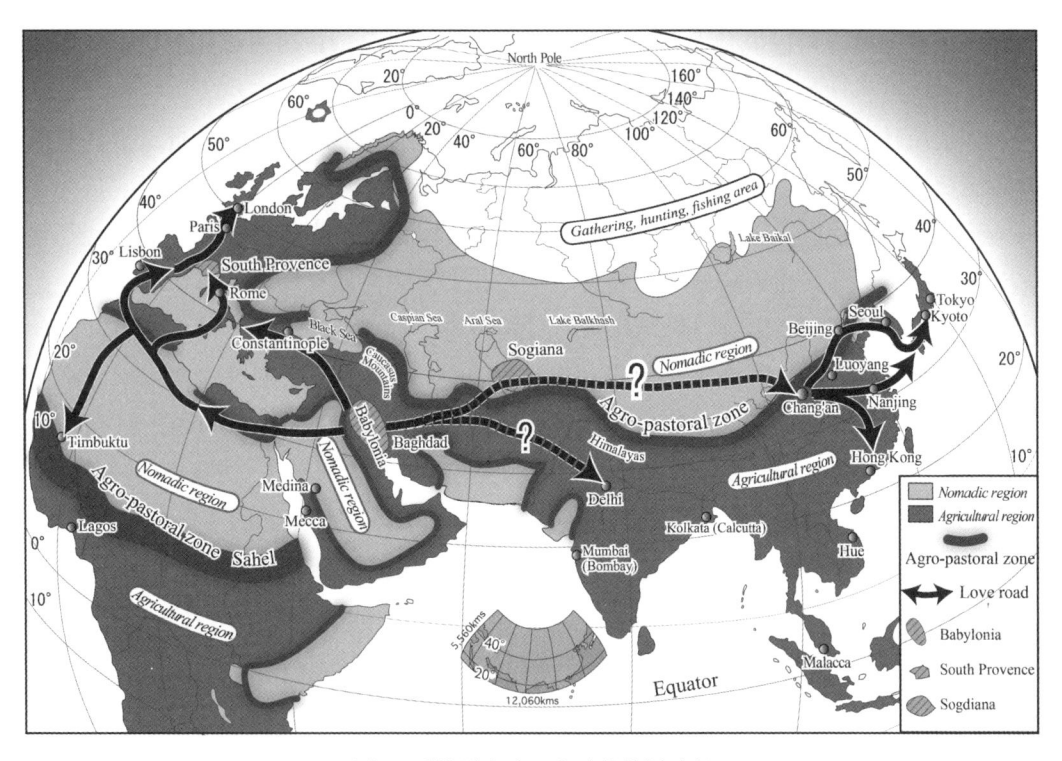

图9　爱情剧在欧亚大陆的传播路径

【出典】Seo, Tatsuhiko, "Performance Spaces in Ancient Chinese Cities: Street Theaters of the 9th Century Capital Chang'an," in Nawata, Yuji and Hans Joachim Dethlefs eds., *Theatre History as a History of Performance Spaces and Stage Technologies: A Comparative Perspective*, Bielefeld: Transcript, 2021, p.29, Fig.6.

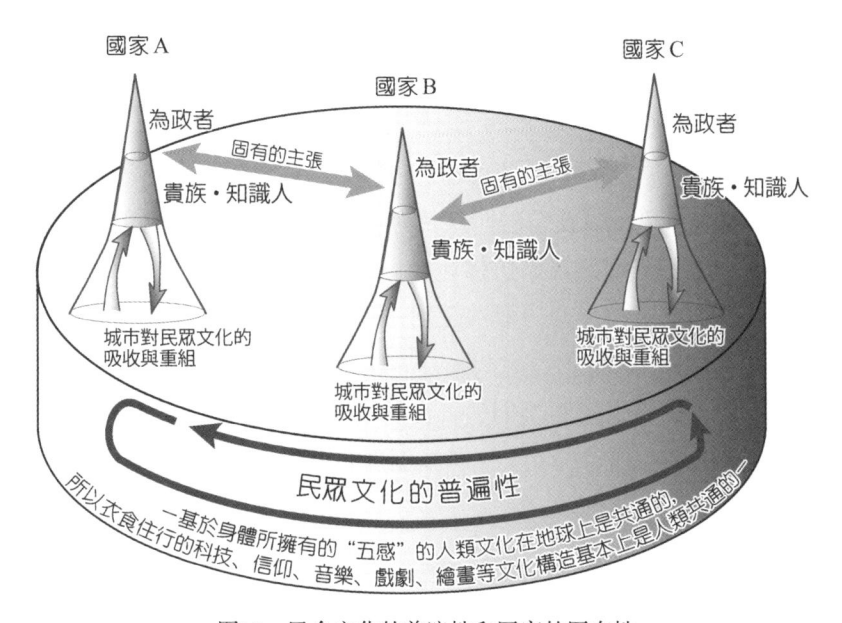

图10　民众文化的普遍性和国家的固有性

【出处】妹尾达彦：《東亞洲都市史與紅河流域》，黄晓芬编：《古代東亞洲都市的構造與變遷》东京：同成社，2022年，第317页图10修改。

有相当的普遍性。可以说是大众文化普遍性的体现（也希望读者可以用身边的故事做以验证）。

如上所述，故事中的主人公由于某些原因被共同体歧视、排除，因此，成为具有普遍意义的人物形象。从图8的事例来说，即《李娃传》中被妓女李娃抛弃、成为乞丐流浪街头的入京应试男子，《白蛇传》中对幻化成人形的白蛇产生爱慕之情、经历诸多是非的商人男子（也有科举考生一说），《茶花女》中与妓女薇奥莉塔（Violetta）陷入苦恋、南法普罗旺斯出身的阿弗列德（Alfredo）。

这样的角色安排，在考虑必须往来于复数阶层和空间的主人公角色类型时，成为不可缺少的要素。正是因为主人公脱离了共同体，成为具有普遍性的存在，才可以引发观众的情感共鸣。由长安街东的文人写成的文言小说《李娃传》，向我们展现了强烈地吸引了文人并被其魅力所感染的当时的大众戏剧、大众文化世界的一角。大众戏剧，正因为具有普遍性，才被追求普遍价值的9世纪的科举文人所"发现"。

结语——前近代中产生的近代空间

前近代分段化社会向近代均质化社会的转型，以18世纪至20世纪，近代国民国家的形成和资本主义的发展、交通·情报机能的飞跃性进步、身份向业绩的阶层结构理论的转变，大众社会的成立等为契机，在全球一举扩大。同时，以人类为中心的理念得到强化，社会秩序的结构也发生了变化[1]。

9世纪的长安街东社会，逐渐发生功能性分化，身份制解体，人们的主体意识得到培养，而且已经出现了几个上文所提到的近代要素。传统社会的压力依然很大，但已经开始迈向自由多样的社会。

随着科举的渗透，立身扬名主义兴起，白居易、韩愈的诗中所表现出来的内面性的深化，渴望被他人认可，以及跨越阶层情感充沛、以爱情为题材的文学艺术作品和武侠小说的产生，这一系列的现象仿佛让我们想起日本明治时代所发生的历史现象。工业化的有无，成为东京和长安的根本区别，确切地说，9世纪长安社会的不稳定因素使其成为具有流动性的社会。

近代社会不是以暴力去控制人们，自己的事情可以由自己决定，通过自主行动，实现让每个人感受到平等权力的社会。考试制度，可以说是创造了这种近代社会的代表性制度之一[2]。

---

[1] 妹尾达彦：《前近代中國王都論》，中央大学人文科学研究所编：《アジア史における社会と國家》《亚洲史中的社会与国家》），八王子：中央大学出版部，2005年，第184—185页。

[2] Michel Foucault, *Surveiller et punir: Naissance de la prison*, Paris: Gallimard, 1975〔ミッセル・フーコー（Michel Foucault）著，田村俶译：《監獄の誕生——監視と處罰》（《监狱的诞生——监视与惩罚》），东京：新潮社，1977年〕。

9世纪科举官僚们的言行，表现出中国社会是根据自己的意愿经过不懈努力，最终踏入用来约束自己的权力制社会。通过努力来创造自己的命运，在得到自由的同时，失败也需要自己来承担，这也使青年人陷入痛苦之中。

这种现象，伴随主体化—个人化的发展，在任何一个迈向近代的社会中都会发生。孤独（都市让人产生孤独）且充满野心的人们，集中居住在一起互相交流，建立起密切的人际关系，他们创造普遍的哲学、文学和艺术，代替了宗教，在新时代中努力地生存。这是因为"孤独"（loneliness）被"普遍"救赎，"孤立"（isolation）可以与"普遍"共存。新知识分子在大众文化的普遍性中寻求情感的寄托，可以说，这是时代的潮流。

本文以欧亚大陆东部的一个都城长安为例，论述了9世纪长安街东中部，形成了与近代都市中，激进的市民所聚集的文化艺术空间相类似的都市空间，例如，20世纪巴黎的塞纳—马恩省河左岸（拉丁区）、纽约的曼哈顿、东京的汤岛·神田等，这个独特的都市空间，成为与现代有直接联系的东亚文化史的起点[①]。

然而，9世纪长安街东中部的社会面临着一些新的问题，即：人们通过认同彼此的成就、"才能"，第一次建立起密切的人际关系；从既存的社会脱离出来的孤独的个人意识；被大众文化的普遍性吞没的知识分子，而这些问题，不正是现代社会中存在的诸多问题的遥远源头吗？

The Formation of "Early Modern" Society and the Jiedong Community in Chang'an in the Ninth Century

Seo Tatsuhiko

(Department of Literature, Chuo University)

Abstract: Early modern society is not a society in which people are controlled with violence, but a society in which everyone can make decisions for himself and enjoy equal rights. The imperial examination system is one of the most typical systems that created this early modern society. The words and deeds of the Confucian bureaucracy in the 9th century showed that the Chinese people had the chance of stepping into the power system after their unremitting efforts according to their own will. They had the freedom to make their fortune

---

① 关于聚集于巴黎左岸的知识分子，参见 Poirier, Agnès, *Left Bank: Art, Passion, and the Rebirth of Paris, 1940—50*, New York: Henry Holt and Company, 2019〔ニエス・ポワリエ（Poirier, Agnès）著，木下哲夫译：《パリ左岸 1940—50 年》（《巴黎左岸 1940—50 年》），东京：白水社，2019 年〕，关于纽约的知识分子，参见秋元秀纪：《ニューヨーク知識人の源流 1930 年代の政治と文學》（《纽约知识分子的源流 1930 年代的政治与文学》），东京：彩流社，2001 年；关于聚集在东京汤岛、神田的明治时代青年的行为模式，参见前田爱：《幻影の街　文學の都市を步く》（《幻影街道　文学都市漫步》），东京：岩波书店，2006 年，初版 1986 年）等。

and bear the pain in case of failure. Taking Chang'an, a capital city in the east of Eurasia, as an example, this study discusses the formation of urban space in the eastern and middle parts of the Jiedong Community (the area east of the Zhuque Avenue) in the 9th century, which was similar to the cultural and artistic space gathered by radical citizens in modern cities, and became the starting point of the cultural history of East Asia in connection with modern times. In the 9th century, the society in the east and middle of Jieodng Community faced some new problems: people formed close human relationships for the first time by recognizing each other's achievements and "talents"; The solitary consciousness of the individual separated from the existing society; The intellectuals who were engulfed by the universality of popular culture. Aren't these problems the distant source of many problems in modern society?

Key words: early modern society; the 9th century; Jiedong Community; meritocracy; the main body; popular romantic drama

西汉长安的"广场"*

王子今

（西北大学　历史学院）

摘　要： 西汉长安集聚了空前众多的城市人口，又有层次鲜明的社会结构。其城建设计重视"壮丽""重威"。长安宫廷"阙下"有公众活动空间，曾经出现政治高层非常事件发生而"吏民聚观者"多达"数万人"的情形。张衡《西京赋》所见"广场"，是中国语文史料中首次出现这一语汇。"广场"创制，说明长安都市规划和市政工程考虑到集会交往条件。西汉长安"广场"明确的空间指向尚未可知。"广场"可能与"阙下""街路"以及"市"等存在密切关联。考古成果可见规模相当宏大的"辟雍"，西汉晚期长安举行大型会议的文献记载可以因此得以理解。因资料信息的限定，长安太学形制尚未确知，我们通过"槐市"传说和若干"太学生"在公众场合的活跃，可以得知太学交往条件的优越；王咸"举幡"，一时即集结千余人，可以说明太学具备相当规模的公众活动场所。

关键词： 广场；西汉；长安；公共空间

搜检史籍，可见西汉都城长安已有公众活动利用都市空间的记载。当时，都市规划设计考虑服务居民的若干要素开始初步具备，都市社会生活因此实现了历史的进步。[1] 然而正如有的学者所指出的，"西汉长安城内，宫室、宗庙和官署占全城面积三分之二以上"，"规模巨大的皇宫、宗庙、官署、附属机构以及达官贵人、诸侯王、列侯、郡主的邸第，占据了长安城的绝大部分"。[2] 汉长安城内面向普通民众的公共空间

---

* 本文为 2020 年度国家社科基金中国历史研究院重大研究专项（"兰台学术计划"）"中华文明起源与历史文化研究专题"委托项目"中华文化基因的渊源与演进"（20@WTC004）阶段性成果。

[1] 王子今：《西汉长安的公共空间》，《中国历史地理论丛》2012 年第 1 期。

[2] 杨宽：《中国古代都城制度史研究》，上海：上海人民出版社，2003 年，第 110、112 页。贺业矩《中国古代城市规划史》也指出："（西汉长安）庞大的官殿区""配合府库、官署和府第等，规划用地之多，几占全城总面积的三分之二。不仅如此，而且又在毗邻未央宫的西城垣外，营建了'千门万户'的宏伟壮丽的建章宫，并通过跨越西城（转下页）

面积因而相对有限。以政治文化考虑为出发点造成的西汉长安宫殿区规模之宏大，使得长安都市功能的全面实现，不得不以诸陵邑作为必要的补充。然而张衡《西京赋》所见"广场"，是这一语汇首次出现。由此可以说明长安都市规划和市政工程已考虑到集会交往条件。考察相关现象，对于长安史以及中国都市史、中国都市社会生活史，都有积极的学术意义。

一、都市规划史和市政工程史中"广场"的出现

都市中开辟营造"广场"，有长久的历史。而"广场"一语在正史中出现，始于《旧唐书》卷一三四《马燧传》："……居一年，阵兵三万，开广场以习战阵，教其进退坐作之势。"① 所谓"开广场"，《新唐书》作"辟广场"，又言"罗兵三万以肆"②，则是专门营作的演兵场地，可以"三万"人操练"习战阵"，当有宏阔规模。到了宋代，《宋史》卷一二一《礼志二十四·军礼》"阅武"条说到专门用以检阅的"广场"建设："真宗诏有司择地含辉门外之东武村为广场，冯高为台，台上设屋，构行宫。"③《宋史》卷三七五《李邴传》所见"亲大阅"建议："因秋冬之交，辟广场，会诸将，取士卒才艺绝特者而爵赏之。"④

在检阅操练之外，《旧五代史》卷一四八《选举志》："但今广场大启，诸科并存，明经者悉包于《九经》《五经》之中，无出于《三礼》《三传》之内，若无厘革，恐未便宜，其明经一科，伏请停废。"⑤ 此"广场"可能取象征意义显示科举规模之大，取才路径之宽，也可能实指试场空间，形容其广阔。

"广场"也用以形容其他场地的规模。《辽史》卷一二《圣宗纪三》记载：

> 谏议大夫马得臣以上好击球，上疏切谏："臣伏见陛下听朝之暇，以击球为乐。臣思此事有三不宜：上下分朋，君臣争胜，君得臣夺，君输臣喜，一不宜也。往来交错，前后遮约，争心竞起，礼容全废，若贪月杖，误拂天衣，臣既失仪，君又难责，二不宜也。轻万乘之贵，逐广场之娱，地虽平，至为坚确；马虽良，亦有惊蹶，或因奔击，失其控御，圣体宁无亏损？太后岂不惊惧？三不宜也。臣

（接上页）垣的复道与城内诸宫联成一片，进一步显现了宫廷区在全城规划中的庞大分量。"北京：中国建筑工业出版社，1996年，第323—324页。

① 《旧唐书》，北京：中华书局，1975年，第3692页。
② 《新唐书》卷一五五《马燧传》："……居一年，辟广场，罗兵三万以肆，威震北方。"北京：中华书局，1975年，第4885页。
③ 《宋史》，北京：中华书局，1977年，第2830页。
④ 《宋史》，第11608页。
⑤ 《旧五代史》，北京：中华书局，1976年，第1978页。

望陛下念继承之重，止危险之戏。"①

这里所说的"广场"，是"击球""娱""乐"的竞技场地。我们通过所谓"地虽平，至为坚确"，可以知道其宽广且地面实现充分硬化处理的建筑形制。"坚确"二字，是市政工程史的重要信息。

追溯都市"广场"之原始，或许可以注意《逸周书·皇门》："周公格左闳门，会群门。"周公言："乃方求论择元圣武夫，羞于王所。"黄怀信以为"格"即"至"，"群门"为"'群臣'之误"。"'方'读为'旁'，广也。"《逸周书·明堂》说"明堂，明诸侯之尊卑也，故周公建焉，而明诸侯于明堂之位"，"天下大服，万国各致其方贿"。②则"明堂"应当也有一定的空间规模。而《逸周书·王会》说"成周之会"，四方诸国贡献，其场地有"墠""堂""台"，空间也是宏大的。"成周之会"，黄怀信释作"成周大朝会"。③所谓"闳""广"以应"朝会"的规模，是有较高行政效能的王权国家显示"尊""大"的理所当然的要求。

追述西汉长安都市风貌的张衡《西京赋》，第一次使用了"广场"这一语汇："攒珍宝之玩好，纷瑰丽以参靡。临迥望之广场，程角抵之妙戏。"薛综注："攒，聚也。纷，犹杂也。瑰，奇也。丽，美也。参靡，奢放也。程课其技能也。"吕延济注："迥望，宽坦也。"④所谓"迥望""宽坦"，正是对"广场"形制的真切形容。

汉代"场"字，指相对确定的较为平整的空间，其原义是由自农耕生产作物收获之后相关作业所必需的储存加工场地。《说文·土部》："场，祭神道也。一曰山田不耕。一曰治谷田也。"所谓"场，祭神道也"，段玉裁注："也，《广韵》作处。《玉篇》引《国语》屏摄之位曰坛。坛之所除地曰场。"指特别"除地"而成的专有空间。所谓"山田不耕"，段玉裁说："《田部》云：'畼，不生也。'场与畼义相近。《方言》曰：坻，场也。李善曰：浮壤之名也。音伤。按不耕则浮壤起矣。是即蚍蜉犁鼠蝘场之字也。"所谓"一曰治谷田也"，段玉裁解释说："《豳风·七月》曰：九月筑场圃。传曰：春夏为圃，秋冬为场。笺云：场圃同地也。《周礼·场人》注曰：场，筑地为墠，季秋除圃中为之。故许云'治谷之田'。"⑤最基本的农作之场往往用以脱粒的"治谷"场地。"秋冬为场"，需要"除地""筑地"营造。而张衡笔下"广场"词汇的出现，显现出由乡村而都市的语言学演进。

---

① 《辽史》，北京：中华书局，1974年，第134页。
② 黄怀信：《逸周书校补注译》，西安：西北大学出版社，1995年，第269、311页。
③ 黄怀信：《逸周书校补注译》，第342—358页。
④ （梁）萧统编，（唐）李善、吕延济、刘良、张铣、吕向、李周翰注：《六臣注文选》卷二张衡《西京赋》，北京：中华书局，1987年，第58页。
⑤ （汉）许慎撰，（清）段玉裁注：《说文解字注》，上海：上海古籍出版社，1981年，第693页。

二、"阙"与"阙下"：标志性建筑与公众集会场地

西汉长安的"广场"，很可能与宫廷建筑的"阙"有某种关联。

萧何初建长安城，曾经和刘邦发生关于都市规划理念的争执。《史记》卷八《高祖本纪》记载：

> 萧丞相营作未央宫，立东阙、北阙、前殿、武库、太仓。高祖还，见宫阙壮甚，怒，谓萧何曰："天下匈匈苦战数岁，成败未可知，是何治宫室过度也？"萧何曰："天下方未定，故可因遂就宫室。且夫天子四海为家，非壮丽无以重威，且无令后世有以加也。"高祖乃说。

萧何所谓"非壮丽无以重威"，是宫廷建设规划的出发点。

萧何所谓"无令后世有以加也"的设想，其实并没有能够限制和阻挡汉武帝时代宫殿的扩建。建章宫甚至超越了汉初的长安城区。但是正如有的学者所指出的，汉长安城的建设确实超越前代，同时其许多特点，"也是以后所少见的"。①

关于未央宫建设工程，司马迁首先说到"立东阙、北阙"，甚至置于未央宫"前殿"之前。可知"阙"在宫殿区规划中的重要。张守节《正义》："颜师古云：'未央殿虽南向，而当上书奏事谒见之徒皆诣北阙，公车司马亦在北焉。是则以北阙为正门，而又有东门、东阙，至于西南两面，无门阙矣。萧何初立未央宫，以厌胜之术理宜然乎？'按：北阙为正者，盖象秦作前殿，渡渭水属之咸阳，以象天极阁道绝汉抵营室。"②

秦都咸阳的建设，曾经首先注重"阙"的修筑。《史记》卷五《秦本纪》："(孝公)十二年，作为咸阳，筑冀阙。"张守节《正义》："刘伯庄云：'冀犹记事，阙即象魏也。'"③《史记》卷六八《商君列传》："作为筑冀阙宫庭于咸阳，秦自雍徙都之。"司马贞《索隐》："冀阙，即魏阙也。冀，记也。出列教令当记于此门阙。"《商君列传》又记载赵良和商鞅有关"治秦"行政的讨论。商鞅自谓："大筑冀阙，营如鲁卫矣。子观我治秦也，孰与五羖大夫贤？"赵良则批评道："相秦不以百姓为事，而大筑冀阙，非所以为功也。"④争辩双方都重视"大筑冀阙"事。阙，是宫殿标志性建筑。西汉宫阙基于"天子四海为家，非壮丽无以重威"的考虑，又为了容留"上书奏事谒见之徒"，前面应有较宽阔场地，应是汉长安城值得重视的公共空间。正如有的学者所指出的："人们从外地要进入未央宫，多数还是从宣平门或横门入城，经横门大街南下进未

---

① 刘致平：《中国居住建筑简史——城市、住宅、园林》，北京：中国建筑工业出版社，2000年，第18页。
② 《史记》，北京：中华书局，1982年，第385页。
③ 《史记》，第203页。
④ 《史记》，第2232、2234页。

央宫北阙，或者再经安门大街南下进未央宫东阙。"①

《史记》卷六八《商君列传》司马贞《索隐》所谓"出列教令当记于此门阙"，指出宫阙是公布政令的地方。②而西汉长安发生的有意扩大政治影响的公众集会，也因同样思路，专意利用了"阙"前空间。

《汉书》卷六六《刘屈氂传》记载汉武帝征和二年（前91）"巫蛊之祸"情景，说太子刘据武装民众，发起与政府军的"合战"：

> 太子引兵去，驱四市人凡数万众，至长乐西阙下，逢丞相军，合战五日，死者数万人。

中国帝制时代罕见的正规军镇压都城市众的政治事件中最惨烈的决战，就发生在长乐宫"西阙下"。这可能与刘据举事得到卫皇后赞许，所控制的基本武装是"长乐宫卫"有关。③而"长乐西阙下"能够成为会战战场，自然应当有相对广阔的可以适宜双方"合战"的对阵场地。汉武帝亲自指挥平定动乱，有明确具体的要求，"乃赐丞相玺书曰：'捕斩反者，自有赏罚。以牛车为橹，毋接短兵，多杀伤士众，坚闭城门，毋令反者得出。'""以牛车为橹"，颜师古注；"橹，楯也。远与敌战，故以车为橹，用自蔽也。一说橹，望敌之楼也。""毋接短兵，多杀伤士众"，颜师古注："用短兵则士众多死伤。"④《册府元龟》卷六二也在"毋接短兵，多杀伤士众"句下以注文形式引用"用短兵，则士众多死伤"语。⑤其实，"多杀伤士众"，也可能正是汉武帝的指令。丞相军与"反者"的"合战"，所谓"以牛车为橹"形成防护以及"远与敌战"与"毋接短兵"，都说明"阙下"有较为开阔的场地。

有学者在讨论汉长安城"城市分区规划"时指出，"汉长安城也和渭北咸阳故城一样，实系由以宫为主之政治活动中心和以市为主之经济活动中心两个综合区（规划结构单元）所组成"。⑥"阙"是宫廷的显著标志，也是这两个"综合区（规划结构单元）"的标志性界点。

"巫蛊之祸"发生九年之后，汉昭帝始元五年（前82），一位自称卫太子刘据的可疑男子突然出现于长安。《汉书》卷七一《隽不疑传》写道：

---

① 杨宽：《中国古代都城制度史研究》，第114页。
② 王子今：《秦都咸阳"冀阙"考》，《中国古都研究》2020年第2辑"古都与交通"，西安：陕西师范大学出版总社，2020年。
③ 《汉书》卷六三《武五子传·戾太子刘据》："太子使舍人无且持节夜入未央宫殿长秋门，因长御倚华具白皇后，发中厩车载射士，出武库兵，发长乐宫卫，告令百官曰江充反。乃斩充以徇，炙胡巫上林中。遂部宾客为将率，与丞相刘屈氂等战。长安中扰乱。"颜师古注："中厩，皇后车马所在也。"《汉书》，北京：中华书局，1962年，第2743页。
④ 《汉书》，第2880页。
⑤ （宋）王钦若编纂，周勋初等校订：《册府元龟》（校订本），南京：凤凰出版社，2006年，第660页。
⑥ 贺业钜：《中国古代城市规划史》，第324页。

> 始元五年，有一男子乘黄犊车，建黄旐，衣黄襜褕，着黄冒，诣北阙，自谓卫太子。公车以闻，诏使公卿将军中二千石杂识视。长安中吏民聚观者数万人。右将军勒兵阙下，以备非常。①

前说巫蛊之祸时"长乐西阙下""凡数万众"与"丞相军""合战"史例。而假冒的"卫太子""诣北阙"，又有"长安中吏民聚观者数万人"。城市公众行为动辄有多达"数万众""数万人"集中的记载，也可以为我们推算长安户口数字，认识长安社会生活提供某种参考。而对于"阙"在都市建筑体系中的特殊作用，也因此能够得以说明。

另一次阙前"吏民"聚集，发生于汉宣帝五凤二年（前56），"三月辛丑，鸾凤又集长乐宫东阙中树上，飞下止地，文章五色，留十余刻，吏民并观"。②这是又一则阙下"吏民聚观"的记载，只是与"征和二年""（刘据）歐四市人凡数万众，至长乐西阙下，逢丞相军，合战五日"及"始元五年""（未央宫）北阙""长安中吏民聚观者数万人"不同，没有人数的估计。不过，与巫蛊之祸"父子之奴""子弄父兵"③之"非常"情形不同④，这样的故事告诉我们，"阙"是西汉长安社会公众可以自由聚合的场所，普通"民"的出入应当不受限制。

三、"京师郡国民聚会里巷仟佰"

西汉时期多次发生影响广泛的流民运动。农人离开土地的流动，有走向都市的选择。有学者指出，"大体说来，每一个朝代的前期和中期政局稳定经济上升的时候，人口逐渐向城市集中"。⑤就西汉时期的情形来说，对于这样的认识也许还应当作更细致的考论。⑥

《汉书》卷一一《哀帝纪》记载了西汉晚期一次以西王母崇拜为意识背景的典型的"向城市集中"的人口移动，直接冲击的对象就是长安。建平四年（前3）春，"大旱，关东民传行西王母筹，经历郡国，西入关至京师。民又会聚祠西王母，或夜持火上屋，击鼓号呼相惊恐"。⑦对于这一历史事件，《汉书》卷二七下之上《五行志下之上》记述更为详尽：

> 哀帝建平四年正月，民惊走，持稾或棷一枚，传相付与，曰"行诏筹"。道中

---

① 《汉书》，第3037页。
② 《汉书》卷八《宣帝纪》，第267页。
③ 《史记》卷二〇《建元以来侯者年表》，第1058页。
④ 王子今：《晚年汉武帝与"巫蛊之祸"》，《固原师专学报》1998年第5期。
⑤ 赵文林、谢淑君：《中国人口史》，北京：人民出版社，1988年，第625页。
⑥ 王子今：《秦汉农人流动对都市生存空间的压抑》，《学术月刊》2010年第8期。
⑦ 《汉书》，第342页。

相过逢，多至千数，或被发徒践，或夜折关，或逾墙入，或乘车骑奔驰，以置驿传行，经历郡国二十六，至京师。其夏，京师郡国民聚会里巷仟佰，设张博具，歌舞祠西王母。又传书曰："母告百姓，佩此书者不死。不信我言，视门枢下，当有白发。"至秋止。①

由特殊社会意识动因导致的大规模流民运动，直接冲击了长安。当时曾经有人分析说："讹言行诏筹，经历郡国，天下骚动，恐必有非常之变。"② 即将发生"非常之变"的可能性，当然包括对长安政局的警告。班固在分析这一事件时曾写道："民，阴，水类也。水以东流为顺走，而西行，反类逆上。"又说："白发，衰年之象，体尊性弱，难理易乱。"③ 班固又指出，通过这种特殊的乱局的"类"与"象"的分析，似乎已经可以隐约察觉政治"逆""乱"的先兆。而所谓"体尊"，隐喻帝国重心长安。这一历时长达半年，"经历郡国二十六，至京师"，涉及地域极其广阔的富有神秘主义色彩的民间运动，其真正的文化内涵我们今天尚不能完全明了，但是大体可以知道，其最初起因可能与"大旱"有关。而所谓"曰'行诏筹'"，或"传行西王母筹"，所谓"道中相过逢，多至千数"，则暗示流民群体已经形成了某种类似于后世秘密社会的组织形式。而所谓"京师郡国民聚会里巷仟佰，设张博具，歌舞祠西王母"以及"或被发徒践，或夜折关，或逾墙入，或乘车骑奔驰"，"或夜持火上屋，击鼓号呼相惊恐"等行为，冲破城防关防，甚至进入"京师"。其行为所表现的以西王母崇拜为信仰主题的类似宗教狂热的情绪，集聚了极强大的社会冲击力。在"京师"和其他都市"击鼓号呼"，"聚会""歌舞"。相关现象，书写了秦汉都市史与秦汉社会意识史的特殊的一页。④

这一动乱明确冲击到"京师"。从发起到平息，《五行志》说"正月"发生，"至秋止"。⑤ 应当说，整个夏季"京师"长安的正常秩序都受到全面的影响。

特别值得我们注意的，是"里巷仟佰"成为"聚会"进行"设张博具，歌舞祠西王母"等活动的场所。在与此类似的反映都市基层社会公众聚集的历史资料中，我们又看到《盐铁论·国疾》有这样的说法："里有俗，党有场。康庄驰逐，穷巷蹋鞠。"王利器注："《尔雅·释宫》：'五达谓之康，六达谓之庄。'《史记·孟子荀卿列传》：'为开第康庄之衢。'《正义》：'言为诸子起第宅于要路也。'"⑥ "五达""六达"之"要

---

① 《汉书》，第1476页。
② 《汉书》卷四五《息夫躬传》，第2184页。
③ 《汉书》卷二七下之上《五行志下之上》，第1476页。
④ 王子今：《两汉流民运动及政府对策的得失》，《战略与管理》1994年第3期；王子今、周苏平：《汉代民间的西王母崇拜》，《世界宗教研究》1999年第2期。
⑤ 《汉书》卷二六《天文志》："(汉哀帝建平)四年正月、二月、三月，民相惊动，讙哗奔走，传行诏筹祠西王母。"1311页。
⑥ 王利器校注：《盐铁论校注》(定本)，北京：中华书局，1992年，第334、346页。

路",其宽阔程度可以想见。所谓"驰逐""蹋鞠",都是集体参与且可能更多人观看的以"街巷"为比赛和游乐场地的娱乐竞技运动。"驰逐"即以车竞速,尤其有特殊的场地要求。① 而"党有场"之所谓"场",对于有关"广场"的讨论,是可以产生某种联想的。

司马迁在《史记》卷三〇《平准书》赞赏文景时代政策得宜,社会经济再生的形势,有"众庶街巷有马,阡陌之间成群,而乘字牝者傧而不得聚会"语,也说到了"街巷"和"聚会"的曲折关系。裴骃《集解》引《汉书音义》曰:"皆乘父马,有牝马间其间则相蹂啮,故斥不得出会同。"② 此"会同",就是"聚会"。

据《汉书》卷九九下《王莽传下》记载,"流民入关者数十万人,乃置养赡官禀食之。使者监领,与小吏共盗其禀,饥死者十七八。先是,莽使中黄门王业领长安市买,贱取于民,民甚患之。业以省费为功,赐爵附城。莽闻城中饥馑,以问业。业曰:'皆流民也。'"③ 王莽得知"城中饥馑",询问曾经"领长安市买"的王业,回答道:"皆流民也。"可知"流民"入居长安城中,往往在十分艰难的生活境况中挣扎。

也许汉平帝"起五里于长安城中,宅二百区,以居贫民"事所谓"贫民"也包括"流民"。这样的新的街闾,也会成为"贫民""聚会"的方便场所。

周厉王执政时压制民声,终于导致政治失败。《国语·周语上》记载:"厉王虐,国人谤王。召公告王曰:'民不堪命矣。'王怒,得卫巫,使监谤者,以告,则杀之。国人莫敢言,道路以目。王喜,告召公曰:'吾能弭谤矣,乃不敢言。'"召公批评说:"是障之也。"于是发表了"防民之口,甚于防川"的名言。他严肃警告:"川壅而溃,伤人必多,民亦如之。"建议"为川者决之使导,为民者宣之使言",关于开放言论渠道,有"庶人传语"之说。④《史记》卷四《周本纪》复述了这一历史情节,只不过"防民之口,甚于防川"写作"防民之口,甚于防水"。对于所谓"庶人传语",张守节《正义》的解释是:"庶人微贱,见时得失,不得上言,乃在街巷相传语。"⑤ 由"道路以目"和"在街巷相传语",可知都市中的"道路""街巷"通常可以成为社会舆论形成和传播的场所。

"传行西王母筹"事可见如下情节:"道中相过逢,多至千数,或被发徒践,或夜折关,或踰墙入,或乘车骑奔驰,以置驿传行,经历郡国二十六,至京师。"所谓"道中相过逢",所谓"徒践"以及"夜折关""踰墙入"乃至"乘车骑奔驰,以置驿传行"等,都是交通行为。交通与合聚社会力量的关系,值得读史者重视。

---

① 王子今:《战国秦汉"驰逐"竞技浅说》,《简牍学报》第15期,台北:兰台出版社,1993年。
② 《史记》,第1420页。
③ 《汉书》,第4177页。
④ (清)董增龄撰,郭万青点校:《国语正义》,成都:巴蜀书社,2022年,第22、26页。
⑤ 《史记》,第142页。

四、长安的"市"及其公共空间意义

关中的"市",秦人早有经营。《史记》卷六《秦始皇本纪》记载:"献公立七年,初行为市。"①商鞅变法的第一个动作"徙木立信",即将展示改革的舞台设定在都城雍的"市"。《史记》卷六八《商君列传》写道:"令既具,未布,恐民之不信,已乃立三丈之木于国都市南门,募民有能徙置北门者予十金。民怪之,莫敢徙。复曰'能徙者予五十金'。有一人徙之,辄予五十金,以明不欺。卒下令。"②对于"国都市南门",有人理解为"栎阳城闹市区的南门"③,以"闹市区"释"市",似未能准确理解"市"的意义。④长安的"市",在城市建设进程中是逐步完备的。《史记》卷二二《汉兴以来将相名臣年表》记载:"(高皇帝六年)立大市。""(惠帝六年)立太仓、西市。"⑤《汉书》卷二《惠帝纪》写道:"(惠帝六年)起长安西市。"⑥长安还有"东市"《汉书》卷二四下《食货志下》记载,新莽时代对"东西市"的管理体制有所变更。⑦有学者指出,长安的东市和西市,与未央宫均营造于西汉初期,"建筑于高祖和惠帝时期,属于统一规划的布局",体现出"面朝后市"的原则。⑧可知"市"的营建,是受到重视的。不过,按照礼制传统规划的"市",管制的严格压抑了经济的自由性。⑨

汉长安城的"市"的设置,讨论多集中于所谓"九市"的位置。⑩也有学者认为,"九市"可能只是约数,长安市场的数量可能会超过"九市"。⑪或说汉长安城并非只有"九市",文献中记载的"九市"当指汉长安城九个主要且有一定规模的市场。⑫

---

① 《史记》,第289页。
② 《史记》,第2231页。
③ 李存山:《商鞅评传——为秦开帝业的改革家》,南宁:广西教育出版社,1997年,第21页。
④ 王子今:《秦"抑商"辨疑:从商君时代到始皇帝时代》,《中国史研究》2016年第3期;《秦"抑商""重商"辨——兼说始皇帝时代乌氏倮、巴寡妇清"名显天下"》,《秦始皇帝陵博物院2016》,西安:陕西师范大学出版社,2016年。
⑤ 《史记》,第1120、1123页。
⑥ 《汉书》,第91页。
⑦ 《汉书》卷二四下《食货志下》:"遂于长安及五都立五均官,更名长安东西市令及洛阳、邯郸、临淄、宛、成都市长皆为五均司市师。东市称京,西市称畿,洛阳称中,余四都各以东西南北为称,皆置交易丞五人,钱府丞一人。"第1180页。
⑧ 中国社会科学院考古研究所编著:《中国考古学·秦汉卷》,北京:中国社会科学出版社,2010年,第226页。
⑨ 傅筑夫指出"市是城的一部分,城既然是官家根据自身统治的需要有目的有计划地建立起来的,不是自由发展而成的,则城中之市当然也是由官家设立,并且是由官家管理的",因而不可能"是自治的和自由的"。《中国封建社会经济史》第2卷,北京:人民出版社,1982年,第128页。
⑩ 杨宽:《西汉长安布局结构的探讨》,《文博》1984年创刊号;孟凡人:《汉长安城形制布局中的几个问题》,《汉唐与边疆考古研究》第1辑,北京:科学出版社,1994年;刘运勇:《再论汉长安城布局及其形成原因》,《考古》1992年第7期。
⑪ 刘庆柱、李毓芳:《汉长安城的宫城和市里布局形制述论》,《考古学研究——纪念陕西省考古研究所成立三十周年》,西安:三秦出版社,1993年;刘庆柱:《汉长安城的考古发现及相关问题研究》,《考古》1996年第10期。
⑫ 何岁利:《汉唐长安城市场探析》,《汉长安城考古与汉文化——纪念汉长安城考古五十周年国际学术研讨会论文集》,北京:科学出版社,2008年。

班固《西都赋》以十分热烈的语调具体形容了长安城区"九市开场"的形势。其繁荣程度竟然至于"红尘四合，烟云相连"。所谓"百廛""列肆"应当涉及其形制和规模：

> 内则街衢洞达，闾阎且千，九市开场，货别隧分。人不得顾，车不得旋。阗城溢郭，旁流百廛。红尘四合，烟云相连。于是既庶且富，娱乐无疆，都人士女，殊异乎五方。游士拟于公侯，列肆侈于姬姜。

"九市开场"的"场"字，我们在讨论长安"广场"时自然不宜忽略。李贤注引《汉宫阙疏》："长安九市，其六在道西，三在道东。"①《文选》卷一班固《西都赋》李善注：《汉宫阙疏》曰：'长安立九市，其六市在道西，三市在道东。"吕延济注："且千，言多也。隧市中道阗满也。满溢城郭，流出百廛。五亩曰廛。"刘良注："言人众廛合火烟，与云相连。"②《文选》卷二张衡《西京赋》也有关于长安"九市"的文字：

> 尔乃廓开九市，通阛带阓，旗亭五重，俯察百隧。周制大胥，今也惟尉。瑰货方至，鸟集鳞萃，鬻者兼赢，求者不匮。尔乃商贾百族，裨贩夫妇，鬻良杂苦，蚩眩边鄙，何必昏于作劳，邪赢优而足恃。彼肆人之男女，丽美奢乎许、史。若夫翁伯、浊、质，张里之家，击钟鼎食，连骑相过，东京公侯，壮何能加。

"廓开九市"，薛综注："廓，大也。"③"廓""大"，说到了长安"市"的空间规模。

汉赋作品多夸张虚饰。从西汉长安城市布局看，"市"的所在空间十分有限。而且又限于人口数量，似乎不大可能出现"红尘四合，烟云相连"的景况。人们首先会考虑，东汉学者班固《西都赋》和张衡《西京赋》有关"市"的文字，很可能不免掺杂有对东汉洛阳的"市"的文化感觉。然而据《汉书》卷七六《张敞传》，"长安市偷盗尤多，百贾苦之"，张敞"一日捕得数百人，穷治所犯或一人百余发，尽行法罚"。④可见"市"中商贾数量可观，当绝不止一般约数所谓"百贾"或"商贾百族"。又如《汉书》卷六六《刘屈氂传》说"巫蛊之祸"情节："太子引兵去，驱四市人凡数万众，至长乐西阙下，逢丞相军，合战五日，死者数万人，血流入沟中。"⑤"四市人"竟然有"数万众"，可知确实"定居在市内的商贾人数是很多的"。⑥"市"上往往"人不得顾，车不得旋"的情形，有可能是真实的。

---

① 《后汉书》卷四〇上《班固传》，北京：中华书局，1965年，第1336页。
② （梁）萧统编，（唐）李善、吕延济、刘良、张铣、吕向、李周翰注：《六臣注文选》，第26页。
③ （梁）萧统编，（唐）李善、吕延济、刘良、张铣、吕向、李周翰注：《六臣注文选》，第51页。
④ 《汉书》，第3221页。
⑤ 《汉书》，第2881页。
⑥ 傅筑夫：《中国封建社会经济史》第2卷，第132页。

有学者指出,"汉代公开执行死刑与陈尸称为'显戮',通常在闹市举行","显戮的刑场多设于市楼鼓下"。① 这一行刑示众以造成行政宣传和社会威慑效果的司法形式也说明了"市"作为公共空间的作用。

长安又有另一处特别的市,即"槐市"。据《艺文类聚》卷三八引《三辅黄图》:"(常满)仓之北为槐市,列槐树数百行为隧,无墙屋,诸生朔望会此市,各持其郡所出货物及经传书记、笙磬乐器,相与买卖。雍雍揖让,论议槐下。"② 都城中有以槐树为特殊标志的专门设定的活动空间,国家官学的学生们每月朔日和望日两次在这里聚会,以家乡特产以及"经传书记、笙磬乐器"交换,彼此"相与买卖"。这种定时交易的以图书和文化用具为主要货品的市场,参与流通者是限定文化层次的特定的人群,所谓"雍雍揖让,论议槐下",形容了这个特殊的市场的特殊文化气氛。这一情形,在世界都市史中可能是体现出创制性意义的。

通过古人咏叹"槐市"的诗句③,似乎"槐市"的商业色彩较为淡薄,而学术气氛相当浓烈。这里其实是一处文化交流的场地。后世诗文或以"槐市"与"杏坛"为对④,或以"槐市"与"兰台"为对⑤,也体现出这样的事实。"槐市"虽然场地规模有限,"会此市"的时间每月不过两天,却是富有文化深意的社会交往所在。而长安"诸生"在社会公共活动中的活跃,又得一史例可以说明。

不过,"槐市""列槐树数百行为隧",造成空间分割,与通常理解的"广场"似乎不同。所谓其中"列槐树数百行为隧"语,可以与班固《西都赋》所谓"货别隧分"对读。《说文·𨸏部》:"队,从高队也。"段玉裁注:"队坠正俗字,古书多作队。今则坠行而队废矣。大徐以坠附《土部》,非许意。《释诂》:'队,落也。'释文从坠而以队附见,慎矣。《左传》曰:'以成一队。'杜注:'百人为队。'盖古语一队,犹言一堆。物堕于地则聚,因之名队为行列之称。"⑥ 所谓"百行为隧"与"货别隧分"的"隧",应当也是"行列之称"。

---

① 宋杰:《汉代死刑中的"显戮"》,《史学月刊》2012 年 2 期。
② (唐)欧阳询撰,汪绍楹校:《艺文类聚》,上海:上海古籍出版社,1965 年,第 692 页。
③ 如唐人骆宾王《上齐州张司马启》"郁槐市以增茂,穆兰室以流芳"文句。见(唐)骆宾王著,(清)陈熙晋笺注:《骆临海集笺注》,上海:上海古籍出版社,1985 年,第 254 页。又如刘禹锡《秋萤引》:"槐市诸生夜对书,北窗分明辩鲁鱼。"见(唐)刘禹锡撰,《刘禹锡集》整理组点校,卞孝萱校订:《刘禹锡集》,北京:中华书局,1990 年,第 269 页。从"北窗"句看,似乎以为"槐市"有屋舍,与我们讨论的"广场"不同。然而这与《三辅黄图》"无墙屋"之说矛盾。
④ 如唐人王绩《过乡学》:"杏坛花正落,槐市叶新长。"(唐)王绩撰:《王无功集》三,清钞本,第 15 页。宋人欧阳修《早赴府学释奠》:"雾中槐市暗,日出杏坛明。"(宋)欧阳修撰:《欧阳修全集·居士外集》卷六,北京:中国书店,1986 年,第 388、389 页。
⑤ 如宋人苏轼《次韵徐积》:"但见中年隐槐市,岂知平日赋兰台。"(清)王文诰辑注,孔凡礼点校:《苏轼诗集》卷二六,北京:中华书局,1982 年,第 1377、1378 页。喻良能《挽黄泰之》:"槐市师模邈,兰台史笔遒。"(宋)喻良能撰:《香山集》卷七,民国《续金华丛书》本,第 40 页。
⑥ (汉)许慎撰,(清)段玉裁注:《说文解字注》,第 732 页。

唐人黄滔《谢试官》诗句"槐市三千，杏坛七十"①，甚至说到"槐市"可以聚合人群的规模。当然，这只是后人的推测。

五、"渭桥"与"渭桥下"集会场地

汉文帝由代至长安，群臣到"渭桥"迎接。《史记》卷一〇《孝文本纪》记载："（宋）昌至渭桥，丞相以下皆迎。宋昌还报。代王驰至渭桥，群臣拜谒称臣。代王下车拜。太尉勃进曰：'愿请间言。'宋昌曰：'所言公，公言之。所言私，王者不受私。'太尉乃跪上天子玺符。代王谢曰：'至代邸而议之。'遂驰入代邸。群臣从至。"②可见刘恒经过的"渭桥"，是举行百官"称臣"，太尉周勃"跪上天子玺符"的重要政治仪式的地点。

匈奴呼韩邪单于入朝，"渭桥"又作为汉宣帝会见呼韩邪单于的场所。《汉书》卷八《宣帝纪》写道："匈奴呼韩邪单于稽侯狦来朝，赞谒称藩臣而不名。赐以玺绶、冠带、衣裳、安车、驷马、黄金、锦绣、缯絮。使有司道单于先行就邸长安，宿长平。上自甘泉宿池阳宫。上登长平阪，诏单于毋谒。其左右当户之群皆列观，蛮夷君长王侯迎者数万人，夹道陈。上登渭桥，咸称万岁。"③《汉书》卷九四下《匈奴传下》："其左右当户之群臣皆得列观，及诸蛮夷君长王侯数万，咸迎于渭桥下，夹道陈。"④更明确说到"其左右当户之群臣皆得列观，及诸蛮夷君长王侯数万，咸迎于渭桥下"情形，场面之大，是惊人的。而"渭桥下"可以积聚"数万"人的空间，值得我们注意。

汉代较大规模的"桥"，陆上往往有较长的引桥。《史记》卷一〇二《张释之冯唐列传》记载："（汉文帝）行出中渭桥，有一人从桥下走出，乘舆马惊。于是使骑捕，属之廷尉。释之治问，曰：'县人来，闻跸，匿桥下，久之，以为行已过，即出，见乘舆车骑，即走耳。'廷尉奏当，一人犯跸，当罚金。"⑤"犯跸"者自称"闻跸，匿桥下，久之"，说明了"中渭桥"形制的特殊。巫蛊之祸发生后，汉武帝悔悟，"上知太子惶恐无他意，而车千秋复讼太子冤，上遂擢千秋为丞相，而族灭江充家，焚苏文于横桥上"。⑥"横桥"即是"渭桥"。《史记》卷四九《外戚列传》张守节《正义》："《括地志》云：'渭桥本名横桥，架渭水上，在雍州咸阳县东南二十二里。'"⑦《史记》卷一〇《孝文本纪》张守节《正义》也写道："《括地志》云：'高陵故城在雍州高陵县西

---

① （唐）黄滔撰：《黄御史集》卷七，《四部丛刊》本，第64页。
② 《史记》，第415页。
③ 《汉书》，第271页。
④ 《汉书》，第3798页。
⑤ 《史记》，第1754页。
⑥ 《汉书》，第2747页。
⑦ 《史记》，第1981页。

南一里，本名横桥，架渭水上。《三辅旧事》云秦于渭南有兴乐宫，渭北有咸阳宫。秦昭王欲通二宫之间，造横桥，长三百八十步，桥北垒石水中。……'"①汉武帝惩治卫太子刘据的敌对人物，"焚苏文于横桥上"，"横桥"即"渭桥"是作为示众场地的。

可以说明桥梁作为民众聚合地点的史例，还有《汉书》卷九九下《王莽传下》记载：新莽地皇三年（22），"二月，霸桥灾，数千人以水沃救，不灭。"灾情引起王莽心理的震动。"莽恶之，下书曰：'……惟常安御道多以所近为名。乃二月癸巳之夜，甲午之辰，火烧霸桥，从东方西行，至甲午夕，桥尽火灭。大司空行视考问，或云寒民舍居桥下，疑以火自燎，为此灾也。……'"②霸桥位于关东至长安的要道上，火灾可能因"寒民舍居桥下""以火自燎"发生，火势"从东方西行"，也正与流民入居长安的行进方向一致。"霸桥灾"被王莽看作"戒此桥空东方之道"的警告。他宣布："今东方岁荒民饥，道路不通，东岳太师亟科条，开东方诸仓，赈贷穷乏，以施仁道。其更名霸馆为长存馆，霸桥为长存桥。"③面向"东方"的"赈贷"政策和更名霸桥为"长存桥"同时宣布，说明王莽内心是以为两者是有密切的文化联系的。我们还应当注意的，是"舍居桥下，疑以火自燎"导致霸桥烧毁的"寒民"们，依赖霸桥避寒，也形成了事实上的聚居。"霸桥灾，数千人以水沃救，不灭"，当时"舍居桥下"的"寒民"，人众数量可能超过"数千人"。大约"霸桥"也曾经成为长安公共空间。

六、"辟雍""太学"中文化"广场"存在的可能性

西汉晚期，长安发起"营筑""明堂、辟雍"的工程。"诸生、庶民大和会，十万众并集，平作二旬，大功毕成。"这当然也可以看作一次长安民众集合的特殊史例。其"和会"情形，可以和长安城市史初期汉惠帝时代"营筑"长安城垣的工程相比较。当时"城长安"工程"三十日罢"④，工期有限，或称之为"速罢"。⑤而王莽时代的这一礼制建筑工程"平作二旬，大功毕成"，同样也可以看作"速罢"，施工管理的效率应当是相当高的。与"城长安"的工程有所不同，"十万众并集"于"明堂、辟雍"有限的工作场地，人员的密集程度导致工程管理的难度。当然，由工地的空间规模，也可以推知完工后的建筑容量。

---

① 《史记》，第414页。
② 《汉书》，第4174页。
③ 《汉书》卷九九下《王莽传下》，第4174页。
④ 《史记》卷九《吕太后本纪》："三年，方筑长安城，四年就半，五年六年城就。"第398页。《汉书》卷二《惠帝纪》："三年春，发长安六百里内男女十四万六千人城长安，三十日罢。""（五年）春正月，复发长安六百里内男女十四万五千人城长安，三十日罢。""九月，长安城成。"第89、91页。《汉书》卷二七中之上《五行志中之上》："（惠帝五年）先是发民男女十四万六千人城长安，是岁城乃成。"第1391页。
⑤ 《汉书》卷二《惠帝纪》颜师古注："郑氏曰：'城一面，故速罢。'"第89页。

通过《艺文类聚》卷三八引后汉李尤《辟雍赋》文句，可以一个特殊的侧面大致了解长安辟雍的设计形制："王公群后，卿士具集。攒罗鳞次，差池杂沓。延忠信之纯一兮，列左右之貂珰。三后八蕃，师尹举卿。加休庆德，称寿上觞。戴甫垂毕，其仪跄跄。是以乾坤所周，八极所要。夷戎蛮羌，儋耳哀牢。重译响应，抱珍来朝。南金大璐，玉象犀龟。"①汉王朝所有达到一定规格的群体性礼仪活动，似乎都在"辟雍"举行。我们可以试探以西汉长安完工之后的"辟雍"的建筑形制作为局部资料，讨论汉长安城公共空间的情形。

从考古发掘获得的关于"辟雍"的遗迹资料看，"圜水沟"内的圆形空间，"其直径东西 368 米、南北 349 米"，总面积约 100941 平方米。有论著称"总占地面积达 11 万余平方米"。②中心建筑"南北通长 42、东西 42.4 米"。除去中心建筑及围墙、四门和四角配房③，空地面积仍有约 98050 平方米。大致相当于现今天安门广场面积的 25.81%，对应当时长安人口总数④，规模可以说已经相当可观。只不过，其性质是皇家礼制建筑，可能并非民众可以随意集会的社会公共空间。

然而，比照发生在王莽"营筑""明堂、辟雍"52 年之后，建武中元元年（56）汉明帝即位初于辟雍"亲行其礼"又正坐讲学，回答诸儒提问，据说"观听者盖亿万计"的情形⑤，可以推想长安辟雍空间的设计思路，或许也有容纳众多群众的考虑。

《汉书》卷九九上《王莽传上》记载元始四年（4）事："是岁，莽奏起明堂、辟雍、灵台，为学者筑舍万区，作市、常满仓，制度甚盛。立《乐经》，益博士员，经各五人。征天下通一艺教授十一人以上，及有逸《礼》、古《书》、《毛诗》、《周官》、《尔雅》、天文、图谶、钟律、月令、兵法、《史篇》文字，通知其意者，皆诣公车。网罗天下异能之士，至者前后千数，皆令记说廷中，将令正乖缪，壹异说云。"⑥李约瑟说，"网罗天下异能之士，至者前后千数"，可以看作在王莽的倡议下召开的"中国历史上第一次科学专家会议"。⑦

关于这次"科学专家会议"，《汉书》卷一二《平帝纪》关于与会人数有不同的说法："征天下通知逸《经》、古《记》、天文、历算、钟律、小学、《史篇》、方术、《本草》及以《五经》、《论语》、《孝经》、《尔雅》教授者，在所为驾一封轺传，遣诣京师。

---

① （唐）欧阳询撰，汪绍楹校：《艺文类聚》，第 690 页。
② 刘叙杰主编：《中国古代建筑史》第一卷，北京：中国建筑工业出版社，2003 年，第 430 页。
③ 《西安西郊汉代建筑遗址发掘报告》，《考古学报》1959 年第 2 期；中国社会科学院考古研究所编著：《西汉礼制建筑遗址》第九章《大土门遗址》，北京：文物出版社，2003 年，第 197—207 页。
④ 《汉书》卷二八上《地理志上》"京兆尹"条："长安，高帝五年置。惠帝元年初城，六年成。户八万八百，口二十四万六千二百。王莽曰常安。"第 1543 页。
⑤ 《后汉书》卷七九上《儒林列传上》，第 2545 页。
⑥ 《汉书》，第 4069 页。
⑦ 李约瑟：《中国科学技术史》第一卷《导论》，王铃协助，袁翰青等译，北京：科学出版社、上海：上海古籍出版社，1990 年，第 112—113 页。

至者数千人。"①言"至者数千人"。而《资治通鉴》卷三六"汉平帝元始四年"取《王莽传》"至者前后千数"说,称"前后至者千数"。②

这次"会议"参与人即使按照《王莽传》的说法,非"数千"而为"千数",规模也值得关注。人们自然会联想,这些来自各地的"天下异能之士"是以"皆诣公车","在所为驾一封轺传"的形式集中到长安城中的③,他们的食宿接待以及会议场所等条件,也都应当有相当高的规格。

《汉书》卷七二《鲍宣传》记载了汉哀帝时代发生的一次以"救鲍司隶"为目的的太学生运动：

> 丞相孔光四时行园陵,官属以令行驰道中,(鲍)宣出逢之,使吏钩止丞相掾史,没入其车马。摧辱宰相,事下御史④,中丞侍御史至司隶官,欲捕从事,闭门不肯内。宣坐距闭使者,亡人臣礼,大不敬,不道,下廷尉狱。博士弟子济南王咸举幡太学下,曰:"欲救鲍司隶者会此下。"诸生会者千余人。⑤朝日,遮丞相孔光自言,丞相车不得行,又守阙上书。上遂抵宣罪减死一等,髡钳。⑥

"太学""诸生"这次集会,是以"守阙上书"的形式进行的。⑦阙前的场地,无疑可以容纳响应王咸号召的"诸生会者千余人"。然而参与请愿人群的起初聚集,则在"太学"。⑧

太学的规模,西汉历代逐步扩大。这是和儒学逐渐占据意识形态主导地位的历史一致的。汉武帝元朔五年(前124)创建太学。按照公孙弘的建议,"为博士官置弟子五十人,复其身。太常择民年十八已上,仪状端正者,补博士弟子"。⑨虽然最初的太学规模很有限,只有几位经学博士和五十名博士弟子,但是这一文化雏形,却代表着中国古代文化与教育发展的方向。"昭帝时举贤良文学,增博士弟子员满百人,宣帝末

---

① 《汉书》,第359页。
② 《资治通鉴》,北京:中华书局,1956年,第1148页。
③ 对于"在所为驾一封轺传",颜师古注:"如淳曰:'律,诸当乘传及发驾置传者,皆持尺五寸木传信,封以御史大夫印章。其乘传参封之。参,三也。有期会累封两端,端各两封,凡四封也。乘置驰传五封也,两端各二,中央一也。轺传两马再封之,一马一封也。'师古曰:'以一马驾轺车而乘传。'"《汉书》卷一二《平帝纪》,第359页。李约瑟的理解是"每辆马车上加套第二匹马(作为一种特殊的荣誉标志)"。《中国科学技术史》第一卷《导论》,第113页。
④ 中华书局标点本作"没入其车马。摧辱宰相。事下御史……",文义不通。
⑤ 《山堂肆考》卷一○六"举幡救鲍宣"条:"汉司隶校尉鲍宣,字子都,以摧辱宰相下廷尉。博士弟子王成举幡太学下,曰:'欲救鲍司隶者会此。'诸生会者千余人。""王成"应是"王咸"误写。
⑥ 《前汉纪》卷二九有关于太学诸生请愿具体情节的记载,文字表述略有不同:"博士弟子济南王咸等,举幡太学下,曰:'欲救鲍司隶者立此幡下。'会者千余人,守阙上书,遂免宣抵罪减死一等。"
⑦ 王子今:《西汉长安的太学生运动》,《唐都学刊》2008年第6期。
⑧ 王子今:《王咸举幡:舆论史、教育史和士人心态史的考察》,《读书》2009年第6期;《"王咸举幡"的后文》,《秦汉闻人肖像》,北京:社会科学文献出版社,2011年。
⑨ 《史记》卷一二一《儒林列传》,第3119页。

增倍之。元帝好儒，能通一经者皆复。数年，以用度不足，更为设员千人，郡国置五经百石卒史。成帝末，或言孔子布衣养徒三千人，今天子太学弟子少，于是增弟子员三千人。岁余，复如故。"① 太学生的数量，汉昭帝时增加到一百人，汉宣帝时增加到二百人，汉元帝时增加到一千人，汉成帝末年，增加到三千人。汉平帝时，太学生已经多达数千人。王莽时代进一步扩建太学，一次就曾经兴造校舍"万区"。《汉书》卷九九上《王莽传上》记述汉平帝元始四年（4）事："是岁，莽奏起明堂、辟雍、灵台，为学者筑舍万区，作市、常满仓，制度甚盛。"② 有以为西汉时"五经博士员弟子"已经多达"万余人"的说法③，似未可确信，但是从王莽"为学者筑舍万区"之说，可以推知这一信息有可以参考的价值。

前说"王咸举幡太学下"，"诸生会者千余人"事，似说明"太学下"自有集合"千余人"的"广场"。

张衡《西京赋》"临迴望之广场，程角抵之妙戏"所言"广场"，具有更明确的公众集聚场地性质，应当并非"辟雍""太学"中可能存在的文化"广场"。但是"辟雍""太学"中的集会空间，应当具有更重要的历史文化意义，大概是没有疑义的。

本文写作，得到中国社会科学院古代史研究所曾磊、中国人民大学国学院孙闻博、北京大学中文系熊长云、中国人民大学研究生院王泽的帮助。谨此致谢。

Squares in Chang'an during the Western Han Dynasty
Wang Zijin
History School of Northwest University

Abstract: Chang'an City in the Western Han Dynasty gathered an unprecedented size of urban population and a clear social structure. Its city planning design emphasized "magnificence" and "imposingness". The imperial palaces in Chang'an had public activity spaces, and there were occasions where significant political events occurred, with "tens of thousands of officials and civilians gathering to watch." In Zhang Heng's *Xijing Fu*, or *Ode on Chang'an*, there is record of "square"（广场），the first appearance of "square" in Chinese historical documents. The creation of the "square" indicates that urban planning

---

① 《汉书》卷八八《儒林传》，第 3596 页。
② 《汉书》，第 4069 页。
③ （唐）欧阳询撰，汪绍楹校：《艺文类聚》卷三八引《三辅旧事》曰："汉太学在长安门东书社。五经博士员弟子万余人。"第 692 页。

and municipal engineering in Chang'an took meeting and communication conditions into consideration. The clear spatial orientation of "squares" in Chang'an during the Western Han Dynasty is still unknown, but it is reasonable to infer that the "square" may have close associations with the "imperial palace", "streets", "roads", and "markets". Archaeological findings illustrated the grand scale of *bi yong*, or the Imperial University of the Han Dynasty, which shed light on the documentation of large gatherings held in Chang'an in the late Western Han Dynasty. Due to limited resources, the form of the Imperial University is still unclear, but through legends of "the Locust-trees Market" and the active participation of students from the Imperial University in public events, we can conclude that they had excellent public spaces. Therefore, when Wang Xian "raised a signal flag", he was able to gather over a thousand people soon, which indicate that the Imperial University had a relatively large public gathering space.

Key words: square; the Western Han Dynasty; Chang'an; space in front palace gates; imperial palace; public space; raise a signal flag

考古学视野下的"长安"

李鹏飞　毕经纬

（陕西师范大学　历史文化学院）

摘　要：作为中国历史上最长久的政治、经济、文化中心，长安及其附近地区留下了大量都城、聚落、宫殿、帝陵、庙宇、墓葬以及珍贵文物等文化遗产。这些遗产经过考古发掘得以重见天日，经过科学研究，增强了长安的历史信度，丰富了长安的历史内涵，活化了长安的历史场景，延伸了长安的历史轴线，重现了长安之前的"长安"以及文献之外的"长安"，使长安更加具象而生动。

关键词：长安；考古学视野；文化遗产；文献之外

从西周迄于隋唐，计有周、秦、汉、唐等13个王朝建都于西安，都城文明史长达一千余年，可以说西安是古代中国乃至东亚文化圈的核心地区。正如王国维先生所言"都邑者，政治与文化之标征也"[1]，"长安"一词汇聚了中华两千年的荣耀，一定程度上已成为古代中国的象征。作为古代中国最为长久的政治、经济、文化中心，长安及其附近地区留下了大量珍贵的文化遗产。这些遗产经过考古发掘得以重见天日，在增强历史信度、丰富历史内涵、活化历史场景的同时，还延伸了"长安"的历史轴线，重现了"长安"之前的"长安"。

一、文明滥觞：史前序列

早在旧石器时代，长安及其所处的关中地区就有人类生存繁衍，比如旧石器时代早期的蓝田人[2]、旧石器时代中期的大荔人[3]，以及旧石器时代晚期的禹门口人

---

[1] 王国维：《殷周制度论》，《观堂集林（外二种）》，石家庄：河北教育出版社，2001年，第287页。
[2] 吴汝康：《陕西蓝田发现的猿人下颌骨化石》，《古脊椎动物与古人类》1964年第1期；吴汝康：《蓝田猿人头骨的特征及其在人类进化系统上的地位》，《古脊椎动物与古人类》1966年第1期。
[3] 王永焱、薛祥熙：《陕西大荔人化石的发现及其初步研究》，《西北大学学报（自然科学版）》1979年第3期。

等①。其中蓝田人和大荔人是中国旧石器时代早中期古人类的重要代表，蓝田人更是亚洲北部目前发现的最早的直立人。不仅如此，蓝田地区古人类生活的时间跨度超过一百万年（距今115万—5万年），是探索现代中国人起源、发展的重要地区之一。

在新石器时代，关中地区的考古学文化序列大致为：老官台文化、仰韶文化、庙底沟二期文化和客省庄文化。从文化发展脉络来看，新石器时代关中地区考古学文化具有完整的发展序列，是一支区域系统内持续演进、一脉相承，形成了自身特色的考古学文化型②，也是中华文明起源的主根系之一，对中国古代文明的起源与发展产生了重大影响。

（一）老官台文化

老官台文化（或称为大地湾文化）是目前关中地区发现的最早的新石器文化③，一般认为老官台文化距今8000—7000年，持续了约1000年的时间，属于和磁山文化、裴李岗文化并列发展、相互交流的新石器时代早中期文化。关中地区发现的老官台文化主要遗址有华县元君庙、老官台④、渭南北刘⑤、临潼白家村⑥、宝鸡北首岭⑦等。老官台文化北刘遗址、白家村遗址出土的彩陶是目前黄河流域发现的年代较早的彩陶。老官台文化是探索黄河流域彩陶文化起源的重要文化之一。

（二）仰韶文化半坡类型

仰韶文化半坡类型处于母系氏族的繁荣阶段，分布范围西达甘肃天水⑧，东至河南郑州⑨，北达河套地区⑩，南至汉水上游⑪，是仰韶时期较为强势的一支考古学文化。半坡文化以发达的鱼纹彩陶、杯形口尖底瓶、大型聚落遗址和刻划符号等为主要内涵。半坡类型姜寨遗址一期聚落面积约33600平方米，由居住区、制陶区、中心广场和公共墓地组成，发现100多座房址，分为5个群体，每个群体都有1个大房址作为中心，周围环绕若干小房址，5个群体环绕中心广场，所有房子的门开户均朝向中心广场⑫。

---

① 刘士莪、张洲：《陕西韩城禹门口旧石器时代洞穴遗址》，《史前研究》1984年第1期。
② 杨亚长：《试论"华渭文化区"》，《考古与文物》1998年第4期。
③ 严文明：《黄河流域新石器时代早期文化的新发现》，《考古》1979年第1期。
④ 北京大学考古教研室华县报告编写组：《华县、渭南古代遗址调查与试掘》，《考古学报》1980年第3期。
⑤ 西安半坡博物馆、渭南市博物馆、陕西省考古研究所：《渭南北刘遗址第二、三次发掘简报》，《史前研究》1986年第1、2期合刊。
⑥ 中国社会科学院考古研究所陕西六队：《陕西临潼白家村新石器时代遗址发掘简报》，《考古》1984年第11期。
⑦ 中国社会科学院考古研究所宝鸡工作队：《一九七七年宝鸡北首岭遗址发掘简报》，《考古》1979年第2期。
⑧ 甘肃省博物馆文物工作队：《甘肃秦安大地湾遗址1978至1982年发掘的主要收获》，《文物》1983年第11期。
⑨ 郑州市博物馆：《郑州大河村遗址发掘报告》，《考古学报》1979年第3期。
⑩ 崔璇、斯琴：《内蒙古清水河白泥窑子C、J点发掘简报》，《考古》1988年第2期。
⑪ 魏京武、杨亚长：《南郑县龙岗寺新石器时代遗址》，中国考古学会：《中国考古学年鉴（1985）》，北京：文物出版社，1985年。
⑫ 西安半坡博物馆、陕西省考古研究所等：《姜寨》，北京：文物出版社，1988年。

显然是经过精心设计与布局,体现出社会复杂化进程。仰韶文化半坡类型处于中国旱作农业发展的关键阶段,半坡遗址早期遗存(半坡期)发现了用于农业耕种的石锄和石铲、收割作物的石刀和陶刀、加工谷物的石磨盘和石磨棒,以及被鉴定为驯养动物的家猪、家犬的骨骼化石,并发现了储存的碳化粟粒。这些证据都表明仰韶文化半坡类型阶段的先民已经拥有了作物生产和家畜饲养的生业经济方式,处于狩猎采集向农业经济转变的关键阶段。

(三)仰韶文化庙底沟类型

仰韶文化中期庙底沟类型阶段,杯形口尖底瓶发展成为双唇口尖底瓶,彩陶纹饰以鸟纹和植物花卉纹为主,聚落面积更加广大。高陵杨官寨遗址是庙底沟文化的一处中心聚邑,发现了完整的聚落环壕。环壕平面略呈梯形,周长约 1945 米。环壕内面积 24.5 万平方米,发现房址、公共墓地。环壕西门址附近出土了镂空人面形陶器和陶鼓形器等非实用器,可能与当时人们的宗教祭祀仪式有关[1]。遗址内出土的男祖崇拜和 DNA 检测结果显示,这里可能是以男性为主导的社会,这与张忠培先生判定庙底沟文化已经进入父系氏族社会不谋而合[2],迈出了史前社会向文明社会发展的重要一步。庙底沟文化还是中国北方旱作农业经济社会的确立时期。对庙底沟文化杨官寨遗址、兴乐坊遗址、下河遗址、案板遗址的动、植物考古研究表明,以上诸遗址的生业方式以农耕生产和家畜饲养为主,狩猎采集野生动植物在食物来源中的占比微不足道,说明庙底沟类型阶段完成了由狩猎采集向农耕生产的转变,确立了农耕生产的生业模式,已经是较为成熟的农业经济社会[3]。

庙底沟文化以关中地区为中心,西至湟水流域[4],北至阴山脚下[5],东至华北平原[6],南至长江中游[7]。文化面貌较为一致:庙底沟彩陶的影响力强大且在庙底沟文化分布的主体范围内保持文化特征相对一致。植物考古学的证据也显现出庙底沟文化的相对一致性。在庙底沟文化的核心区域关中地区及晋南豫西诸遗址中,粟是最主要的农作物,稻米普遍存在但占农作物比例很小,而且可能为社会上层人士所食用,也体现出社会群体的等级分化;而在庙底沟文化分布的边缘区域遗址中黍的出土数量和出土概率远大于粟,尚保持着仰韶文化前期的黍多于粟的种植传统,并且部分遗址中未发现稻米遗存,说明庙底沟文化主体区农作物种植趋势

---

[1] 陕西省考古研究院:《陕西高陵杨官寨遗址发掘简报》,《考古与文物》2011 年第 6 期。
[2] 张忠培:《试论东庄村和西王村遗存的文化性质》,《考古》1979 年第 1 期。
[3] 钟华、李新伟、王炜林等:《中原地区庙底沟时期农业生产模式初探》,《第四纪研究》2020 年第 2 期。
[4] 青海省文物考古队:《青海民和阳洼坡遗址试掘简报》,《考古》1984 年第 1 期。
[5] 崔璇、斯琴:《内蒙古清水河白泥窑子 C、J 点发掘简报》,《考古》1988 年第 2 期。
[6] 郑州市大河村遗址博物馆:《郑州大河村遗址 2014—2015 年考古发掘简报》,《华夏考古》2016 年第 3 期。
[7] 中国社会科学院考古研究所湖北工作队:《湖北枝江县关庙山新石器时代遗址发掘简报》,《考古》1981 年第 4 期。

相对一致。这可能与庙底沟文化社会变革之后实力增强对更高产的粟需求程度更高有关[1]，反过来粮食产量的提高又支撑人口规模增加和文化实力增强，推动庙底沟文化向外扩张。而庙底沟文化边缘区相比主体区体现出一定的滞后性。文化影响力强劲：同时期的红山文化、大溪文化、崧泽文化、大汶口文化无不受其影响，是仰韶中期最为强势的考古学文化。韩建业先生将这种庙底沟时代形成的对外施加强力影响且内部交融互联的文化共同体称作"文化上的早期中国"或"早期中国"[2]。

庙底沟文化的大扩张对中华文明的起源、发展产生了深远的影响。一是庙底沟文化的核心区关中地区及晋南豫西属于传说时代以炎黄为始祖的华夏集团的主要活动区域，两者时代大概一致，因此庙底沟文化可能与以黄帝集团为核心的部落联盟有关。庙底沟文化史前第一次大扩张为华夏文明的形成和发展奠定了基础。苏秉琦先生认为华夏之"华（花）"即得名起源于关中地区庙底沟文化彩陶上的"玫瑰花"图案[3]。二是作为中原地区第一个实力空前强大的史前考古学文化，庙底沟文化为以夏王朝为初始的"王国文明"在中原地区的形成和中原文化在中华文明前期保持领先地位奠定了基础，形成了"中国"的雏形。三是庙底沟时代确立的中国北方旱作农业经济形态，为中国农业经济社会的确立和发展奠定了基础。

（四）庙底沟二期文化

庙底沟二期文化是关中地区继仰韶文化之后的考古学文化，分布范围遍布整个关中地区。典型遗址有华阴横阵村[4]，华县泉护村[5]，西安米家崖[6]，武功浒西庄、赵家来[7]，扶风案板[8]。目前学界关于关中地区的庙底沟二期文化主要有两种观点。第一种观点认为关中地区的庙底沟二期时期文化不属于一个考古学文化，主张将西安以东以华阴横阵村龙山早期遗存为代表的典型遗存划为庙底沟二期文化，西安以西以案板遗址第三期遗存为代表的典型遗存命名为"案板三期文化"[9]；第二种观点认为关中地区庙底沟二期文化是一个大的文化系统，东西之间呈现出来的文化差异只是区域文化差异

---

[1] 钟华、李新伟、王炜林等：《中原地区庙底沟时期农业生产模式初探》，《第四纪研究》2020年第2期。
[2] 韩建业：《庙底沟时代与"早期中国"》，《考古》2012年第3期。
[3] 苏秉琦：《华人·龙的传人·中国人——考古寻根记》，沈阳：辽宁大学出版社，1994年。
[4] 中国社会科学院考古研究所陕西工作队：《陕西华阴横阵遗址发掘报告》，《考古》编辑部：《考古学集刊》（第四集），北京：中国社会科学出版社，1984年。
[5] 黄河水库考古队华县队：《陕西华县柳子镇考古发掘简报》，《考古》1959年第2期。
[6] 陕西师范大学历史文化学院、西安市文物保护考古研究院：《陕西西安米家崖遗址2010—2011年度Ⅰ区发掘简报》，《考古与文物》2019年第5期。
[7] 中国社会科学院考古研究所：《武功发掘报告——浒西庄与赵家来遗址》，北京：文物出版社，1988年。
[8] 西北大学文博学院考古专业：《扶风案板遗址发掘报告》，北京：科学出版社，2000年。
[9] 卜工：《庙底沟二期文化的几个问题》，《文物》1990年第2期；王世和、张宏彦、莫枯：《论案板三期文化遗存》，《考古》1987年第10期。

或文化类型问题，构不成独立的考古学文化①。本文比较倾向于第二种观点，特别是第一种观点的核心论点：认为庙底沟遗址二期存在 A、B 群陶器不共生的现象②，经邵晶先生证明并不存在③。

庙底沟二期文化时期，社会生产力提高，农业和家畜饲养业是最主要的生业经济来源。农作物种类和产量增加，案板三期遗存农作物不仅发现了粟、黍和大豆，还发现了小麦和水稻。④ 这种多作物的种植方式不仅提高了农业生产的总产量，还降低了农业生产的危险系数。农业的发展也促进家畜饲养业的发展，案板三期遗存中家猪骨骼占可鉴定骨骼标本的 69.88%，从最小个体数来看，死亡年龄在两岁以下的猪占 75%⑤，表明这些猪是被饲养的且是居民最主要的肉食来源。蓝田新街遗址出土的陶祖⑥ 以及武功浒西庄遗址发现的男子单人葬⑦，表明男子在社会中的地位提高，有人认为庙底沟二期文化时期已处在父权制氏族社会的晚期。⑧

（五）客省庄文化

客省庄文化是关中地区新石器时代末期晚于庙底沟二期文化的一支有自己源流的独立的考古学文化。客省庄文化的典型遗址有华阴横阵村⑨、临潼康家⑩、西安米家崖⑪、太平⑫、长安客省庄⑬、武功赵家来⑭、岐山双庵⑮等。客省庄文化时期，在社会生产力进一步发展的基础上，剩余产品增加，家庭私有制普遍出现。赵家来遗址发现的窑洞院落遗迹内包含一个畜圈遗迹，横阵遗址发现的男女合葬墓，均表明一夫一妻制的

---

① 梁星彭：《试论陕西庙底沟二期文化》，《考古学报》1987 年第 4 期；罗新、田建文：《庙底沟二期文化研究》，《文物季刊》1994 年第 2 期；中国社会科学院考古研究所：《中国考古学·新石器时代卷》，北京：中国社会科学出版社，2010 年。
② 卜工：《庙底沟二期文化的几个问题》，《文物》1990 年第 2 期。
③ 邵晶：《庙底沟遗址"龙山文化"陶器再分析——兼说庙底沟二期文化已进入龙山时代》，《华夏考古》2019 年第 1 期。
④ 刘晓媛：《案板遗址 2012 年发掘植物遗存研究》，西北大学硕士学位论文，2014 年。
⑤ 侯富任、刘斌、钱耀鹏等：《陕西扶风案板遗址的动物资源利用方式研究》，《文博》2021 年第 2 期。
⑥ 陕西省考古研究院：《陕西蓝田新街遗址发掘简报》，《考古与文物》2014 年第 4 期。
⑦ 中国社会科学院考古研究所：《武功发掘报告——浒西庄与赵家来遗址》，北京：文物出版社，1988 年。
⑧ 中国社会科学院考古研究所：《中国考古学·新石器时代卷》，北京：中国社会科学出版社，2010 年。
⑨ 中国社会科学院考古研究所陕西工作队：《陕西华阴横阵遗址发掘报告》，《考古》编辑部：《考古学集刊》（第四集），北京：中国社会科学出版社，1984 年。
⑩ 魏世刚：《陕西临潼康家遗址第一、二次试掘简报》，《史前研究》1985 年第 1 期。
⑪ 陕西师范大学历史文化学院、西安市文物保护考古研究院：《陕西西安米家崖遗址 2010—2011 年度 I 区发掘简报》，《考古与文物》2019 年第 5 期。
⑫ 王小庆：《太平遗址：田野考古数字化的实践与思考》，《中国社会科学报》2023 年 3 月 29 日，第 009 版。
⑬ 中国科学院考古研究所：《沣西发掘报告 1955—1957 年陕西长安县沣西乡考古发掘资料》，北京：文物出版社，1963 年。
⑭ 中国社会科学院考古研究所：《武功发掘报告——浒西庄与赵家来遗址》，北京：文物出版社，1988 年。
⑮ 西安半坡博物馆：《陕西岐山双庵新石器时代遗址》，《考古》编辑部：《考古学集刊》（第三集），北京：中国社会科学出版社，1983 年。

家庭私有制在客省庄文化已普遍出现。

西安太平遗址的发现证明了客省庄文化是有中心聚邑的。太平遗址位于西安市斗门街道太平村东侧，在基本建设过程中发现，于2021年3月开始发掘，是一处客省庄文化时期的大型聚落遗址，也是关中地区发现的龙山时代规模最大的环壕聚落遗址。太平遗址面积约100万平方米，由东西并列的两个规模相当、时代相同的环壕聚落遗址组成，时代约为距今4150—3700年，已经进入了夏文化纪年范围①。随葬玉礼器的高等级墓葬M5、M20，祭祀坑H265和龟甲、卜骨的发现以及合瓦形陶铃的出土，说明客省庄文化已经进入了以礼制为基本特征的早期文明阶段。种种迹象表明，太平遗址是一处级别较高的客省庄文化中心聚邑。

李民先生认为客省庄文化的性质是有扈氏②。宝鸡石鼓山墓地M3出土了一组周初的"户"器，包括一彝二卣③。李学勤先生认为"户"即今陕西户县的"扈"，即夏之有扈氏④。关中地区还发现了其他户器⑤，以及著录的户器⑥，均表明关中地区是户族的重要分布地，至迟在西周初年，户族尚在，只不过逐渐融入周文化族群当中了。启与有扈之间的战争⑦，是夏王朝创建的重要过程，从这个意义上讲，客省庄文化晚期已经迈入了文明门槛，参与创造了以夏王朝为核心的中国王国文明。

二、多元一体：夏商西周

经过上文论述，可以说关中地区在新石器时代晚期，与黄河中游的其他地区一样，迈入了文明的门槛，是中华文明起源和发展的重要区域。客省庄文化以后，关中地区呈现文化类型众多、文化因素复杂、文化交流频繁的多种考古学文化交融发展的局面，尤以西安为界，关中东部和关中西部的文化面貌有一定差异。

进入夏纪年以后，关中东部是老牛坡类型遗存⑧；关中西部则尚未完全走出龙山时代的影响，体现了文化发展具有一定的滞后性⑨。在夏代中晚期，关中东部地区则迅速被二里头三、四期文化所覆盖，典型遗存有华县南沙村H11、H12⑩，元君庙M451⑪，老

---

① 夏商周断代工程专家组：《夏商周断代工程1996—2000年阶段成果报告·简本》，北京：世界图书出版公司北京公司，2000年。
② 李民：《〈尚书〉与古史研究》，郑州：河南人民出版社，1981年。
③ 石鼓山考古队：《陕西宝鸡石鼓山西周墓葬发掘简报》，《文物》2013年第2期。
④ 李学勤：《石鼓山三号墓器铭选释》，《文物》2013年第4期。
⑤ 张天恩：《石鼓山户氏青铜器相关问题简论》，《文物》2015年第1期。
⑥ 李学勤：《石鼓山三号墓器铭选释》，《文物》2013年第4期。
⑦ 《史记》卷二《夏本纪第二》，北京：中华书局，2014年。
⑧ 张天恩：《试论关中东部夏代文化遗存》，《文博》2000年第3期。
⑨ 张天恩：《关中西部夏代文化遗存的探索》，《考古与文物》2000年第3期。
⑩ 北京大学考古教研室华县报告编写组：《华县、渭南古代遗址调查与试掘》，《考古学报》1980年第3期。
⑪ 北京大学历史系考古教研室：《元君庙仰韶墓地》，北京：文物出版社，1983年。

牛坡类型遗存消失。关中西部地区则以"望鲁台—乔家堡类型"[①]为主。

进入商纪年以来，关中东部原先被夏文化所占据的地区迅速被商文化所取代，典型遗址有耀县北村[②]、华县南沙村[③]、西安老牛坡[④]，这一时期商文化因素与郑州二里岗商文化因素较为相似，因此被称为"二里岗类型"商文化[⑤]。大约在稍晚的二里岗上层时期，商文化因素开始进入关中西部地区，形成了礼泉朱马嘴[⑥]、扶风壹家堡[⑦]、岐山王家嘴、京当[⑧]等遗址，被称为"京当型"商文化[⑨]。大约在殷墟二期以后，关中西部的商文化开始退却，先周文化、刘家文化则填补了商文化退却之后的空白。关中东部的老牛坡类型商文化则继续发展，老牛坡遗址成为一个面积约140万平方米的区域中心聚落[⑩]，发现大型夯土建筑基址、高等级贵族墓葬、车马坑以及冶铸、制陶等手工业遗存和大量青铜器[⑪]，是商文化在关中东部的一个重要据点，可能与商人控制使用秦岭中的铜矿及其他资源密切相关[⑫]。在商周之际，老牛坡类型遗存迅速消失。

进入商代以来，关中地区文化面貌更加复杂、文化交流更加频繁，商文化、先周文化、刘家文化交错杂处、此消彼长。正是在这种多文化碰撞、交流、融合的局势下，孕育和诞生了西周文明。"这一凝聚了多种文化优势的结晶，把中国早期文明推向了一个新的发展高峰，并使泾渭地区……一跃而占据了中原文化的核心位置，在相当长的一个时期内，深刻地影响了中国古代历史文化的基本格局"[⑬]。

关中地区既是西周王都之所在，也是周文化的发祥地。80多年来，关中地区发现了极其丰富的西周遗存，极大地推进了西周文明的研究。

[①] 张天恩：《关中西部夏代文化遗存的探索》，《考古与文物》2000年第3期。

[②] 北京大学考古系商周组、陕西省考古研究所：《陕西耀县北村遗址1984年发掘报告》，北京大学考古系：《考古学研究》（二），北京：北京大学出版社，1994年。

[③] 北京大学考古教研室华县报告编写组：《华县、渭南古代遗址调查与试掘》，《考古学报》1980年第3期。

[④] 刘士莪：《老牛坡》，西安：陕西人民出版社，2002年；陕西省考古研究院：《陕西西安老牛坡遗址2010年夏时期墓葬发掘简报》，《考古与文物》2021年第3期。

[⑤] 雷兴山：《对关中地区商文化的几点认识》，《考古与文物》2000年第2期；张天恩：《关中商代文化研究》，北京：文物出版社，2004年。

[⑥] 北京大学考古系商周组、陕西省考古研究所：《陕西礼泉朱马嘴商代遗址试掘简报》，《考古与文物》2000年第5期。

[⑦] 北京大学考古系商周组：《陕西扶风县壹家堡遗址1986年度发掘报告》，北京大学考古系：《考古学研究》（二），北京：北京大学出版社，1994年。

[⑧] 王光永：《陕西省岐山县发现商代铜器》，《文物》1977年第12期。

[⑨] 邹衡：《试论夏文化》，《夏商周考古学论文集》，北京：文物出版社，1980年。

[⑩] 陕西省考古研究院：《西安老牛坡遗址聚落范围调查简报》，《中原文物》2021年第1期。

[⑪] 刘士莪：《老牛坡》。

[⑫] 刘莉、陈星灿：《中国早期国家的形成——从二里头至二里冈时期的中心和边缘之间的关系谈起》，《古代文明》第1卷，北京：文物出版社，2002年。

[⑬] 张天恩：《关中商代文化研究》，北京：文物出版社，2004年。

（一）周原遗址

周原既是周人迁丰以前的都邑，也是西周时期王室宗庙所在地、周召二公封地和大量贵族的聚居地。80多年来，周原遗址发现了极其丰富的周文化遗存，包括西周王室宗庙宫殿遗址、周公采邑、铜器窖藏等遗迹以及青铜器、甲骨文等大量遗物。

周原地区发现的大型建筑基址主要有岐山凤雏建筑群、扶风召陈建筑群、云塘—齐镇建筑群等。截至2018年，岐山凤雏已经发现10组建筑遗址，其中凤雏甲组建筑基址被认为是宗庙遗址，使用年代大约从先周文王时期贯穿整个西周时期。凤雏三号基址平面呈"回"字形，为10组建筑基址中面积最大者，使用年代自西周早期至西周晚期，可能是西周时期的一处社宫遗址。凤雏四号基址是三号基址的附属建筑。凤雏六号至十号基址始建年代从商周之际至西周晚期不等。其中六号基址始建年代最早，十号基址始建年代最晚，六号至十号基址整体废弃于西周晚期。召陈建筑被认为是西周宫室建筑，基址分两层，下层使用年限大约为周初至西周早期晚段，上层使用年限为西周中期至西周晚期。云塘、齐镇建筑遗址同属于一个遗址建筑群，建筑性质是宗庙遗址，建筑使用年代是西周晚期。经过2020年至2021年的考古发掘，还发现了一处先周文化时期大型建筑基址、一座西周初期城址和一座大型西周晚期城址。[1] 这些考古发现都为确认周原遗址是古公亶父所迁的岐邑和西周时期都邑之一提供了坚实的考古资料。

2004年发现的周公庙遗址包含大型建筑基址区和铸铜作坊区等遗存[2]，出土较多甲骨，多片甲骨出现"周公"之名，证实了学者关于周公庙遗址是周公采邑的推论[3]。在周公庙遗址陵坡墓地以南发现了铸铜作坊相关遗址，年代上限可推至先周晚期，证明周人在灭商之前就已掌握了青铜铸造技术。

周原遗址发现的大量铜器窖藏，重要的有1975年岐山董家村窖藏[4]、1976年扶风庄白一号窖藏[5]和2003年眉县杨家村窖藏[6]等。这些西周窖藏青铜器的发现既证明周原是当时大量贵族的居住地，同时也为研究西周政治、经济、思想、文化和社会关系等提供了重要学术资料。特别是1963年出土于宝鸡贾村的何尊[7]，是中国文献上第一

---

[1] 陕西周原考古队：《陕西岐山凤雏村西周建筑基址发掘简报》，《文物》1979年第10期；《扶风召陈西周建筑群基址发掘简报》，《文物》1981年第3期；周原考古队：《陕西扶风县云塘、齐镇西周建筑基址1999—2000年度发掘简报》，《考古》2002年第9期；《周原遗址凤雏三号基址2014年发掘简报》，《中国国家博物馆馆刊》2015年第7期；《陕西宝鸡市周原遗址凤雏六号至十号基址发掘简报》，《考古》2020年第8期；周原考古队：《先周文化大型建筑与西周城址周原遗址首次确认》，《中国文物报》2022年2月25日，第008版。

[2] 徐天进：《周公庙遗址的考古所获及所思》，《文物》2006年第8期。

[3] 曹玮：《太王都邑与周公封邑》，《周原遗址与西周铜器研究》，北京：科学出版社，2004年。

[4] 岐山县文化馆、陕西省文管会：《陕西省岐山县董家村西周铜器窖穴发掘简报》，《文物》1976年第5期。

[5] 陕西周原考古队：《陕西扶风庄白一号西周青铜器窖藏发掘简报》，《文物》1978年第3期。

[6] 陕西省考古研究所、宝鸡市考古工作队、眉县文化馆：《陕西眉县杨家村西周青铜器窖藏发掘简报》，《文物》2003年第6期。

[7] 马承源：《何尊铭文初释》，《文物》1976年第1期。

次出现"中国"字样。

(二)丰镐遗址

文王作丰,武王筑镐。自文王迁丰以来,丰镐二京一直是西周王朝的都城和政治、经济、文化中心,历经西周十二王,伴随着西周王朝的始终。从1933年徐旭生先生调查丰镐遗址至今,80多年的考古工作,考古学家基本搞清楚了丰镐遗址的范围。丰京遗址主要分布在沣西的马王镇,现存面积约8.6平方公里;镐京遗址主要分布在沣东的斗门镇,现存面积约9.2平方公里。[1] 丰镐遗址内涵主要包括大型宫室建筑基址、家族墓地、车马坑以及青铜窖藏等,本文仅对建筑遗迹作一说明。

丰京遗址的大型建筑遗存主要分布在客省庄一带。1977—1978年、1983—1984年先后发现四处大型建筑夯土基址,其中以四号夯土基址最大,面积约为1826平方米。这四组夯土基址是同一组建筑群的遗存,使用年代约为西周早中期之际至晚期前段,持续百余年。镐京五号建筑基址面积最大,整体布局呈"工"字形,分主体建筑和左右附属建筑,总建筑面积1357平方米,主体宫室建筑面积851平方米,是一座重檐式建筑,并与四号建筑组成群组建筑。[2] 五号宫室建筑规模宏伟,发掘者认为是天子宫寝。建筑使用年代约为懿孝时期至西周晚期。五号宫室建筑的发现深化了镐京作为都邑的文化内涵。

除此之外,关中地区还发现了大量西周封国、采邑遗址,如泾阳高家堡戈国墓地[3]、宝鸡石鼓山墓地[4]、(弓鱼)国墓地[5]、微史家族采邑[6]、单氏家族采邑[7]等。这里既有周文化族群,又有非周文化族群,呈现出多元一体的文化面貌。因此,也可以说西周王朝的建立,是以一体多元的方式实现了中国历史上第一个大一统,奠定了中国统一多民族国家的发展基础。

周人通过宗法制度和封建制度,将不同文化族群容纳于一国之下。考古发现证实,除黑龙江、吉林、新疆、青海、西藏、海南、港澳台以外的中国其他行政区划,都发现了西周青铜器。即使在所分封的同姓诸侯国内,西周王朝也采取与当地文化相结合、因地制宜的统治方式。从考古发现来看,西周诸侯国的青铜器往往呈现三种文化面貌,即中原文化因素、地方文化因素和中原地方混合文化因素共存。在宗法制和分封制的

---

[1] 陕西省考古研究院商周考古研究室:《2008—2017年陕西夏商周考古综述》,《考古与文物》2018年第5期。
[2] 陕西省考古研究所:《镐京西周宫室》,西安:西北大学出版社,1995年。
[3] 陕西省考古研究所:《高家堡戈墓》,西安:三秦出版社,1995年。
[4] 石鼓山考古队:《陕西宝鸡石鼓山西周墓葬发掘简报》,《文物》2013年第2期;陕西省考古研究院、宝鸡市考古研究所、宝鸡市渭滨区博物馆:《陕西宝鸡石鼓山商周墓地M4发掘简报》,《文物》2016年第1期。
[5] 卢连成、胡智生:《宝鸡(弓鱼)国墓地》,北京:文物出版社,1988年。
[6] 陕西周原考古队:《陕西扶风庄白一号西周青铜器窖藏发掘简报》,《文物》1978年第3期。
[7] 陕西省考古研究所、宝鸡市考古工作队、眉县文化馆:《陕西眉县杨家村西周青铜器窖藏发掘简报》,《文物》2003年第6期。

基础上，西周王朝统治者逐步推进和完善了礼乐制度。这套以青铜礼器为主要物质载体的等级制度，通过儒家的继承和发扬，最终成为中国封建社会的正统思想和中国传统文化的核心要义。

周王朝开创的"新王国文明"①，创新性地将一体多元统治方式运用于国家治理体系，塑造了中国历史上第一个大一统，深刻影响了中华民族的民族特征和文化基因，是中国统一多民族国家形成和发展的基础，也为秦汉帝国的大一统奠定了基础。

三、华夏一色：秦汉帝国

从夏商周到秦汉，是中国由统一走向争霸再走向统一的历史阶段，在这个历史发展过程中，也是中国由"王国文明"转为"帝国文明"的发展阶段，王国文明最终被以秦朝为代表的帝国文明所取代，中国历史进入了新的纪元。

（一）秦朝

1. 秦咸阳城遗址

咸阳作为秦国和秦王朝的国都，是承载中国王国文明发展为帝国文明的政治平台。其建都上承丰镐二京之利，下启西汉定都长安，在中国古代都城史上具有重要地位和意义。

秦咸阳城考古工作自 20 世纪 50 年代末始，经过 60 余年的努力，初步理清了秦咸阳城的分区与布局。已发掘的咸阳宫一号建筑遗址被认为是咸阳宫宫殿②；二号建筑遗址是咸阳宫宫城中规模最大的殿址，可能是咸阳宫中处理政务的重要宫殿；三号宫殿建筑遗址出土了秦宫殿壁画。壁画题材有车马图、仪仗图、建筑图和麦穗图，是首次发现的秦宫殿壁画，也是中国古代宫殿建筑遗址考古中发现等级最高的壁画③。手工业作坊区在宫殿区西部和西南部，主要分布着铸铜、冶铁、制陶、建材、骨器等遗址④。1961 年、1962 年、1982 年在今长陵火车站附近的作坊区清理 3 处窖藏，出土了见证秦代统一度量衡的始皇二十六年铜诏版和秦二世铜诏版。宗庙位于城南，改变了秦咸阳城之前宗庙一般与都城宫殿区并列的局面，是中国古代都城发展史上的一个重要转折。说明"血缘关系"在国家政治生活中的地位变化，充分体现了中华文明由王国文明向帝国文明转变过程国家政治生活的特点，对秦代以后的都城布局以及都城布局所体现的社会形态变化产生了深远影响。

---

① 张忠培：《渭河流域在中国文明形成与发展中的地位》，《中国国家博物馆馆刊》2014 年第 11 期。
② 秦都咸阳考古工作站：《秦都咸阳第一号宫殿建筑遗址简报》，《文物》1976 年第 11 期。
③ 刘庆柱：《秦都咸阳第三号宫殿建筑遗址壁画考释》，《人文杂志》1980 年第 11 期。
④ 刘庆柱：《论秦咸阳城布局形制及其相关问题》，《文博》1990 年第 5 期。

2. 秦始皇陵遗址

秦始皇帝陵位于西安市临潼区，属于大的秦东陵陵区范围。经过 60 年的考古勘探、发掘、研究，已明确陵园范围、形制与布局，取得了丰硕的研究成果。秦始皇帝陵由陵园、陪葬坑、陵邑等组成，陵区文物遗存分布范围占地面积 60 平方公里，比西汉长安城面积还大，是中国古代规模最大的帝王陵墓。秦始皇陵是中国古代"陵墓若都邑"设计理念的最好体现。

都城和陵墓是中国古代物质文明的最高成就，也是国家政治生活的象征。秦咸阳城和秦始皇陵是秦帝国统一天下、推行郡县制、建立中央集权的历史见证，也是这一时代巨变的历史产物。帝陵制度本身也是皇帝制度的重要组成部分，秦始皇帝陵充分体现了秦始皇创立的皇帝制度的神圣性和排他性。总之，由秦始皇帝所开创的帝陵制度，与它所代表的皇帝制度，沿用两千多年，对中国历史产生了深刻影响。

秦朝的建立是关中地区塑造出来的第二种文明发展形态，即在王国文明的基础上发展的帝国文明，催生了中国第一个中央集权专制国家——秦朝，推动中国历史的车轮滚滚向前。

（二）西汉

西汉是继秦朝之后的中国第二个中央集权大一统帝国。汉承秦制，在秦朝制度的基础上，有所损益，彻底完成了中国大一统。

1. 汉长安城遗址

汉长安城平面布局大致呈方形，位于西安市西北未央区，北距渭河南岸约 2 公里，总面积约 34.39 平方千米。宫殿遗址主要有城内的长乐宫、未央宫、北宫、桂宫、明光宫以及城外的建章宫。20 世纪 80 年代至今主要发掘的宫殿遗址有未央宫、长乐宫、北宫、桂宫和建章宫。未央宫的中央官署建筑遗址出土了 57000 多枚刻字骨签，性质属于地方工官向中央政府进贡物品的档案记录；少府建筑遗址出土了"汤官饮监章"等文字封泥；石渠阁、天禄阁附近分别发现"石渠千秋""天禄阁"等文字瓦当。[1]

礼制性建筑主要有城内高庙建筑遗址和城南礼制建筑群。高庙遗址位于长安城内安门以北、未央宫以东、长乐宫以南，是有汉一代最为重要的宗庙。自汉文帝时起，宗庙开始安排到长安城之外的南郊。长安城南郊的礼制性建筑从西向东分别排列着社稷遗址、"王莽九庙"遗址和明堂辟雍遗址。

2. 西汉帝陵

随着 2021 年汉文帝霸陵经考古勘探确定[2]，西汉十一陵在关中地区的具体位置

---

[1] 徐龙国：《汉长安城考古的收获、进展与思考》，《南方文物》2022 年第 2 期。
[2] 陕西省考古研究院、西安市文物保护考古研究院：《汉文帝霸陵考古调查勘探简报》，《考古与文物》2022 年第 3 期。

都已确定。西汉帝陵可分为两个陵区：咸阳渭北陵区和长安东南陵区。皇帝陵墓和皇后陵墓的同处于一个大陵园之中。西汉帝陵的封土前期平面形制呈长方形。从霸陵窦皇后陵开始，封土形制始变为覆斗形。自此以后西汉帝陵和后陵封土均为覆斗形。帝陵墓室一般呈"亚"字形，墓室东、南、西、北四面各有一条墓道，东墓道为主墓道。西汉帝陵礼制建筑主要为寝殿和便殿组成的寝园。此外，西汉帝陵还有大量的陪葬坑和陪葬墓。汉承秦制，西汉自高帝长陵至宣帝杜陵，均设置陵邑，现已探明的有高帝长陵邑、惠帝安陵邑、景帝阳陵邑、武帝茂陵邑、昭帝平陵邑、宣帝杜陵邑。

西汉帝陵分布范围东西绵延数百里，陵墓规模宏大，陪葬数量众多，体现出帝制时代皇权的强化与突出、经济社会的大发展和国家对社会支配能力的增强。

3. 关中地区西汉时期的其他重要考古发现

（1）凤翔雍山血池祭祀遗址

"国之大事，在祀与戎"。2015年发现的凤翔雍山血池祭祀遗址是秦汉时期国家祭祀遗存的重要考古发现。经过考古发掘，发现了雍山夯土台祭祀遗址、大量祭祀坑、建筑基址、道路与兆沟遗址以及玉人、玉琮、玉璜、玉璋等玉器，车马器等铜器，铁剑、马镳等铁器和瓦当、铺地砖、刻字陶片等陶器大量遗物，文化内涵十分丰富。经过碳14测年和类型学对比的大部分出土器物年代集中在西汉时期。发掘者推测血池遗址是汉高祖刘邦在秦吴阳上畤的基础上续立的北畤，并将秦设立的"雍四畤"整合为血池一处的西汉"雍五畤"。① 作为国家最高等级的祭祀，血池遗址的祭祀对象是天、地及其相关诸神，是国家政治思想和意识形态的物化载体，也是研究中国古代政治观、宇宙观、天命观的重要实物资料，同时反映了汉因秦礼而对其进行改革的历史事实。

（2）丝绸之路考古相关遗存

汉武帝建元三年（前138）、元狩四年（前119）两次派张骞出使西域，史称"凿空"，成为中国官方第一次主动对外交流。张骞出使西域虽然是政治活动，但其客观上促进了东西方之间的文化交流。1965年在西汉长安城遗址一件汉代陶罐内发现13枚带外文铭文的铅饼②，可能是来自西亚或中亚的。汉武帝茂陵陪葬墓霍去病墓前的马踏匈奴、卧马等石雕的塑立，可能与受到中亚希腊化艺术风格的影响有关。丝绸之路的开通，沟通了欧亚大陆东西方文明。从此，中国的丝绸、漆器、铁器、炼钢技术开始传入中亚，并经安息等国传入罗马；而西域的狮子、乐舞、宗教也源源不断地传入中国。西汉成为与罗马帝国并列的两大世界性大帝国。

---

① 陕西省考古研究院、中国国家博物馆、宝鸡市考古研究所等：《陕西凤翔雍山血池秦汉祭祀遗址考古调查与发掘简报》，《考古与文物》2020年第6期。
② 《西安汉城故址出土一批带铭文的铅饼》，《考古》1977年第6期。

总之，西汉在继承秦朝遗产的基础上，进一步推进和完善了由秦所创立的帝制体制，产生了中国帝制时代的第一个发展高峰，促进了东西方之间的沟通与交流，增强了中华文明对世界文明的贡献，是中国帝制时代一个承前启后的朝代。

四、律动世界：大唐盛世

唐代是中国帝国文明发展的新高峰，完善了中国帝制时代的政治体制并将其发展到一个新的高度。

（一）唐长安城遗址

唐长安城继承隋大兴城而来，作为唐帝国的政治、经济、文化中心，犹如帝国的心脏，由此散发出的活力，推动着历史前行。长安城最大的特点是整齐划一，平面布局呈长方形，由宫城、皇城、郭城和各坊、市组成，占地面积84平方公里。经过60多年的考古工作，先后勘探发掘了郭城、大明宫、兴庆宫、曲江池、西市、部分里坊、城内道路、明德门等城门以及青龙寺等城内寺观遗址，极大地促进了对长安城设计思想、内部结构、发展演变、建筑科学和生产生活的研究，使人们对长安城平面遗迹的认识逐渐立体化。

唐代长安城对周边国家的城市营造产生了深刻影响，如日本的藤原、难波、平城、长冈、平安五座京城的布局和形制都是仿照唐长安城，尤其是平城、平安二京，连城内宫殿、城门、道路命名都沿袭唐长安城。唐长安城不仅是中国古代最大的一座都城，也是当时世界上最大、最繁荣的国际性大都市之一，是中国古代文明高度发达的一个象征。

（二）唐代帝陵

唐代共历21帝（包括武则天在内），除唐昭宗李晔和陵在河南偃师、唐哀帝李柷温陵在山东菏泽，其他十八陵皆分布在渭河以北和北山山脉之间的广大渭北地区，东西绵延150公里。唐代帝陵形制经历了由初唐时期"斟酌汉魏"探索阶段到盛唐时期的确立阶段到晚唐时期的衰落阶段[①]，体现了唐帝国由盛转衰的历史进程。

（三）圜丘遗址

唐代长安圜丘遗址位于唐长安城启夏门外、今陕西师范大学雁塔校区南侧，1999年经过发掘，揭露了圜丘的整体形制和平面布局。圜丘遗址总体台高约8米，底层圜台直径52.45—53.15米，建筑规模宏大。根据圜丘台体残存的白灰皮推测，圜丘主体

---

① 张建林：《唐代帝陵陵园形制的发展与演变》，《考古与文物》2013年第5期。

建筑呈白色,彰显出祭祀仪式的庄严神圣。结合文献记载,可知唐代圜丘是在隋代圜丘的基础上沿用,使用时期长达300多年,是隋唐两代皇帝举行祭天仪式的重要礼制建筑,也是研究中国古代礼仪制度和政治思想的重要资料。[①]

唐代长安圜丘还对日本桓武天皇在长冈京南郊设立圜丘以祀天神产生了重大影响,开启了日本冬至祭天郊祀制度的源流。

唐朝在中国帝制时代的高度发达还表现在她的世界性。当唐帝国强盛时,版图东至朝鲜半岛,西达中亚咸海,南到越南顺化,北抵贝加尔湖。唐政府的外交关系十分成熟,和唐朝通使交好的主要国家有70多个。唐中央政府设有鸿胪寺,专门负责对外关系。乾陵陪葬墓章怀太子墓出土的《礼宾图》,即是这一史实的实物见证。日本、朝鲜多次派遣遣唐使进入中国学习,将先进的政治制度、文化、技术传入本国,形成了以唐朝为宗主国的东亚、东南亚汉文化圈。唐朝推行宗教包容的政策,允许其他民族宗教在长安及境内其他地区传播,当时祆教、摩尼教、伊斯兰教、景教等都在长安或地方设立寺庙,"大秦景教流行中国碑"就是这一史实的最好见证。

可以说,唐朝是当时世界政治、经济和文化中心之一。特别是国都长安,不只是单纯的帝国都城,也是中世纪世界的国际化大都市。唐朝将中华文明发展到一个新的高度,使中国成为当时世界文明中心之一。

五、结语

综上所述,考古发现与研究,不但揭示了关中地区是现代人类起源与发展的重要地区,也证实了关中地区在中华文明起源、发展的过程中具有举足轻重的地位。关中地区孕育出来的庙底沟文化,在老官台文化、半坡文化的基础上,发展成为中国史前第一支势力强劲的考古学文化,使得中国大部地区的考古学文化联系成一个文化共同体,形成了文化上的"早期中国"。在龙山时代,关中地区先后经过庙底沟二期文化和客省庄文化的发展,关中地区的文化面貌相对统一,聚落等级现象明显,阶级已经形成,并有中心性聚落,已进入文明的初阶。在客省庄文化晚期,关中地区在与二里头文化的相互交流中,进入文明时期,是中国早期文明诞生的重要区域,同时为西周文明在关中地区的孕育和诞生奠定了基础。西周文明的诞生,将中国古代文明推到了一个新的发展高峰,使关中地区成为中原文化的核心区域,并长时间影响了中国历史文化的走向和格局。西周通过宗法制和封建,奠定了中国统一多民族国家的基础,培育和造就了中国传统文化的思想内核。关中地区孕育出来的秦汉帝国文明,开启了中华文明发展的新形态。秦朝是中国第一个大一统帝国,形成了以汉族为主体的统一多民

[①] 中国社会科学院考古研究所西安唐城工作队:《陕西西安唐长安城圜丘遗址的发掘》,《考古》2000年第7期。

族国家，奠定了中国帝制时代的政治基础。西汉是中国第一个世界性帝国，在秦朝统一的基础上，官方开通了连接东西方的丝绸之路，使中国与世界的联系日益紧密。唐朝将秦汉帝国开创的帝制文明发展到新的高峰，成为当时世界政治、经济和文化中心之一，形成了以唐朝为主的东亚、东南亚汉文化圈，并影响了东亚文明的发展进程，使中国成为世界文明古国中灿烂辉煌的一员。

Chang'an from the Perspective of Archaeology
Li Pengfei, Bi Jingwei
(School of History and Culture, Shaanxi Normal University)

Abstract: As the longest political, economic and cultural center in Chinese history, Chang'an and its surrounding areas have left a large number of cultural heritages such as capital cities, settlements, palaces, imperial tombs, temples, burials and precious cultural relics. These heritages have been restored to the light of day through archaeological excavations, and scientific research has enhanced the historical credibility of Chang'an, enriched its historical connotation, activated its historical scenes, extended its historical axis, reproduced the "Chang'an" before Chang'an and the "Chang'an" outside of ancient documents, and made Chang'an more concrete and vivid.

Key words: Archaeological perspective; Chang'an; Cultural Heritages; outside of Ancient Documents

隋唐长安太极宫形制布局再探讨：以武德殿为中心[*]

罗瑾歆　李晶

（浙大城市学院　艺术与考古学院、西安工程大学　城市规划与市政工程学院）

摘　要：中国古代城市布局模式受《周礼》《礼记》中"三朝"观念影响至深，尤其是南北轴线的"三朝五门"布局。一般认为隋唐时期太极宫由"东西堂"制转变为南北向的"三朝"制。但是通过梳理北魏洛阳、东魏邺城、隋唐洛阳宫，其外朝布局均采用"东西堂"制，唯有隋唐长安太极宫出现缺环。本文通过对隋唐长安太极宫武德殿的形制布局、乾化门与太极宫外朝内宫之分、乾化门与武德门之关系、武德殿的外朝属性进行系统化的解析，重新考证武德殿的位置，从而探究隋唐长安太极宫空间重构的内在机制，进一步探讨魏晋南北朝"太极殿东、西堂制度"与隋唐长安城太极宫布局的关系。

关键词：武德殿；隋唐长安城；太极宫；形制布局

隋唐长安太极宫，即隋大兴宫唐太极宫（以下简称太极宫），位于隋唐长安城的北部中央。太极宫的南宫墙位于西五台—莲湖公园承天门遗址—陕西省人民政府新城黄楼台基一线。[①]南宫墙西抵西安市明清城墙西城墙，明清城墙西城墙即利用隋唐长安太极宫西墙改扩建而成。南宫墙东至尚平路一线。太极宫北宫墙利用外郭城北墙，位于今天西安市自强路以北，东与大明宫遗址南宫墙相连。[②]整座隋唐长安太极宫叠压在现代西安城市下，很难展开田野考古工作。因此，目前学界关于隋唐长安太极宫形制布局的研究主要基于宋敏求《长安志》、徐松《唐两京城坊考》以及吕大防《长安城图》石刻等传世文献与碑刻的记载，从"五门三朝"的礼学视角下对隋唐长安太极宫

---

[*] 本文为教育部人文社会科学研究青年基金项目"中古时期宫城制度的考古学研究"（项目编号：22YJC780001）、陕西师范大学国际长安学研究专项长期项目"隋唐长安宫城考古学研究"（项目编号：22AC08）阶段性成果。

[①] 白海峰：《新城黄楼台基为唐长安城宫城南城垣考》，《文博》2015年第03期，第82—84页。

[②] 中国科学院考古研究所西安唐城发掘队：《唐代长安城考古纪略》，《考古》1963年第11期，第595—611页。

形制布局进行研究。这些研究认为隋唐长安太极宫改变了北魏洛阳宫东西向的太极殿及东西堂布局，确立了南北向中轴线的"三朝"布局。[1] 隋唐时期长安太极宫前朝布局发生了东西向轴线向南北向轴线的转变。同时，学者们也注意到隋洛阳宫城前朝文成殿、乾阳殿、武安殿一主殿二侧殿的布局模仿自魏晋南北朝时期太极殿与东西堂布局。[2] 这样纵向观察宫城布局的演变，北魏洛阳宫太极殿两侧有东西堂，隋大兴宫（即唐太极宫）为南北向布局的"三朝"，隋代洛阳宫前朝重回东西向一主殿二侧殿的布局模式。由北魏至隋洛阳宫中间出现了隋大兴宫（唐太极宫）的缺环。因此，隋唐长安太极宫是否有可能也是东西向一主殿二副殿的布局？

一、武德殿位置考辨

现在学术界一般认为武德殿位于内朝两仪殿东、乾化门东北（见图一）。《玉海》宫室部"武德殿"条引《两京记》明确提出此种观点：

> 武德殿在西内乾化门东北，一云在乾化门之东近北，一云在太极殿东[3]。

但是其注文提供了武德殿两种不同位置的记载。杨鸿年先生早已据《玉海》引文指出武德殿位于太极殿东，有"东殿"之称。[4] 但杨先生并未进一步分析，似乎并未引起学界注意。今笔者试以武德殿位置分析为基础，对隋唐长安太极宫形制布局进行再探讨。

梳理文献，《唐六典》云："虔化之东曰武德西门。"文下注曰"其内有武德殿，有延恩殿"。[5] 宋人宋敏求撰《长安志》则记载："乾化门东曰武德门。"[6] 清人徐松整理《全唐文》后撰《唐两京城坊考》（以下简称《城坊考》）亦采此说："太极殿北曰朱明门，门亦有东西上阁门。其左为虔化门……虔化东为武德门。阁门……又东曰武德殿。"文下注云"殿有东西门，门西与虔化门齐"。[7] 这些记载中，直接影响武德殿位置判断的有两个因素：一为武德殿的形制布局，二为乾化门与武德门之关系。

---

[1] 杨宽：《中国古代都城制度史研究》，上海：上海古籍出版社，1993年，第169—176页；刘敦桢：《六朝时期之东西堂》，《刘敦桢文集》第4卷，北京：中国建筑工业出版社，2007年，第75页；刘敦桢主编：《中国古代建筑史》，北京：中国建筑工业出版社，1984年，第83—85页；李文才：《太极殿与魏晋南北朝政治——附论中堂》，《魏晋南北朝隋唐政治与文化论稿》，北京：世界知识出版社，2006年，第65—66页等。

[2] 傅熹年主编：《中国古代建筑史》第二卷（魏晋南北朝隋唐卷），北京：中国建筑工业出版社，2006年；贾鸿源：《唐代洛阳宫城三朝建筑布局检讨——兼论其对五代及北宋宫城之影响》，《史学月刊》2020年第07期，第40—41页。

[3] （宋）王应麟：《玉海》卷一五九《宫室部·殿上》"武德殿条"，扬州：广陵书社，2016年，第2917页。

[4] 杨鸿年：《隋唐宫廷建筑考》，西安：陕西人民出版社，1992年，第159页。

[5] （唐）李林甫等撰：《唐六典》卷七"尚书工部"，北京：中华书局，1992年，第217页。

[6] （宋）宋敏求：《长安志》，（元）李好文撰：《长安志图》，辛德勇、郎洁点校，西安：三秦出版社，2013年。

[7] （清）徐松撰，李健超增订：《最新增订唐两京城坊考》，西安：三秦出版社，2019年，第4—5页。

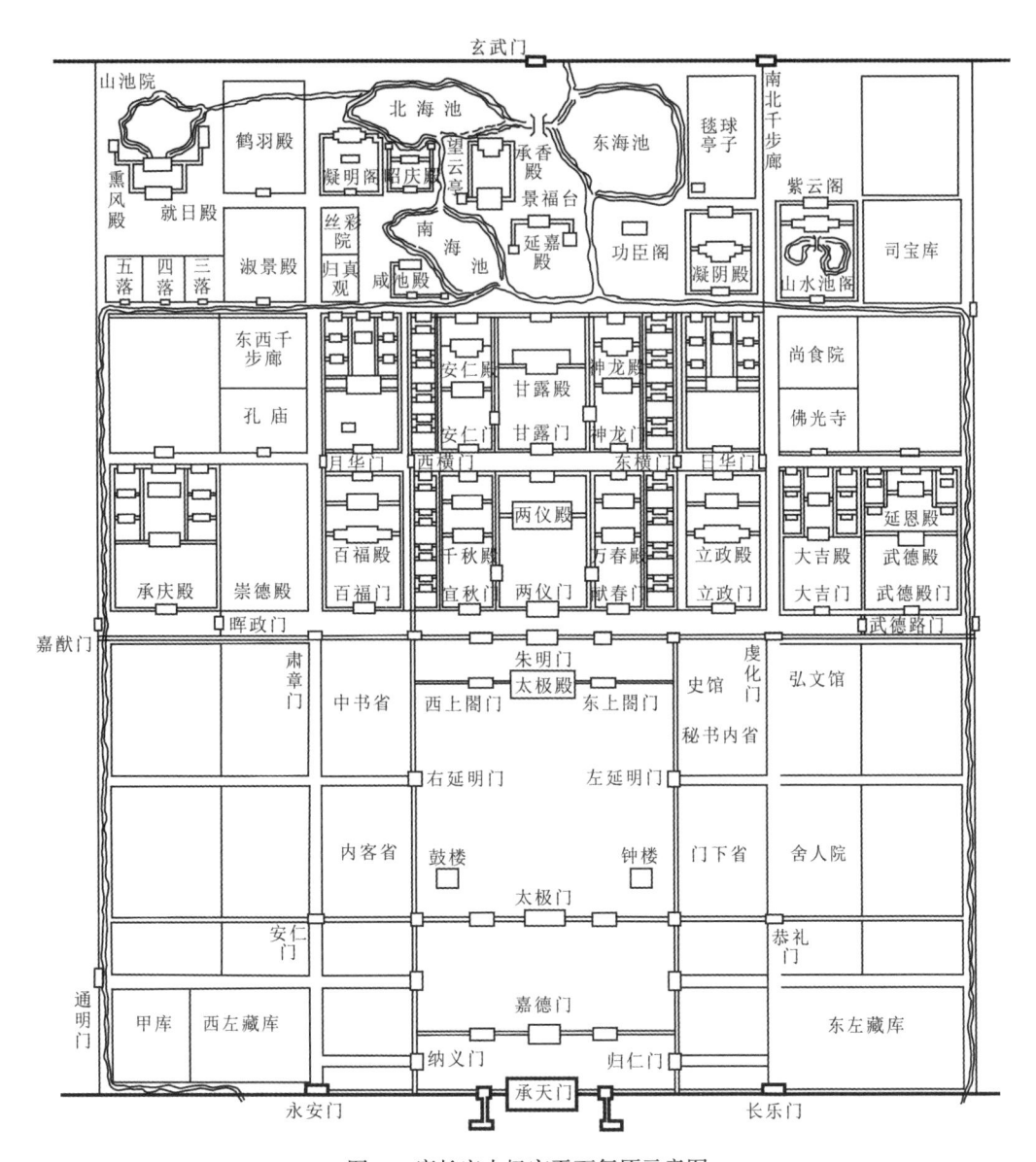

图一　唐长安太极宫平面复原示意图

（改自：傅熹年主编：《中国古代建筑史》第二卷（魏晋南北朝隋唐卷），第385页。）

（一）武德殿的形制布局

隋唐长安太极宫内四合院式宫殿建筑一般殿门[1]与殿同名，如中轴线区域内的太极门与太极殿、两仪门与两仪殿；非中轴线区域的百福门与百福殿、立政门与立政殿等。武德门与武德殿同属于此类四合院式宫殿建筑，可以确定武德门为武德殿的殿门。另外，武德殿还配有后院，是一座两进的院落。如《旧唐书》记载"元吉居武德殿后

---

[1] （唐）李林甫等撰：《唐六典》卷八"城门郎"条，第249页，注云："太极等门为殿门。"

院"①,"武德殿北院火"②。武德殿后院之正殿可能名为延恩殿③。唐高祖武德年间,齐王元吉居于武德后院时,武德殿很可能仍正常使用。按《册府元龟》:"(武德四年)九月癸亥,赐五品以上射于武德殿,赏金银绫绮各有差。"④在齐王元吉居于武德殿后院时,武德殿仍然举行了射礼。武德殿还设置了武德西门与武德东门。《旧书·高宗纪上》:"遣礼部尚书、高阳县男许敬宗每日待诏于武德殿西门。"⑤《册府元龟》:"(贞元

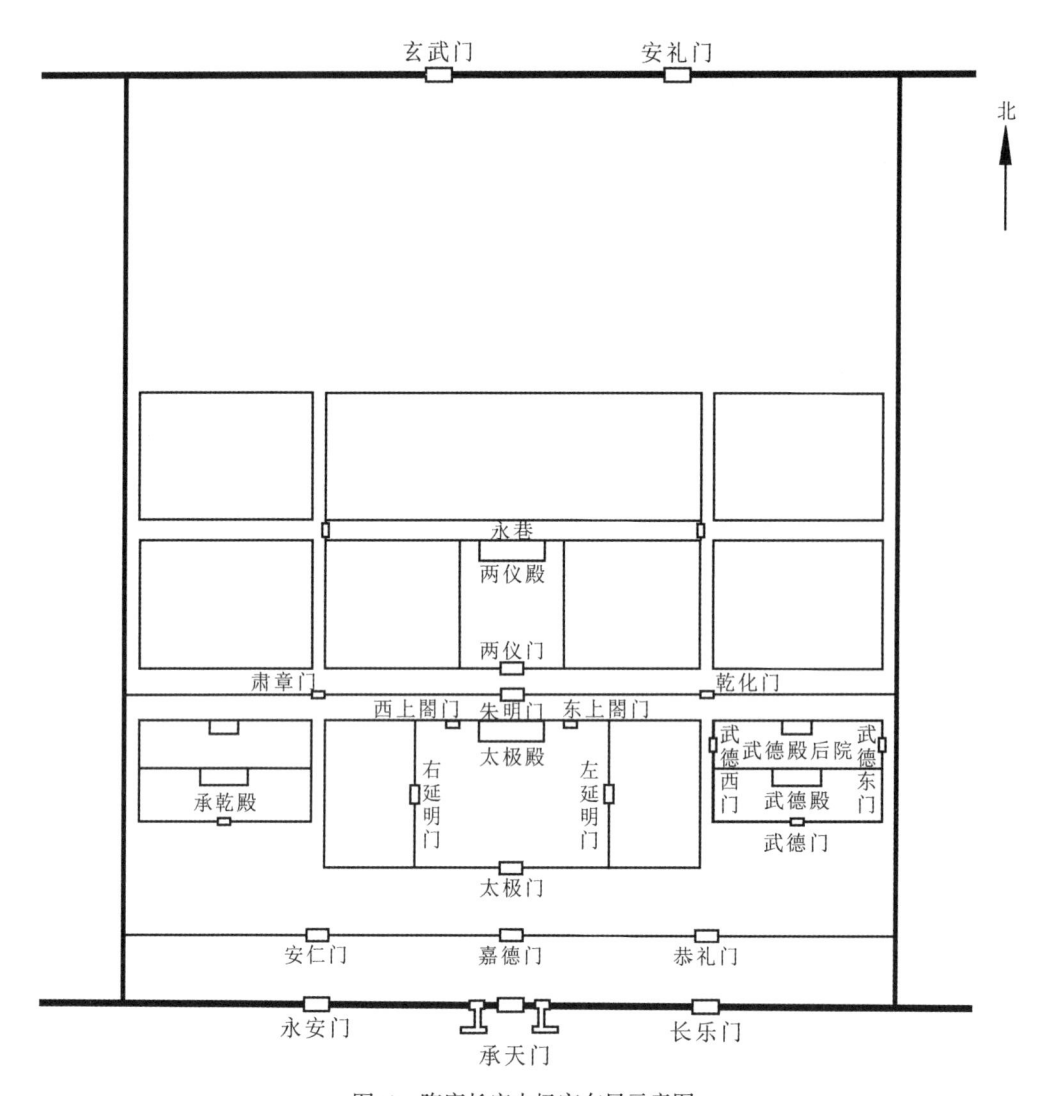

图二 隋唐长安太极宫布局示意图

---

① 《旧唐书》卷六四《高祖二十二子·隐太子建成》,北京:中华书局,1975年,第214—216页。
② 《旧唐书》卷二《太宗纪上》,第31页。
③ (唐)李林甫等撰:《唐六典》卷七"尚书工部",第217页。
④ (宋)王若钦等编:《册府元龟》卷七九帝王部"庆赐"、卷一〇九帝王部"宴享"条同记此事,南京:凤凰出版社,2006年,第866、1189页。
⑤ 《旧唐书》卷四《高宗纪上》,第75页。

四年）三月，自武德东门筑垣约左藏库之北，属太极宫东垣。"①德宗贞元四年从武德东门所筑之墙垣属于太极宫东宫墙的一部分，那么武德东门当位于武德殿东院墙之上。太极宫内的宫殿建筑几乎未见与宫墙共用墙垣之事，不知此处何解。武德东门既然位于武德殿东院墙之上，武德殿西门当与之对称，位于武德殿西院墙。由此可知，武德殿为一组两进式的四合院落，南面为殿门武德门，东西院墙各开一门，分别为武德东门与武德西门（见图二武德殿部分）。

（二）乾化门与太极宫外朝内宫之分

从太极宫布局理念来看，"乾化门—朱明门—肃章门"一线宫门与宫墙建筑是长安太极宫外朝与内宫之间的分界限。称之为"宫内""内宫"。外臣不能随意出入内宫，已出宫开府的皇子轻易也不能进入内宫。《新唐书》记载唐太宗时，晋阳公主与晋王李治年龄最小、关系亲近，"王每出阁，主送至虔化门，泣而别。王胜衣，班于朝，主泣曰：'兄今与群臣同列，不得在内乎？'帝亦为流涕"。②"在内"即在内宫，晋阳公主在乾化门送别晋王李治，指出李治"班于朝""不得在内"，证明乾化门一线实为外朝与内宫的分界线。后宫女性轻易不能进入外朝空间。相应的，朱明门东西两侧的乾化门与肃章门可能有阴阳之分。乾化门为阳性，引晋阳公主送别晋王李治则在乾化门。肃章门为阴性，后宫女性只能由肃章门出入。唐太宗时为文德皇后送葬、唐宪宗时为太皇太后沈氏举哀皆位于肃章门。③神龙三年节愍太子李重俊发动政变时也由肃章门索上官昭容、韦皇后与安乐公主等后宫女性。④

洛阳宫"章善门—显福门"与"乾化门—朱明门—肃章门"的布局与功能相同（见图三）。王世充控制洛阳时，"使其党张绩、董濬守章善、显福二门，宫内杂物，毫厘不得出"，也可从旁佐证。

对于外臣进入内宫，正史称之为"入阁"。根据唐中后期大明宫"入阁"的路线是由宣政殿东、西上阁门入内再经紫宸门入紫宸殿⑤，可以推知隋唐时期长安太极宫"入阁"路线是先经正殿太极殿两侧东、西上阁门⑥，再经过朱明门、两仪门，进入两仪

---

① （宋）王若钦等编：《册府元龟》卷十四帝王部都邑第二，第148页。（宋）王溥：《唐会要》卷七二"军杂录"条，上海：上海古籍出版社，2012年，第1540页，同记此事于贞元四年二月；卷六十六"军器监"条，第1376页，记此事于贞元四年二月。
② 《新唐书》卷八三《太宗二十一女》，北京：中华书局，1975年，第3648页。
③ 《旧唐书》卷六八《段志玄》、卷十四《宪宗上》，第2505、412页。
④ 《旧唐书》卷五一《后妃上·上官昭容》、卷八六《高宗中宗诸子·节愍太子重俊》，第2175、2838页。
⑤ "若御史台每朝会，其长总领属官，谒于天子。……内谒者承旨唤仗入东西阁门，峨冠曳组者皆趋而进，分监察御史一人，立于紫宸屏下，以监其出入。炉烟起，天子负斧扆听政，自螭首龙墀南属于文武班，则侍御史一人，尽得专弹举不如法者。"（宋）李昉撰：《文苑英华》卷八〇七舒元舆《御史台新造中书院记》，北京：中华书局，1966年，第4265—4266页。
⑥ 尽管《唐两京城坊考》记载朱明门东西有上阁门，但比对《唐六典》《长安志》等文本，可考证隋唐长安宫城仅太极殿东西两侧有上阁门。

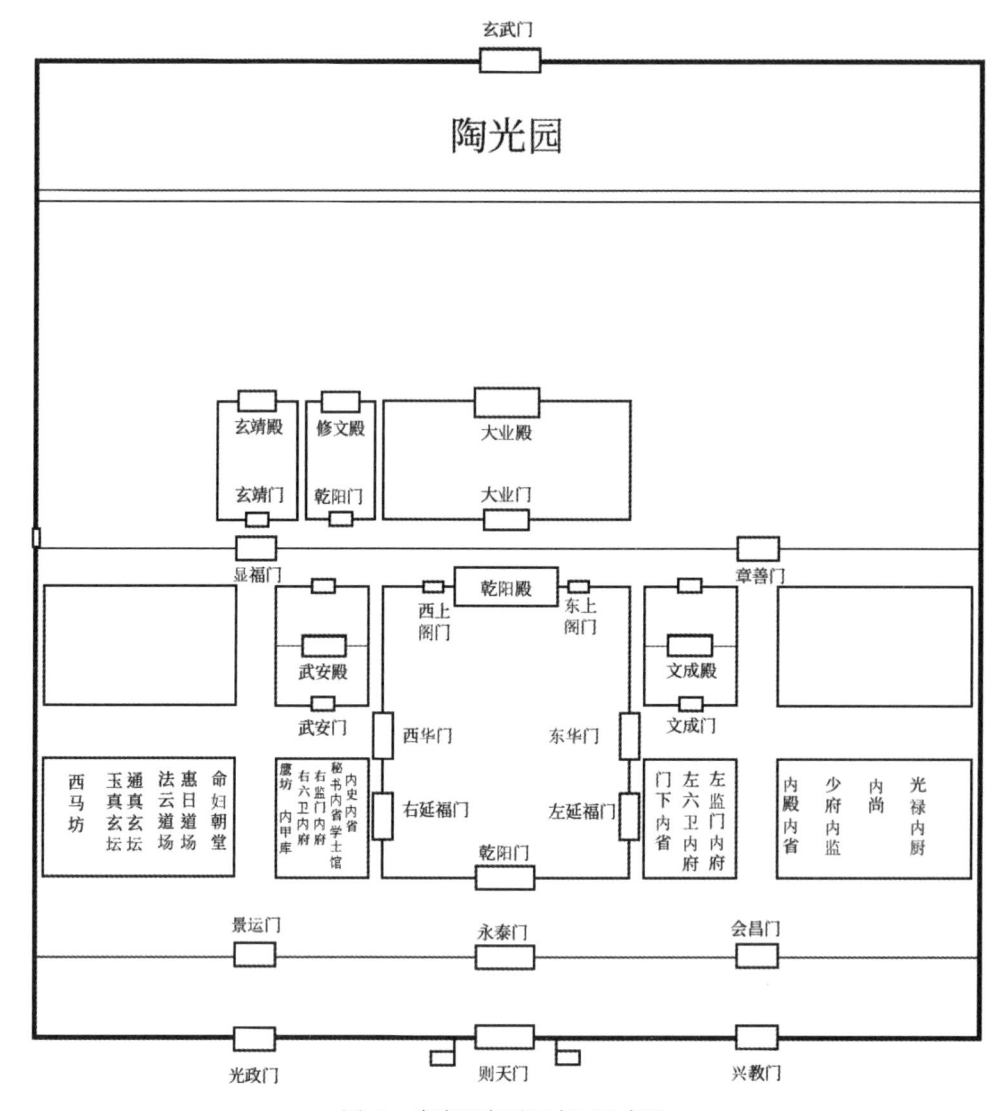

图三　隋洛阳宫平面布局示意图

殿。隋洛阳宫与长安相似,《大业杂记》记载:"乾阳殿西有西上阁,入内宫。"[1] 所以"入阁"亦为进入内宫。

有时外臣会被引入皇帝卧内,《旧唐书·裴寂传》:"高祖视朝,必引与同坐,入阁则延之卧内,言无不从,呼为裴监而不名。当朝贵戚,亲礼莫与为比。"[2] 或在内宫遇见皇后同坐,如《隋书·赵绰传》:"上以绰有诚直之心,每引入阁中,或遇上与皇后同榻,即呼绰坐,评论得失。"[3]《隋书·柳䛒传》:"帝退朝之后,便命入阁,言宴讽

---

[1] （唐）韦述、杜宝撰,辛德勇辑校:《两京新记辑校　大业杂记辑校》,西安:三秦出版社,2006年,第7页。
[2] 《旧唐书》卷五七《裴寂》,第2297页。
[3] 《隋书》卷六二《赵绰》,北京:中华书局,1973年,第1486页。

读，终日而罢。"①《隋书·虞世基传》："帝方凝重，事不庭决，入阁之后，始召世基口授节度。"②二者均指出"入阁"发生于退朝之后。因此，隋至唐初"入阁"是退朝后，天子近臣入内宫议政的殊遇。

（三）乾化门与武德门之关系

《六典》中不见武德门，但云肃章门西为晖政门、乾化门东为武德西门。③《长安志》记乾化门东为武德门，不记晖政门。④《城坊考》则同记晖政门于肃章门西，武德门位于乾化门东，但其注又云"（武德）殿有东西门，门西与虔化门齐"⑤，似有自相矛盾之处。但总体而言，《六典》《长安志》与《城坊考》共同构成了长安太极宫形制的一种复原方案：太极殿与两仪殿间的宫墙上共有五座宫门，自西向东分别为晖政门、肃章门、朱明门、乾化门、武德门。

城门在唐代有严格的分类，将长安城的城门分为京城门、皇城门、太极宫门三类，太极宫各门又分为太极宫门、宫门、殿门、通内门四类。⑥乾化门与嘉德门同为宫门，武德门与太极门同为殿门。从制度角度来讲，宫门与殿门不应当设于同一宫墙上，尤其是殿门不当设于外朝与内宫界墙上。

大明宫含元殿"如承天之制"⑦，证明长安太极宫确为营建大明宫的摹本。根据大明宫的考古发现来看，中轴线建筑东西两侧各有一座宫门，而非各两座宫门。含元殿东西两侧各有一道宫墙，保存情况较好，仅在与含元殿基址相接处分别残缺70—80米。这两道宫墙上东西距离含元殿基址约300米各有一处门址，据推测含元殿西侧宫门为昭庆门，东侧宫门为含耀门。含耀门以东620米处，距离东夹城东墙约70米处还有一座规模较小的门址。⑧根据后来大明宫考古调查与发掘的情况来看，这座较小的门址西侧很可能有一道南北向的宫墙，这座小门应当位于大明宫东夹城内。所以含元殿东西两侧分别只有一座宫门。含元殿以北的宣政殿东西两侧也各有一道宫墙，东宫墙破坏严重，西宫墙保存状况很好，仅在靠近宣政殿西侧位置残缺了30余米。⑨在20世纪50年代发掘大明宫时，宣政殿西侧未发现宫门。但是根据2007—2010年配合大明宫遗址考古公园建设考古调查的探测图来看，宣政殿西侧、与昭庆门南北相对的位

---

① 《隋书》卷五八《柳䛒》，第1423页。
② 《隋书》卷六七《虞世基》，第1572页。
③ （唐）李林甫等撰：《唐六典》卷八"城门郎"条，第217页。
④ （宋）宋敏求撰：《长安志》，（元）李好文撰：《长安志图》，辛德勇、郎洁点校，第233页。
⑤ （清）徐松撰，李健超增订：《最新增订唐两京城坊考》，第4—5页。
⑥ （唐）李林甫等撰：《唐六典》卷八"城门郎"条，第250页，注云："明德等门为京城门，朱雀等门为皇城门，承天等为宫城门，嘉德等门为宫门，太极等门为殿门，通内等门并同上阁门。"
⑦ （唐）李林甫等撰：《唐六典》卷八"城门郎"条，第218页；（宋）宋敏求撰：《长安志》，（元）李好文撰：《长安志图》，辛德勇、郎洁点校，第239—240页。
⑧ 中国科学院考古研究所：《唐长安大明宫》，北京：科学出版社，1959年，第10—11页。
⑨ 中国科学院考古研究所：《唐长安大明宫》，第11—12页。

置很可能有一座宫门。①与之相对，宣政殿东侧，与含耀门相对的位置也应当有一座宫门。宣政殿东西两侧也分别只有一座宫门。

不仅唐长安大明宫如此，隋唐洛阳宫亦采此制。按《大业杂记》记载，隋洛阳宫以则天门、永泰门、乾阳门、乾阳殿、大业门、大业殿为中轴线建筑。则天门东为兴教门、西为光政门，永泰门东为会昌门、西为景运门，会昌门北对章善门、景运门北对显福门，章善门、显福门分别位于乾阳殿东北、西北。②唐代洛阳宫中轴线上的乾阳殿经过多次改建，但是中轴线建筑东西两侧的兴教门、光政门、会昌门、景运门、章善门、显福门一直沿用至唐末。由此可以确认隋唐时期洛阳宫中轴线建筑东西两侧也各自仅设一座宫门。隋唐时期洛阳宫虽然有多次改建经历，但是隋洛阳宫同为隋宇文恺规划设计，可与隋唐长安太极宫类比。长安太极宫的中轴线建筑东西两侧也应当各自仅设一座宫门。也就是说，朱明门东西两侧仅有乾化门、肃章门，三者同为宫门。乾化门东、肃章门西并无武德门与晖政门，后两者当为殿门。

（四）武德殿的外朝属性

据文献记载武德殿的使用情况，隋文帝至唐玄宗时期，武德殿是举行百官大射、射等礼仪活动，以及宴请百官、达头可汗使者、耆旧、吐蕃使者等活动的场所。贞观年间，唐太宗巡幸东都洛阳，皇太子留守长安时曾居于武德殿。③唐高宗时期高侃执车鼻可汗曾献于武德殿。安史之乱以后大明宫成为唐代帝王日常起居视朝的场所，武德殿基本不见于记载。自僖宗朝黄巢起义后，诸道官兵以勤王名义进入长安，长安宫苑、宅第遭到数次掠夺与破坏。僖宗从凤翔还京时重新移居太极宫，武德殿方重新见于记载。此后僖宗崩于武德殿，昭宗在武德殿受朝贺、改元、大赦。因此可见，武德殿在隋唐时期是举行政治活动和礼仪活动的重要场所，兼具政治性与礼制性。

此类活动会有大量外臣参与，尤其是大业四年，隋炀帝"宴耆旧四百人于武德殿"④，很难相信会将宴请"耆旧四百人"的场所设于内宫。两《唐书》中有许敬宗待诏武德殿西门⑤、李义府等人在武德殿内修书⑥，即《东殿新书》的记载。至少在唐高宗时期，武德殿是一座日常使用的宫内官署建筑。同时，武德殿也与许多重大政治事件直接相关。隋文帝废太子勇时，"戎服陈兵，御武德殿，集百官"⑦，在武德殿集合百官

---

① 中国社会科学院考古研究所陕西第一工作队：《西安市唐大明宫遗址考古新收获》，《考古》2012年第11期，第3—6页。
② （唐）韦述、杜宝撰，辛德勇辑校：《两京新记辑校　大业杂记辑校》，第7—9页。
③ （唐）杨炯：《庭菊赋》，《全唐文》卷一九〇，北京：中华书局，1983年，第1921页，"天子幸于东都。皇储监守于武德之殿"。
④ 《隋书》卷三《炀帝上》，第72页。
⑤ 《新唐书》卷二二三《奸臣上·许敬宗传》，第6336页。
⑥ 《旧唐书》卷七二《李安期传》，第2577页。
⑦ 《隋书》卷四五《房陵王勇》，第1236页。

与军队。唐高祖武德年间，齐王李元吉居住在武德后院，秦王李世民住在与武德殿对称的承乾殿，二者都是玄武门之变的参与者之一。李元吉与李世民作为成年皇子与朝臣，即便居于太极宫内，也应当与内宫隔离。

最重要的是在义宁元年（617）十一月，隋恭帝"诏（唐）高祖假黄钺、使持节、大都督内外诸军事、大丞相，进封唐王，总录万机。以武德殿为丞相府，改教为令"。① 隋恭帝仍居大兴宫受朝，大丞相李渊则同居大兴宫武德殿理政。若武德殿位于乾化门东北，意味着大丞相李渊与隋恭帝共同于内宫起居，这并不符合礼制。若武德殿位于太极殿东，李渊只需如王世充一般使人守住乾化门与肃章门，即可控制内宫。因此，李渊所居丞相府武德殿必不能位于乾化门东北。

另外，西汉以来丞相府大都居宫城东侧。如颜师古注《汉书》卷八四《翟方进传》引《汉旧仪》云"丞相有病，皇帝法驾亲至问疾，从西门入"。西汉时期因天子通常由未央宫东阙出入，所以入西门当指丞相府西门，与未央宫东阙东西相对，丞相府当位于未央宫东侧。② 东汉不同时期司徒等三公府的位置不同。光武帝时期，三公府应当位于南宫东门附近，司徒府与东阙相对。③ 东汉时三公即为丞相。④ 曹魏时期，曹操似以丞相府的形制营建邺城宫室。⑤ 汉献帝迎娶曹操二女的使者"诣魏公宫延秋门，迎贵人升车"⑥，即由邺宫西门延秋门入内，仍保留了西汉皇帝由丞相府西门进入的旧俗。⑦

这意味着李渊之所以选择武德殿为丞相府，很有可能仍遵循了西汉以来丞相府位于太极宫东侧的旧例。西汉时期丞相府有百官朝会殿与听事阁，曹魏邺宫亦有听政殿，均为外朝宫殿建筑。因此，隋末作为丞相府的武德殿应当位于太极宫外朝正殿太极殿以东。

李渊以太极宫内武德殿为丞相府并非孤例。先天元年，唐睿宗以太上皇身份受朝于太极殿，仍居内宫；其子唐玄宗居于武德殿视朝。⑧ 先天二年政变时，唐玄宗率高力士、李守德等人"出武德殿，入虔化门。枭常元楷、李慈于北阙"⑨，北阙指玄武门。过去研究中，一般将武德门置于乾化门东，与乾化门位于同一宫墙上，以此来解决武德殿位于乾化门内，可由武德殿直抵玄武门，与这条记载中玄宗等人先"出武德殿"，后"入虔化门"之间的矛盾。但从上文武德殿形制布局可知，武德殿仍有武德西门。

---

① 《旧唐书》卷一《高祖》，第4页。
② 宋杰：《西汉长安的丞相府》，《中国史研究》2010年第03期，第37—73页。
③ 杨宽、张鸣华、宋杰：《西汉长安的丞相府》，《中国史研究》2010年第03期，第37—73页。
④ 祝总斌：《两汉魏晋南北朝宰相制度研究》，北京：中国社会科学出版社，1990年。
⑤ 邱海文：《曹魏邺都宫城营建理念新探》，《城市规划》2021年第45卷第11期，第66—68页。
⑥ 《三国志》卷一《魏书一·武帝纪》，裴松之引《献帝起居注》，北京：中华书局，1982年，第42页。
⑦ 邱海文：《曹魏邺都宫城营建理念新探》，第68页。
⑧ 《旧唐书》卷七《睿宗》、卷八《玄宗》，第160、169页。
⑨ 《旧唐书》卷八《玄宗》，第169页。

太极宫内门禁森严，夜间宫门紧闭，轻易不能出入。①在宫廷政变的危急时刻，玄宗已然位于乾化门内，他率领亲信十数人可以从武德西门直取玄武门，为何要绕道乾化门、在乾化门经过严密的门禁检查、再前往玄武门？若武德殿位于太极殿东，乾化门就成为武德殿至玄武门的必经之路。也更符合文献记载的路线。

综上所述，"乾化门—朱明门—肃章门"一线宫墙上仅有三座宫门，而非五座宫门。从乾化门与武德门性质来看，前者为宫门，后者为殿门，二者属性不同，不应当并列设置。武德门应当独立于乾化门。隋唐长安太极宫的布局方面，"乾化门—朱明门—肃章门"一线为外朝与内宫的分界线。外臣及皇子不能随意进入内宫。乾化门东北即属于内宫。从武德殿的使用情况来看，武德殿是隋唐时期外朝一座兼具礼仪性与政治性且日常使用的宫殿。因此，武德殿应当位于太极殿东，而非乾化门东北。

二、隋唐长安太极宫布局的再认识

（一）武德殿与隋唐长安太极宫布局的关系

学界一般认为隋唐长安太极宫根据《周礼》《礼记》中"三朝"观念，以中轴线建筑承天门、太极殿、两仪殿为外朝、中朝、内朝自南向北分布，改变了魏晋南北朝时期太极殿东、西堂制度，使太极宫中轴线区域的议政空间由东西向转为南北向。②但实际上，如果关注这一结论中武德殿的位置，就会发现它位于"内朝"两仪殿的东侧。相应地，与武德殿对称的承乾殿位于两仪殿的西侧。

根据上文重新考证武德殿的位置，武德殿与承乾殿应当分列于太极殿的东、西两侧。既然隋洛阳宫中轴线建筑文成殿与武安殿分别位于正殿乾阳殿东西两侧，其布局理念来源于魏晋南北朝宫城太极殿东、西堂制度③，隋唐长安太极宫太极殿东西两侧设武德殿、承乾殿的布局理念也应当源自魏晋南北朝宫城太极殿东、西堂制度。

从时间轴纵向观察，隋唐长安太极宫"武德殿—太极殿—承乾殿"的布局模式补齐了魏晋南北朝时期太极殿东、西堂制度与隋洛阳宫"文成殿—乾阳殿—武安殿"布局模式之间的缺环。可以说隋洛阳宫布局是在隋唐长安太极宫的基础上改建而来。

因此，武德殿位置认识的变化，从某种程度上改变了对隋唐长安太极宫布局的认识。

---

① 罗彤华：《唐代宫廷的门禁制度》，《唐研究》第二十六卷，北京：北京大学出版社，2021年，第353—398页。
② 刘敦桢：《中国古代建筑史》，北京：中国建筑工业出版社，1984年，第94页。
③ 傅熹年主编：《中国古代建筑史》第二卷；贾鸿源：《唐代洛阳宫城三朝建筑布局检讨——兼论其对五代及北宋宫城之影响》，《史学月刊》2020年第07期，第40—41页。

（二）隋唐长安太极宫布局的源流

比较隋唐长安太极宫中轴线区域与目前已经过考古发掘的北魏洛阳宫轴线区域（见图四）：第一，隋唐长安太极宫正门承天门，门外设有双阙；北魏洛阳宫阊阖门亦为阙门。第二，隋唐长安太极宫正门承天门与正殿太极殿之间有两道门，第一道为宫门嘉德，第二道为殿门太极门；北魏洛阳宫阊阖门与太极殿之间亦有两道门，第一道门为止车门，第二道为端门。尽管从宫门命名方式难以看出端门与太极殿之间的直接联系，但是从空间布局关系来看，端门确实与太极殿构成一座封闭式四合院，太极殿东西廊庑有云龙门与神虎门，二者皆为阙门。相应地，隋唐长安太极宫太极

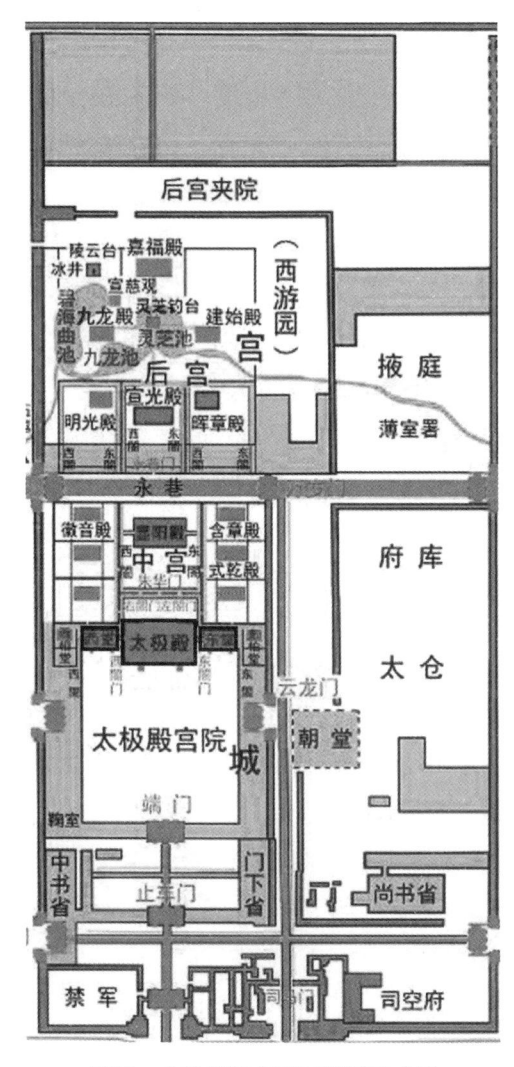

图四　北魏洛阳宫平面复原示意图

（改自钱国祥：《北魏洛阳宫的空间格局复原研究——北魏洛阳城遗址复原研究之三》，《华夏考古》2020 年第 05 期，第 86—96 页。）

殿东西廊庑亦设左、右延明门。虽然左、右延明门形制恐怕并非阙门，但是隋唐长安太极殿东西廊庑分别设门的布局与北魏洛阳太极殿东西廊庑设门的布局一致。第三，隋唐长安太极宫太极殿以北正对内朝两仪殿；魏晋南北朝宫城太极殿以北正对皇帝寝殿显阳殿。文献记载北魏显阳殿以南、太极殿以北有朱华门。而隋唐长安太极宫太极殿与两仪殿之间有朱明门、两仪门两道门。这两者略有不同。不过，二者太极殿以南为外朝、太极殿以北为内宫的"外朝—内宫"布局理念一脉相承、并未发生改变。

根据考古发掘简报，北魏时期太极殿和东堂的基址下叠压着西晋和曹魏时期的台基。可以确定曹魏、西晋、北魏时期，宫城外朝正殿均采用太极殿、东西堂制度。

文献亦可证之。魏明帝青龙三年（235）"大治洛阳宫，起昭阳、太极殿，筑总章观"。[1] 始兴建太极殿。同书《高贵乡公髦纪》记载"太极东堂"："遂步至太极东堂，见于太后。"[2] 曹魏都洛阳时期即已形成太极殿、东西堂的形制布局。西晋孝怀帝"及即位，始遵旧制，临太极殿，使尚书郎读时令，又于东堂听政"。[3] 东晋明帝、成帝等纪传亦有太极殿、太极东堂的记载。可知两晋时期亦沿用太极殿及东西堂制度。按《邺都宫室志》记载，东魏北齐宫城正殿太极殿两侧亦有东西堂。[4]

因此，太极殿东西堂制度由曹魏始建，延续整个魏晋南北朝时期。隋大兴宫（唐太极宫）在其基础上进行的改建，将"东、西堂"变为"东、西殿"，使武德殿与承乾殿分别位于太极宫长乐门街以东与永安门街以西。隋洛阳宫继承了隋大兴宫"东、西殿"的制度，并将乾阳殿东、西两侧的文成殿与武安殿置于兴教门以西、光政门以东的区域，"东、西殿"重新聚合在太极宫中轴线核心区。与隋文帝时期兴建的隋大兴宫相比，隋炀帝兴建的隋洛阳宫中轴线核心区域的布局呈现出权力重新向皇帝集中的特征。

三、结语

确如前人所总结的那样，魏晋南北朝时期宫城布局理念是隋唐长安太极宫布局理念的直接来源。[5] 但是这不仅限于隋唐长安太极宫"承天门—太极殿—两仪殿"组成的南北向中轴线建筑直接继承了魏晋南北朝太极宫南北向轴线建筑"阊阖门—太极殿—显阳殿"所构建的"外朝—内宫"的布局理念。与此同时，隋唐长安太极宫前朝

---

[1] 《三国志》卷三《魏书·明帝纪》，第91页。
[2] 《三国志》卷四《魏书·高贵乡公髦纪》，第131页。
[3] 《晋书》卷六《明帝纪》、卷七《成帝纪》等，北京：中华书局，1974年，第125、172页等。
[4] 刘敦桢先生在《中国古代建筑史》中认为东魏太极殿两侧有东西堂，其东西侧又有含元殿与凉风殿。笔者复查《邺都宫室志》，未见东魏含元殿之记载，仅有含光殿与凉风殿在太极殿北昭阳殿东西侧。
[5] 钱国祥：《北魏洛阳宫城的空间格局复原研究——北魏洛阳城遗址复原研究之三》，第86—96页。

东西向的"武德—太极殿—承乾殿"的形制布局也继承了魏晋南北朝太极殿东、西堂制度。从魏晋南北朝时期太极殿与东、西堂，隋唐长安城太极殿东西侧的武德殿与承乾殿，再到隋唐洛阳宫乾阳殿东西侧的文成殿与武安殿。魏晋南北朝至隋唐时期，宫城外朝正殿的形制布局形成了一个完整的演变序列。

更进一步可以推断，从魏晋南北朝太极宫到隋唐长安太极宫，轴线区域礼制建筑的空间布局并未发生实质性改变，二者一脉相承。而从太极宫布局的整体结构来看，魏晋南北朝宫城到隋唐长安太极宫布局真正的转变在于由骈列制太极宫转变为单一中轴线制太极宫[1]。隋唐长安太极宫所采用的单一中轴线制度，确立了唐宋以降太极宫布局形制的新范式。

Re-interpretation of the Shape and Layout of the Taiji Palace in the Sui and Tang Dynasties: A Case Study of the Wude Hall

Luo Qinxin[1], Li Jing[2]

[1] School of Art and Archaeology, City College of Zhejiang University
[2] School of Urban Planning and Municipal Engineering, Xi'an Polytechnic University

Abstract: The layout of ancient Chinese cities was deeply influenced by the concept of "three courts" in *the Rites of Zhou* and *the Book of Rites*, especially the layout of "three courts and five gates" on the north-south axis. It is generally believed that the Taiji Palace in the Sui and Tang Dynasties was the transition from the "east and west hall" system on the east-west axis to the "three courts" system on the south-north axis. However, by sorting out the imperial palaces of Luoyang in the Northern Wei Dynasty, the palaces of Yecheng in the Eastern Wei Dynasty, and the imperial palaces in Luoyang during the Sui and Tang Dynasties, it is found that the layout of the outer court all adopted the "east and west hall" system, and only the Taiji Palace in Chang'an in the Sui and Tang dynasties was the exception. Through systematic analysis of the layout of the Wude Hall of the Taiji Palace in the Sui and Tang Dynasties, the Qianhua Gate's division of the outer and the inner court of the Taiji Palace, the relationship between the Qianhua Gate and the Wude Gate, and the outer court nature of the Wude Hall, this study re-examined the location of the Wude Hall, and thus explored the internal mechanism of space reconstruction of the Taiji Palace in the Sui and Tang Dynasties.

---

[1] 郭湖生：《魏晋南北朝至隋唐宫室制度沿革——兼论日本平城京的宫室制度》，《东南文化》1990年第Z1期，第14—20页。

It further discussed the relationship between the "east and west system" of the Taiji Palace in the Wei, Jin and the Southern and Northern Dynasties and the layout of the Taiji Palace in the Sui and Tang Dynasties.

Key words: the Wude Hall; Chang'an City in the Sui and Tang Dynasties; the Taiji Palace; layout

北宋士人对唐长安城的历史书写

——以《长安图》《长安志》和《游城南记》为中心

马 森

（陕西师范大学 西北历史环境与经济社会发展研究院）

摘 要：北宋士人围绕唐长安城进行了一系列活动，重新认识了这座前朝旧都，这些活动可能出于不同的目的和处境，但他们存留下来的诸多文献成为后人研究唐宋长安城的重要材料。在城市面貌的书写中，宋敏求《长安志》、吕大防《长安图》和张礼《游城南记》在山水城市格局、城市内部空间和城南景观三个空间尺度上对唐代长安进行构建。本文以这三种文献为主要材料，尝试着理解宋代士人对唐长安城市空间的表达以及情感抒发，大致可以看出作为知识阶层的代表，宋敏求、吕大防和张礼，他们对唐代长安历史知识的了解相差并不明显，却产生了两种差别很大的城市书写：《长安志》和《长安图》展示的是一个秩序谨严且丰富多元的前朝都城，《游城南记》则是对唐代知识阶层活动场所的访古和探寻。究其原因，尽管宋敏求、吕大防和张礼面对唐代长安这一地理空间有不一样的反应，但这些行为的出发点都源于他们的士人身份。

关键词：士人；唐长安城；历史书写；秩序建构；身份认同

较之隋唐长安城，北宋时期长安城的城区范围仅保留有原唐长安城皇城这一部分，面积不足唐代城区面积的十六分之一[1]，唐时属于城内的大片区域到北宋时期已变成城外。据宋敏求《长安志》记载"唐大明宫，在县东北五里。……南内兴庆宫，在县东南五里"[2]。不仅仅是相对空间的转移，唐长安城在宋代时期表现得无比萧条和悲凉，汉唐旧迹几乎无处可寻，尽是黍离麦秀，一片荒草萋萋。陆游《老学

---

[1] 杨德泉：《试谈宋代的长安》，《陕西师大学报（哲学社会科学版）》1983年第4期，第102—110页。
[2] （宋）宋敏求：《长安志》，阎琦、李福标、姚敏杰校点，西安：三秦出版社，2013年，第220页。

庵笔记》载:"长安民契券,至有云'某处至花萼楼,某处至含元殿'者,盖尽为禾黍矣。"①

伴随着城区面积的大幅度缩小,时人对长安的历史知识也在急剧衰减。宋敏求记载兴庆宫内龙池时,言:"本以坊名为池,俗呼'五王子池',置宫后谓之龙池……今雍人相传呼为景龙池,非是。"②又张礼《游城南记》提及"炭谷"时,言:"或曰炭谷本太乙谷,土人语急,连呼之耳。"③据皮庆生考证,太乙谷之名是宋初当地道士有意编造太一宫历史时用以取代炭谷的称呼,并非炭谷本名太乙谷④。如此可见宋元时期长安人对长安地区汉唐旧迹、故事所知有限,地理知识随着时代的远去而逐渐模糊。

长安城(大兴城)作为隋唐时期的国都,自李唐亡国后,便结束了其作为中国传统社会大一统王朝都城的历史。经过唐末五代战火的长安,无论是规模大小、人口多寡、经济状况、文化水平、军事地位等诸多方面都不能再与隋唐时期相提并论。作为一个地理实体,宋代的长安自然无法与历史时期的唐长安相比拟,但是从文化景观上而言,北宋时人眼中的长安不仅仅是具体的物理空间,还包涵着此空间中的历史文化意蕴。阙维民、吴宏岐等提出历史地理学不仅要研究和复原区域地理环境的历史景观,还要研究往日地理的感知和往日人类的思想意识⑤。北宋如何看待和书写这处前朝旧都,是一个值得思考的话题。

尽管北宋士人仍活动在唐代长安所处的空间范围之中,但是对他们而言,唐代长安——这座前朝旧都完全成为了一座陌生的城市,一座仅存在历史记忆中的城市。北宋士人通过一系列活动重新认识历史上的长安城,并存留下诸多文献,成为后世研究唐宋长安城的重要资料,其中宋敏求《长安志》、吕大防《长安图》和张礼《游城南记》是其中价值较大的文献。

宋敏求在韦述《两京新记》的基础上,"博采群籍","穷传记、诸子、钞类之语,绝编断简,靡不总萃,隐括而究极之"⑥,于熙宁八、九年间(1075、1076)完成《长安志》⑦。该书记载了北宋熙宁以前特别是唐长安城及周边地区地理情况,尤其是历代

---

① (宋)陆游:《老学庵笔记》,李剑雄、刘德权点校,北京:中华书局,1979年,第23页。
② (宋)宋敏求:《长安志》,阎琦、李福标、姚敏杰点校,第169—170页。
③ (宋)张礼:《游城南记校注》,史念海、曹尔琴校注,西安:三秦出版社,2006年,第154页。
④ 皮庆生:《陈抟〈太一宫记〉考》,《文史》2019年第2期,第151—164页。
⑤ 阙维民:《历史地理学的观念:叙述、复原、构想》,杭州:浙江大学出版社,2000年,第267页。严艳、吴宏岐:《历史城市地理学的理论体系与研究内容》,《陕西师范大学学报(哲学社会科学版)》2003年第2期,第56—63页。
⑥ (宋)宋敏求:《长安志》"赵彦若《长安志序》",阎琦、李福标、姚敏杰点校,第1页。
⑦ 辛德勇:《古地理书辨证续札——附说唐代漳州徙治龙溪城的时间》,《中国历史地理论丛》1987年第1期,第161—176页,后收入氏著《古代交通与地理文献研究》,"北宋宋敏求《长安》《河南》二志的成书时间",北京:商务印书馆,2018年,第259—260页。

古迹、坊市、街道、宫室、官邸、城墙也有详细的记述。关于近年来《长安志》的研究状况，可参考《20世纪以来宋敏求〈长安志〉研究刍议》[1]。《长安志》关于隋唐长安城的记载主要在卷六至卷十，唐宫城、皇城及外郭城各坊，旁及卷十一和卷十二万年、长安两县山川地理和古迹名胜。

吕大防《长安图》完成于元丰三年（1080），其绘制是在"户曹刘景阳按视、汾州观察推官吕大临检定……大率以《旧图》及韦述《西京记》为本，参以诸书及遗迹"的基础上，依靠实地考察和测量完成的。该图没有一个标准的名称，文献中有《长安图》《长安城图》《唐长安城图》《长安志图》《长安图记》《长安图碑》《吕相长安图》及《吕图》等名称，本文暂时使用通行的《长安图》这一名称。吕大防绘制的隋唐长安地图，除总体城市地图外，以太极、大明、兴庆三宫不能完整展示，所以另绘有别图，本文《长安图》仅讨论城市地图，不涉及三内的别图。又《长安图》除地图外，还有吕大防所作题记，本文称之为《长安图记》[2]，妹尾达彦根据《云麓漫钞》和残碑拓本对题记文字进行补订，对我们研究《长安图》多有裨益。本文参考的《长安图》是《唐研究》第21卷胡海帆《北京大学图书馆藏吕大防〈长安图〉残石拓本》图版，《长安图记》则以妹尾达彦复原的文字为是。前辈学者对吕大防《长安图》的研究可参考胡海帆《北京大学图书馆藏吕大防〈长安图〉残石拓本》一文的第一部分"对吕大防《长安图》记载、研究及相关问题的回顾"，前人研究大多是发掘《长安图》的地图学价值，或是对《长安图》残片及题记进行补绘复原和校勘，对于体现在《长安图》这一历史城市地图中的空间认识，除妹尾达彦外，少有学者涉及。

元祐元年（1086）张礼与好友陈明微在长安城南游历七日，写下了《游城南记》。今本《游城南记》由正文、自注、续注三部分组成，正文以简洁的文字记述其游历的基本过程，自注主要记述川原变迁、古迹概况，对现已销匿的唐人胜迹、轶事加以回溯。续注七条为金末元初人对张礼之后一百四十余年城南变化的补充。[3] 关于《游城南记》的研究，史念海、曹尔琴两位先生曾结合文献和实地考察进行过极为细致的校注[4]，其中"前言"部分整理为《张礼和〈游城南记〉》一文[5]；杨文秀结合《游城南记》对唐宋长安城南郊园林景观进行研究[6]；刘晨曦对张礼在城南进行文化考察活动加

---

[1] 马森：《20世纪以来宋敏求〈长安志〉研究刍议》，《中国古都研究》第34辑，西安：陕西师范大学出版社，2018年，第153—168页。
[2] 日本平冈武夫和福山敏男两位学者都对《长安图记》进行过复原，参见平冈武夫主编《唐代之长安与洛阳·地图篇》，杨励三译，西安：陕西人民出版社，1957年，第39页；福山敏男：《唐长安城の东南部》，《福山敏男著作集》之六《中国建筑と金石文の研究》，中央公论美术出版，1983年，第191—194页。
[3] （宋）张礼：《游城南记校注》"前言"，史念海、曹尔琴校注，第3页。
[4] （宋）张礼：《游城南记校注》"前言"，史念海、曹尔琴校注。
[5] 曹尔琴：《张礼和〈游城南记〉》，《中国历史地理论丛》1990年第3期，第79—88页。
[6] 杨文秀：《略谈唐宋时期长安南郊的园林景观——读张礼〈游城南记〉》，《唐都学刊》1990年第4期，第58—63+5页。

以研究①；张桦探讨了宋代长安城南的政区设置、川原变迁以及墓葬、园林、寺院等人文景观②。相关研究集中在唐宋时期长安城南的地理环境上，对于张礼关于长安城南书写的个人取向，只有个别学者稍有提及。

综合来看，以上三种文献完成时间在1075—1086年之间，能够较为集中地体现同一时期士人群体的思想状况；体裁分别是方志、历史城市地图、游记，可以摆脱一定体裁在记叙方式上的限制；三种文献涉及不同的地理尺度，其中《长安志》遍及长安城及周边京畿地区，《长安图》以城市空间为中心，《游城南记》集中在城南区域，在空间表达的重点上各有侧重。

目前学界对相关话题的研究集中在宋代长安地理环境的复原③和宋代文学中的长安意象④两方面，前者是我们进行研究北宋士人对唐长安历史书写的基础，不可或缺，但可惜未能向历史书写方向作进一步延展，后者则大多将"长安"作为文学符号进行探讨，脱离了北宋长安的客观实体。除此之外，也有部分学者从感觉地理学或地理意象的角度对相关问题进行研究⑤，丰富了这一论题的研究方法。本文拟利用宋敏求《长安志》吕大防《长安图》和张礼《游城南记》三种文献来理解北宋士人在山水城市格局、城市内部空间和城南景观三个地理尺度上对唐长安城的历史书写，并分析形成不同历史书写的原因。

一、《长安图》及《图记》对隋唐长安山水城市格局的认识

关于隋唐长安城与自然地理环境关系的研究，历史地理学界着重关注了地貌特征对城市规划布局的影响，尤其在六爻地形的研究上最为突出，史念海、朱士光、马正

---

① 刘晨曦：《宋元明清长安地区文化考察研究》，2016年陕西师范大学历史地理学专业硕士学位论文。
② 张桦：《张礼〈游城南记〉描述的长安城南》，《中国古都研究》第36辑，西安：陕西师范大学出版社，2019年，第101—109页。
③ 如杨德泉：《试谈宋代的长安》，《陕西师大学报（哲学社会科学版）》1983年第4期，第102—110页；辛德勇：《有关唐末至明初西安城的几个基本问题》，《陕西师大学报（哲学社会科学版）》1990年第1期，第25—28页；杨文秀：《略谈唐宋时期长安南郊的园林景观——读张礼〈游城南记〉》，《唐都学刊》1990年第4期，第58—63页；吴宏岐：《论唐末五代长安城的形制和布局特点》，《中国历史地理论丛》1999年第2期，第145—159页，又吴宏岐：《西安历史地理研究》，西安：西安地图出版社，2006年；朱永杰：《五代至元时期西安历史城市地理的初步研究》，陕西师范大学历史地理学硕士学位论文，2002年，又朱永杰、韩光辉：《五代至元西安城垣范围及建制特点》，《中国历史地理论丛》2005年第3期，第109—116页。
④ 如张文利、张乐：《宋词中的长安书写》，《西北大学学报（哲学社会科学版）》2012年第2期，第146—150页；李世忠：《宋词中的"长安意象"》，《长安大学学报（社会科学版）》2013年第2期，第18—23页；刘万川、曹向华：《宋代诗词中的"长安"及其文化意蕴》，《烟台大学学报（哲学社会科学版）》2014年第5期，第78—84页。
⑤ 如张伟然：《唐人心目中的文化区域及地理意象》，李孝聪主编《唐代地域结构与运作空间》，上海：上海辞书出版社，2003年；马强：《唐代文学中的西部感觉地理及意义》，马强著《唐宋时期中国西部地理认知研究》第六章，北京：人民出版社，2009年，又《唐宋关中政治变迁与感觉地理意象的嬗变》，《长安大学学报（社会科学版）》2019年第3期，第59—68页；马淼：《北宋士人的唐长安地理意象研究》，陕西师范大学硕士学位论文，2020年。

林、妹尾达彦、李令福等诸位学者有相关论述；建筑规划学界也将隋唐长安特殊地貌和城市文化内涵联系起来进行讨论，如王树声、佟裕哲等学者，其中结合大尺度山水环境对城市规划设计的研究上以王树声老师最为突出[1]，其认为"中国传统城市规划十分重视城市及其内部关键要素布局与山水环境的关系，这不仅包括了与城市内部、近郊的山水，还特别关照着与周边大尺度山水环境的关系，并形成了处理城市与地域自然环境关系的优秀经验"[2]。

结合大尺度山水环境是中国古代城市规划设计的优良传统，其实这同样也可以作为一种对城市的认知方式的思维方式而存在，吕大防的《长安图》即形象直观地表现了城市与周围大尺度山水地理环境的关系，尤其是《长安图记》中"其法以隋都城大明宫并以二寸折一里，城外取容，不用折法"一句，清晰地表达了这一理念。

李孝聪认为，"研究和使用过去时代编制的地图，不但需要注意地图带给我们的史料价值，而且不应忽视编图者、绘图人当时对地理空间的认知，以及编图人和使用者的目的"。[3]《长安图》作为一张成图于北宋元丰三年的历史城市地图，并不能准确体现隋唐长安城的规划设计者们最初的构想和设计理念，但是它真切地反映了以吕大防为代表的北宋士人对前朝旧都的认识，不仅在唐长安城的整体和细节上，而且在城市与周围地理环境的认识上也尤为突出。

结合《长安图》以"内折外容"之法绘制唐长安城及周边地理环境的情况来看，吕大防在对唐长安城的认识上实现了借用山水划定城市范围、选择核心地理要素以及建立山水城市格局的目的。

山水环境是城市生长的基础，能够赋予城市一些既定资源和景观秩序，帮助城市树立基本的参照和准则。中国古代城市规划设计中大体以"环望"的方式对城市周围大尺度山水环境加以观照，审视城市在大尺度地理环境中的存在状态。王树声以为这种"环望"构成的大环区域"乃人在城市高地周身所见四境山川风物的存在状态，并非纯客观的物理空间计算，而是由人在真实环境中的视域、心境体验为标尺，与所处城市的行政界域无关"[4]，这种认识在《长安图》中也被加以证实。《长安图》以终南山和渭水为南北边界，以长安城东西两侧城墙为东西边界，即依照山水环境为长安城划定范围。这个城市地图范围的划定并没有严格遵循客观的物理空间，左右边界的选择

---

[1] 王树声：《结合大尺度自然环境的城市设计方法初探——以西安历代城市设计与终南山的关系为例》，《西安科技大学学报》2009年第5期，第574—578页；王树声：《重拾中国城市的"山水传统"》，《人民日报》2015年10月6日第8版；王树声、李小龙、严少飞：《结合大尺度山水环境的中国传统规划设计方法》，《科学通报》2016年第33期，第3564—3571页。另有王树声：《中国城市人居环境历史图典》，北京：科学出版社，2016年。
[2] 王树声、李小龙、严少飞：《结合大尺度山水环境的中国传统规划设计方法》，第3564—3571页。
[3] 李孝聪：《古代中国地图的启示》，《读书》1997年第7期，第140—144页。
[4] 王树声、李小龙、严少飞：《结合大尺度山水环境的中国传统规划设计方法》，第3564—3571页。

明显与南北边界不相匹配，而且在北面渭水和南面终南山的绘制上采用"取容"的方式，扩大了南北两侧的绘制空间，丰富了南北两侧的地理内容。从审美角度来看，山水是自然环境中的巨大场景，人的生命体验与山水自然有着密切的联系，将山水与人类自身情感关联，从而建立起的审美情趣是中国古代所特有的，并且《长安图》中南北的山水以"取容"方法加以绘制，恰与传统山水绘画中"竖划三寸，当千仞之高；横墨数尺，体百里之迥"①的构图和绘画手法不谋而合，将自然地理空间中的大尺度山水环境缩小到地图中，增加了地图的审美价值。②《长安图》对长安城范围的划定将全面收揽一切可以作为景观资源的山水地理要素，进而体现出吕大防等对长安城与周边地理环境形势的整体把握。

《会说谎的地图》一书提道："所有的地图都使现实失真，所有的地图绘制者都利用概括和象征手法，突出重要信息，压缩次要细节。"因此地图可以为人们提供信息，也有可能会欺骗读者。③而且中国古代地图具有相当明确的务实性，会因为绘图者的思想意图、对空间的感知和创作时代的社会需求等诸方面原因导致中国古代地图信息表达上有所偏向。④从现存《长安图》残图来看，内容极为丰富。长安城内道路平直，建筑多样，涉及宫殿、衙署、宅邸、寺观、市场、城墙等，均有图示标注，极为详尽细致；城外诸多自然地理要素，如山脉、水系、谷口等也都有标注；同时也对城市用水状况有所展示，并在《长安图记》中加以介绍。尽管如此，仍可以看出《长安图》中的信息是经过选择的，尤其是在城外诸多要素。《游城南记》中提到城南诸多庄园胜景，在《长安图》残图中较少记载，而诸多峪口因"山无改移"的缘故，作为地理参照得以大量保留在地图上。图中现存的南郊谷口名称自东向西依次为：东义谷、西义谷、羊谷、土门谷、炭谷、太乙谷、七姑谷、漆谷、鸿兴谷、磻谷、竹谷、楩梓谷、豹林谷、阿师谷、白石谷、西谷、龙骧谷、雪谷。结合李好文《城南名胜古迹图》⑤，豹林谷和阿师谷之间断碑处应当有子午谷。

《长安图》构建的山水城市格局是吕大防对唐长安城认知的重点内容。所谓山水城市，即人工环境与自然环境协调发展，最终建立起人工环境（主要指城市）与自然环境（主要指山水）相融合的人类聚居环境。⑥结合大尺度山水环境形成的山水城市格局"强调城市内部空间尊重周围大尺度山水环境"，"形成城市与大尺度山水环境和

---

① （唐）张彦远撰，许逸民校笺：《历代名画记校笺》卷六，北京：中华书局，2021年，第441—442页。
② 王霜、朱文涛：《试析中国古代地图的美学观念和形式表达》，《设计》2017年第1期，第124—125页。
③ ［美］马克·蒙莫尼尔：《会说谎的地图》，北京：商务印书馆，2012年。
④ 李孝聪：《古代中国地图的启示》，第140—144页。
⑤ （元）李好文：《长安志图》卷上，阎琦、李福标、姚敏杰点校，西安：三秦出版社，2013年，第404、405页。
⑥ 吴良镛：《"山水城市"与21世纪中国城市发展纵横谈：为山水城市讨论会写》，《建筑学报》1993年第6期，第4—8页。

谐呼应的整体空间和文化秩序"。① 具体来看，长安城市轴线是与周围山水形势相呼应的。在隋唐长安城与终南山的关系上，不少文献记载认为大兴城南直子午谷，如唐韦述《西京记》载"大兴城南直子午谷"，《长安图记》则对长安城轴线问题有着不同的理解，认为"今据子午谷乃汉城所直，隋城南直石鳖谷，则已微西，不正与子午谷对也。"后《雍录》《读史方舆纪要》多遵从吕大防的观点。现代测量表明石鳖谷经度为108°56′22″，子午谷的经度为108°52′46″，而唐长安城朱雀门的经度为108°56′05″，所以隋唐长安城事实上正对石鳖谷而非子午谷。吕大防的判断不仅符合事实，而且将石鳖谷这一核心地理要素视为长安城的地理参照点，城市的主方向、主轴线与自然地理参照物遥相对直，建立起城市与周围大尺度山水环境的联系。不仅物理空间上的长安城主轴线与周围山水环境遥相呼应，文化意义上的城市轴线也与之密不可分。隋唐长安城经过不断更新改造，城市面貌发生了诸多变化，城市内部空间结构也发生了调整，又形成了一条新的轴线，即"大明宫含元殿—大雁塔—终南山牛背峰"轴线。② 很显然，在对大雁塔和大明宫含元殿进行营造时，考虑到终南山的自然地理状况，形成城内关键建筑景观与城外自然山水环境之间良好的对应关系，并且构建了城市的文化空间秩序。

吕大防在绘制《长安图》时已经注意到隋唐长安城的规划设计遵循了结合大尺度山水环境的方法，并有意识地将自己对隋唐长安山水城市格局的认识通过地图加以表达。长安城的山水城市格局重整体、重秩序，不仅强调城市选址和城市的空间形态经营与大尺度山水环境相对应，还追求物理空间上的城市空间秩序和文化意义上的城市空间秩序的建构与周围山水环境相契合。

二、《长安志》与《长安图》表现的隋唐长安城市内部空间

北宋对唐长安城市内部空间记述最为丰富的文本当推宋敏求《长安志》与吕大防《长安图》。二者完成时间所差无几，《长安志》成书于熙宁八、九年间，《长安图》完成于元丰三年，更为重要的是两者所参考和依据的主要材料相同，都是在韦述《两京新记》（长安记部分）和《旧长安图》（《长安志》中称之为《旧图经》，吕大防在《长安图记》中称之为《旧图》）的基础上完成的，所以在对城市空间的书写中有着诸多相同之处。

（一）对唐长安城整体布局的认识。由宫城、皇城、外郭城三重城圈组成的都

---

① 王树声、李小龙、严少飞：《结合大尺度山水环境的中国传统规划设计方法》，第3564—3571页。
② 李令福：《龙脉、水脉和文脉——唐代曲江在都城长安的文化地位》，《唐都学刊》2006年第4期，第14—19页。王树声：《结合大尺度自然环境的城市设计方法初探——以西安历代城市设计与终南山的关系为例》，第574—578页。

城形制结构滥觞于北魏洛阳城,后为东魏北齐邺南城延用,唐长安城的整体布局也明显符合这一都城形制。[1]三重城的组合不仅在《长安志》的章节安排中可以看出,在《长安图》(残石)中同样一目了然。《长安志》卷六为宫城,卷七(上)为皇城,卷七(下)至卷十为外郭城;《长安图》中"三内"、皇城和外郭城也极易区分。

(二)对政治空间,尤其是皇权空间的关注。《长安志》和《长安图》都体现了太极宫、大明宫、兴庆宫、附属宫殿建筑群、禁苑的宏伟面貌,对秩序井严且工整划分开来的中央衙署区也有很详尽的交待。《长安志》在文本篇幅上予以重视;《长安图记》不仅对"三内"和禁苑的规模以予说明,更是对纳东北隅永福坊入苑、筑夹城、开便门等事件加以解释。这种对特定空间的重视突出了唐长安城作为王朝都城和天子所居的特殊地位。

(三)突出城市内部空间的规整与秩序。外郭城中由街道和坊墙分隔开的各个坊市鳞次栉比,整齐有序,这一点在《长安志》与《长安图》中均有体现。《长安志》对诸坊市的记载都是以城中心的朱雀街为参照,为"朱雀街东(西)第某街",顺序上自北向南,分别为第一坊为某坊,次南某坊,依次叙述。这种行文客观上实现了以街、坊为边界的城市空间的分割,是对空间格局的调整,形成严密的秩序化构建。尽管叙述方式在体例上是对韦述《两京新记》的沿袭,而沿袭即意味着肯定,代表了宋敏求对隋唐长安城内部空间秩序的认同。《长安图》更直观地表现了长安城中的"畦分棋布闾巷,皆中绳墨",吕大防在《长安图记》中对创制长安城的隋文帝赞叹不已,认为其"以惠民为本,躬决庶务,未尝逸豫,虽古圣人夙兴待旦,殆无以过此"。

(四)同一空间中的多元性。可能是受问题体裁的影响,《长安志》和《长安图》中多种不同属性的地点分布在同一空间之中,展现了唐长安城的多元统一。《长安志》作为地方志,内容广博,兼容并包是其特点,文本可以容纳的信息范围和储量都十分巨大。作为历史城市地图的《长安图》在一定程度上呈现的历史信息较少,但作为一时期城市面貌的整体表现,其包含的信息种类也是多元丰富的。从《长安志》和《长安图》可以看出,这种多元性主要表现在皇帝空间和中央衙署分别在宫城和皇城中有所交待,城市居民区与宗教区也呈现在在各坊中(见表1)。尽管《长安图》所能表现的坊内建筑并没有《长安志》丰富,但二者都说明了皇帝空间和平民空间、神圣空间和世俗空间都处于同一个空间之中。

---

[1] 钱国祥:《中国古代汉唐都城形制的演进——由曹魏太极殿谈唐长安城形制的渊源》,《中原文物》2016年第4期,第34—46页。

表1 《长安图》残图27坊中所绘内容与《长安志》所载坊内建筑对比表

序号	坊名	《长安志》	《长安图》
1	务本坊	国子监	国子监
		先天观	景云观
		房玄龄宅	
		张茂朝宅	
		于德晦宅	
		西川、齐州进奏院	
		鬼市	
2	翊善坊	保寿寺	
3	光宅坊	光宅寺	七宝台寺
4	永昌坊		
5	来庭坊	王仁祐宅	
		高延福宅	
		梁守谦宅	
		庄宅司	
6	永兴坊	左金吾卫	左金吾卫
		荷恩寺	荷恩寺
		魏徵宅	魏徵宅
		戴休颜宅	
		凤翔等3处进奏院	
7	崇仁坊	玄真观	景龙观
		资圣寺	资圣寺
		宝利寺	宝利寺
		苏瓌宅	苏瓌宅
		褚无量宅	
		礼会院	
		东都等24处进奏院	
8	平康坊	菩提寺	菩提寺
		阳化寺	阳化寺
		李穆宅	李穆宅
		褚遂良宅	褚遂良宅
		韦澄宅	李靖宅
		兰陵公主宅	王志愔宅
		李林甫宅	

续表

序 号	坊 名	《长安志》	《长安图》
8	平康坊	嘉猷观	
		王志愔宅	
		崔泰之宅	
		裴光庭宅	
		张弘靖宅	
		同州等14处进奏院	
9	长乐坊	大安国寺	大安国寺
		兴唐观	
10	大宁坊①	宁王宪宅	太清宫
		岐王范宅	陆余庆宅
		陆象先宅	陆敦信宅
		宋璟宅	孙伏伽宅
		王同晊宅	许圉师宅
		李岩宅	罔极寺
11	安兴坊		净住寺
			宁王宅
			岐王宅
			陆象先宅
			宋璟宅
12	十六宅	十六宅	十六宅
13	兴宁坊	清禅寺	清禅寺
		姚元崇宅	姚崇宅
		太平公主宅	泉男生宅
		王毛仲宅	
		泉男生宅	
		崔琳宅	
		华封观	
		李愬宅	
14	永嘉坊	龙首渠	李纲宅
		李纲宅	成王千里宅

① 依《长安图》来看,《长安志》"大宁坊"下似有脱文,将安兴坊诸宅院错置于大宁坊下。大宁坊下所脱漏文字,又错置在晋昌坊,毕沅校《长安志》有按语"合上元载、浑瑊二宅,应并在大宁坊,内本误入于此也,然无善本可证",结合《长安图》可知,不仅元载、浑瑊二宅,晋昌坊下陆敦信宅、孙伏伽宅、许圉师宅、陆余庆宅、太清宫都应置于大宁坊下。

续表

序 号	坊 名	《长安志》	《长安图》
14	永嘉坊	张文瓘宅	凉国公主宅
		韦元琰宅	
		申王㧑宅	
		虞世南庙	
		成王千里宅	
		蔡国公主宅	
		窦希玠宅	
		凉国公主宅	
15	修德坊	德明兴圣庙	兴福寺
		兴福寺	
		右神策军	
16	辅兴坊	金仙女冠观	金仙女冠观
		玉真女冠观	玉真女冠观
17	颁政坊	龙兴寺	龙兴寺
		建法尼寺	建法寺
		证空尼寺	澄空寺
		昭成观	
		豆卢钦望宅	
		崇明观	
		徐坚宅	
		护国天王院	
		右军巡院	
18	兴道坊	至德女冠观	
19	崇义坊	招福寺	招福寺
		苏勖宅	崔玄暐宅
		崔玄暐宅	
		马怀素宅	
		韦坚宅	
		段秀实宅	
		盐铁常平院	
		窦易直宅	
		王承业宅	
		兴元等3处进奏院	

续表

序　号	坊　名	《长安志》	《长安图》
20	宣阳坊	万年县廨	韦巨源宅
		净域寺	李诲宅
		李诲宅	
		窦毅宅	
		韦巨源宅	
		李乂宅	
		郭元振宅	
		奉慈寺	
		高仙芝宅	
		李齐物宅	
		薛平宅	
		韩公武宅	
		韦文恪宅	
		张议潮宅	
		邠宁等4处进奏院	
		榷盐院	
21	胜业坊	胜业寺	胜业寺
		修慈尼寺	薛王宅
		甘露尼寺	宁王宪山池院
		薛王业宅	薛曲
		宁王宪山池院	
		薛绘宅	
		徐坚宅	
		豆卢建宅	
		席豫宅	
		朱巨川宅	
		狗脊岭	
		陕府、郑滑进奏院	
22	东市	东市局	放生池
		平准局	
		放生池	

续表

序 号	坊 名	《长安志》	《长安图》
23	道政坊	侯君集宅	侯君集宅
		张行成宅	张行成宅
		刘知柔宅	刘知柔宅
		宝应寺	下马陵
24	常乐坊	虾蟆陵	赵景公寺
		赵景公寺	云花寺
		灵花寺	来济宅
		来济宅	
		张九皋宅	
		和政公主宅	
		郭敬之宅	
		浑释之庙	
		钱徽宅	
		洞灵观	
25	安定坊	千福寺	五通观
		福林寺	千福寺
		五通观	
		第五守进宅	
26	休祥坊	汉顾成庙余址	崇福寺
		汉奉明园	
		崇福寺	
		万善尼寺	
		昭成尼寺	
		武三思宅	
		延唐观	
27	兴庆坊	兴庆宫	兴庆宫

妹尾达彦认为："吕大防《图》成功将8世纪前半期在中国城市里首次诞生的大城市生活空间之成熟，宛如昨日的风景似的予以重现。《图》将宫城、禁苑到儒佛道的宗教设施与城内一般居民区等多元且世俗的空间展现在同一平面上，体现出君临都城宫殿中的天子=皇帝的威光普照到都城空间内的各个角落。"[1] 实际上不仅《长安图》，以

---

[1] [日] 妹尾达彦：《都城图中描绘的唐代长安的城市空间——以吕大防〈长安图〉残石拓片图的分析为中心》，朱凤玉、汪娟编：《张广达先生八十华诞祝寿论文集》，台北：新文丰出版公司，2010 年，第 211—243 页。

韦述《两京新记》为基础的《长安志》同样也是在表达同样的主题。都城的恢宏气象是与强大帝国的正统性相匹配的,无上王权的秩序在都城的规划中得到明显的体现,同时居民的日常生活与宗教场所和宗教活动为都城注入不一般的活力,一个多元且整齐的都城形象跃然眼前。

三、《游城南记》对长安城南景观的选择

元祐元年(1080)闰二月二十日至二十六日,张礼和好友游历了京兆城南,"访唐代都邑旧址",写下了《游城南记》,并自己为该书正文作注。此时长安城已与唐长安城大有不同,张礼的时代去唐末近二百年,唐人旧迹已模糊不清。张礼一路步行,尽力追寻故迹,每至一地,涉及此地的自然条件、历史状况、历史和当下的人物等等都一一记述下来①,"凡门坊、寺观、园囿、村墟及前贤遗迹见于载籍者,叙录甚备"②。

所谓城南,是包括唐皇城至终南山下的诸多地方。张礼所踏访的诸多城南景观在宋敏求《长安志》中也有所提及,那么张礼考察城南所据知识与宋敏求《长安志》有何关系?

首先,张礼在写作《游城南记》时参考了《长安志》。在《游城南记》中提到永乐坊裴度宅、章敬寺、潏水、华严寺真如塔、少陵原、毕原六处时③,明确写道"《长安志》曰",这是对《长安志》的直接引用。

其次,《游城南记》中大量化用《长安志》的文字或使用与《长安志》同源史料,具体表现为《游城南记》与《长安志》文字表达相同或相近。如安上门,《长安志》作"至德三载,改为光天门,寻复旧",《游城南记》作"至德二载,改为先天门,寻复旧"④;慈恩寺,《长安志》作"永徽三年,沙门玄奘所立。除唯五层,崇一百九十尺。砖表土心,仿西域窣堵波制度,以置西域经像",《游城南记》作"永徽三年,沙门元奘起塔,初惟五层,砖表土心,效西域窣都波";定昆池,《长安志》作"定昆池。在县西南十五里。《景龙文馆记》曰:'安乐公主西庄在京城西延平门外二十里。司农卿赵履温种殖,将作大匠杨务廉引流凿沼,延袤十数里,时号定昆池'",《游城南记》作"定昆池,安乐公主之西庄也,在京城之延平门外,景龙初,命司农卿赵履温、将作少监杨务廉为园,凿沼延十数里,时号定昆",诸如此类还有很多,不再一一

---

① (宋)张礼:《游城南记校注》"前言",史念海、曹尔琴校注,第1—10页。
② (宋)张礼:《游城南记校注》附录一《四库全书总目》《游城南记》提要,史念海、曹尔琴校注,第175页。
③ 分别见于(宋)张礼:《游城南记校注》,史念海、曹尔琴校注,第13、98、123、140、151、167页。
④ (宋)宋敏求:《长安志》,阎琦、李福标、姚敏杰校点,第122页。(宋)张礼:《游城南记校注》,史念海、曹尔琴校注,第1页。

枚举。

再次，张礼应当是在读罢《长安志》后选取确定的城南游历地点。《游城南记》提到"《长安志》载沙城镇……闻其名而失其地者也"，《长安志》作"莎城镇。唐昭宗乾宁二年，繇启夏门出居之。今废"①，据此推测张礼读《长安志》后，欲"按图索骥"踏访前朝旧地，但未寻访到莎城镇的所在。

最后，张礼《游城南记》所提到的唐代地名，大多都可以在《长安志》中找到。如安上门、兴道坊、务本坊、荐福寺、永乐坊、裴度宅、慈恩寺、曲江、义谷、三像寺、乐游庙、青龙寺、杜祁公家庙（《长安志》作"唐杜相公祠"）、启夏门、南郊坛、百神坛、灵星坛、义善寺、高望、章敬寺、牛头寺、清明渠、皇子坡、潏水、香积寺、樊川、御宿、交水、华严寺、终南山、四皓庙、广惠公祠、渼陂、高观峪、华严寺真如塔、少陵原、兴教寺、鸣犊镇、炭谷、翠微寺、兴教院、石鳖谷、灵应台、太乙观（《长安志》作"太一观"）、毕原、三会寺、周穆王陵、定昆池、延祚坊、光行坊、道德坊、永达坊、崇业坊、玄都观、唐昌观、莎城镇等。

由此可以看出，《长安志》是张礼游历城南的重要参考文献，宋敏求和张礼在隋唐长安知识的了解上并无太大差距。

通过《游城南记》我们可以清楚地了解到张礼在唐长安城范围内的访古路线，史念海先生的《游城南记校注》中绘有《〈游城南记〉城南图》②。张礼的访古活动是带有一定目的性的，并非随意为之，刘晨曦以为张礼"是为城南蕴藏的巨大文化资源所吸引"③是有一定道理的。诚然，城南确是有着巨大的文化资源，但是城内还有其他诸多唐代遗留的皇家宫室、山池园囿、佛寺道观以及高门甲第，为什么张礼会选择这些地点进行考察？

我们将目光放在皇城至启夏门此段，张礼在记述游览地点的背后藏有自己的身份认同。

在游记中直接写出的游览地中，朱雀街西仅玄都观和唐昌观两处，其余均在城东，而且在城东南一带张礼用墨颇多，尤其是在大雁塔、曲江池等诸多古迹上详加考订。实际上这些考察地点的选择在一定程度上反映了张礼对唐代长安城市空间的构建。文欣以为，作为知识分子的张礼是在对中晚唐时期由科举入仕的士人活动空间的回顾。这一认识无疑是十分正确的。无论是雁塔题名，还是曲江宴游、杏园看花，都是长安城内的举子们期待有朝一日能够金榜题名后参加的活动。张礼特地提到"（曲江）唐进士新及第者，往往泛舟游宴于此"，又"杏园与慈恩寺南北相直，唐新进士

---

① （宋）张礼：《游城南记校注》，史念海、曹尔琴校注，第173页。（宋）宋敏求：《长安志》，阎琦、李福标、姚敏杰校点，第210页。
② （宋）张礼：《游城南记校注》，史念海、曹尔琴校注，第189页。
③ 刘晨曦：《宋元明清长安地区文化考察研究》，第18页。

多游宴于此"①，字里行间无不向往。荐福寺、玄都观和唐昌观等寺观则是平时举子们社交活动的场所。中晚唐时期，寺院作为公共空间，越来越被士人、学子所利用，成为他们读书、聚会、切磋诗句、讨论学术的地方。一方面作为宗教空间的寺观环境清幽，多有山池园囿，名花异木，适合作为知识分子相互酬和，交流情感的场所；另一方面寺观也借助知识分子的诗歌字画吸引更多的善男信女。张礼也提道："唐昌观又名唐兴观，在安业坊元都观北，中有玉蕊花。元和中有仙子来观，严休复、元稹辈俱有倡和。"②

在游记文字未写明之处，诸多地点也是士人活动的主要空间。A.出发时历兴道坊、务本坊，再经务本西门，那么必然要从务本坊穿行方能抵达务本坊西门，而务本坊半以西为国子监，监内有孔子庙。B.返程经过永达坊。《长安志》记载永达坊中有度支亭子，并转引《辇下岁时记》"新进士牡丹宴，或在永达亭子"。张礼读过《长安志》，对文中转引的《辇下岁时记》肯定也是看到过的，进士牡丹宴时有在永达坊举行。C.返程经过崇业坊。《长安志》"崇业坊"下有小注："街前为选场"。此处的选场是唐代六品以下官员参加考核的场所，是士人踏入官场的必经之地。此三段文字所暗含的国子监、永达亭子和选场，这些空间的主要参与者都是士人，所以，在张礼行文的明暗之处我们都能看到其作为一个士人在游历长安城时，探访一些符合自身身份的历史空间。

在张礼的记述中还可以看出，尽管城市空间的主导者是士人，但是参与者确是整个长安城的民众，如"（乐游原）每岁晦日、上巳、重九，士女咸此登赏祓禊"③。在寺观、园林、池沼等长安城的公共空间中，士子们意气风发，诸多游赏、宴饮、诗会等社交活动，也带动和丰富了长安城普通居民的生活。由此可见，张礼的长安是由以科举士子为代表的知识分子主导，全城人共同参与的长安城，正是这些士子们在唐长安城内的一系列活动给城市带来诸多活力和蓬勃的气象，为张礼这位后世的士人带来了无限的向往和憧憬。

四、不同的长安书写的原因：秩序建构与身份认同

作为北宋时期对长安城市面貌书写极具代表性的三种文献，《长安志》《长安图》与《游城南记》分别就不同的地理范围加以书写，《长安志》以条目的形式对城市内部的诸多内容加以记载，《长安图》形象直观地描绘了长安城及周边山水环境，并配有

---

① （宋）张礼：《游城南记校注》"前言"，史念海、曹尔琴校注，第81页。
② （宋）张礼：《游城南记校注》，史念海、曹尔琴校注，第171页。
③ （宋）张礼：《游城南记校注》，史念海、曹尔琴校注，第43页。张桦《张礼〈游城南记〉描述的长安城南》亦绘有《张礼游城南路线图》。

《图记》,《游城南记》主要记载长安城南郊诸多庄园胜景,涉及城内东南部分景观。作为知识阶层的代表,宋敏求、吕大防和张礼对唐代长安历史知识的了解相差并不明显,却产生了两种差别很大的城市意象:《长安志》和《长安图》向我们展示的是一个秩序谨严且丰富多元的前朝都城,《游城南记》则是对唐代知识阶层活动场所的访古和探寻。究其原因,仍要从认知主体的身份出发。尽管宋敏求、吕大防和张礼在面对唐代长安这一地理空间时有着不一样的反应,但这些行为的出发点都源于他们的士人身份。

对吕大防《长安图》的制作原因进行探讨中,何士骥认为吕大防作为礼学家,"言行动作,必多规则,宫室礼制,尤为注意",而且"行事切实,好为图谱,不事空疏之证,则其作唐宫室图刻于石以垂永久,亦意中之事尔"[①];辛德勇认为吕大防制《长安图》是受关中本地的石刻文化和庆历以来的文化风尚等社会文化背景的影响[②];妹尾达彦认为受该时期党项西夏与契丹辽国崛起以及他们在唐朝继承者正统地位上与北宋的争夺,北宋兴起了以恢复唐王朝文物制度的复古运动浪潮,《长安图》即是这一运动的产物[③];李芳瑶结合《图记》中对李唐的贬抑和对三代的向往,认为应该将这一问题置于北宋前中期的政治文化和士大夫的思想、艺术实践活动这样的语境下进行考虑[④]。相对而言,笔者较为认同李芳瑶的看法,可惜其限于篇幅,未对此进行更深入的讨论。

李芳瑶的看法为笔者认识这一问题提供了思路。《图记》曰:"噫!隋文之有国才二十二年而已……虽古圣人夙兴待旦,殆无以过此。惜其不学无术,故不能追三代之盛。予因考正长安故图,爱其制度之密,而勇于敢为,且伤唐人冒疾,史氏没其实,聊记于后。"根据《图记》可以知晓,尽管吕大防在《长安图》中将长安城的恢宏大气、制度谨严、规划有序等优点展现得极为强烈,但只是对隋文帝的推崇,认为唐人嫉妒隋文帝的创设之功,加上后人多不清楚事由原委,所以有必要正本清源,重新考订绘制了这幅《长安图》。不仅吕大防,赵彦若在《长安志序》中同样表达了"抑唐"的这种看法。赵彦若考察周、汉、唐三朝古迹遗存,认为"(周)专尚简易俭约,曾不言形胜强富,益知仁义之尊,道德之贵,彼阻固雄豪,皆有不足,汉唐之迹,更为可羞",赵彦若这样的表达,想必和宋敏求的想法也是大致相同的。

吕大防和宋敏求对李唐的贬抑和对"三代"的崇仰是联系在一起的,吕大防在昭显隋文帝功绩的同时认为"其不学无术,故不能追三代之盛",《长安志序》主张"修

[①] 何士骥:《石刻太极官暨府寺坊市残图大明宫残图兴庆官图之研究》,《考古专报》1-1,国立北平研究院,1935年,第1—74页。

[②] 辛德勇:《说阜昌石刻〈禹迹图〉与〈华夷图〉》,《燕京学报》新28期,北京:北京大学出版社,2010年,第37—41页。

[③] [日]妹尾达彦:《长安:8世纪的都城——吕大防〈长安图〉的世界认识》,《空间新思维——历史舆图学国际学术研讨会论文集》,台北:台北故宫博物院,2008年,第1—26页;《都城图中描绘的唐代长安的城市空间——以吕大防〈长安图〉残石拓片图的分析为中心》,第211—243页。

[④] 李芳瑶:《〈长安图碑〉新考》,《文献》2012年第3期,第89—97页。

丰镐故事，以泽吾人"①，向周代学习。"三代"在两宋的政治文化语境下有着特殊的意义，余英时先生曾指出宋代有意"声明文物"，在"道德仁义"上追随三代，并且自仁宗朝起在"三代"理想的号召下士大夫提出对政治、社会、文化等进行改革的要求。②作为有着"明道救世"的社会责任的士大夫，对长安城的解读即是宋敏求和吕大防实现"回到三代"理想的一种方式。尽管在情感上对唐代并不友好，但是吕大防也承认其对长安城这片地理空间所呈现的"制度"极为艳羡，原因是隋唐长安城作为中国古代都城史上的典范，其展现的是律令体系、官僚制度与王朝礼仪形式完美结合，符合三代文物道德的标准。宋敏求和吕大防通过文字和地图的方式重新恢复了长安城的面貌，实际上便是实现了对符合礼制要求的空间秩序的建构。

相比之下，张礼的表现更容易被理解。北宋时唐长安城的遗存还保留有很多，尽管多有损毁，大多依稀可寻，而张礼选择唐代科举士子经常活动的场所进行游赏寻访，实际上是对自我身份的认同，在前辈士人的足迹中寻求自己在社会上的属性和地位。包弼德认为，"士"是一种概念，是被那些自命为士的人所标榜，由全社会认同建构起来的概念。③ 这一观点的意思是"士"身份的成立是自我认同和社会认同的结合。社会上对张礼士人身份的看法我们已经无从知晓，但是游长安城南的过程是张礼对自我身份的肯定。唐代的士人们通过自己的活动给城南景观打上了"士"的烙印，于是"雁塔题名""杏园探花""曲江流饮"便附带了"士"的属性，后世的士人在重游此处，便寻找到了自己的身份认同。

The Historical Writing of Chang'an City by Scholars of the Northern Song Dynasty
— Centered on *the Map of Chang'an, the Chronicle of Chang'an* and *the Travelogue of Southern Suburb of Chang'an*

Ma Sen

(Northwest Institute of Historical Environment and Socio-Economic Development, Shaanxi Normal University)

Abstract: Intellectuals of the Northern Song Dynasty carried out a series of activities around Chang'an City to re-understand this former capital city of the previous dynasties. These activities may have different purposes and take place in different situations, but

---

① （宋）宋敏求：《长安志》"赵彦若《长安志序》"，闫琦、李福标、姚敏杰点校，第2页。
② 余英时：《朱熹的历史世界：宋代士大夫政治文化的研究》，北京：生活·读书·新知三联书店，2004年。
③ ［美］包弼德：《斯文：唐宋思想的转型》，刘宁译，南京：江苏人民出版社，2000年，第35页。

many of the documents they left have become important materials for later generations to study Chang'an City during the Tang and Song Dynasties. In Song Minqiu's *Chronicle of Chang'an*, Lu Dafang's *The Map of Chang'an* and Zhang Li's *Travelogue of Southern Suburb of Chang'an*, the historical writing of this city's appearance, Chang'an in the Tang Dynasty was constructed in three spatial dimensions, namely, landscape pattern, inner space, and southern suburb landscape. Based on the three books, this study tries to understand the descriptions and emotional expressions of the urban space of Chang'an in the Tang Dynasty by the intellectuals in the Song Dynasty. It can be seen that Song Minqiu, Lu Dafa, and Zhang Li, the representatives of the intellectuals of the Song Dynasty, did not have a significant difference in their knowledge of the history of Chang'an City, but they produced two very different kinds of urban writing: *The Chronicle of Chang'an* and *the Map of Chang'an* shows a well-ordered and diversified capital of the previous dynasties, while *the Travelogue of Southern Suburb of Chang'an* is a visit and exploration of the activity spot of the intellectuals in the Tang Dynasty. Although they had different reactions to the geographical space of Chang'an City in the Tang Dynasty, the starting point of these historical writing was their identity as intellectual.

Key words: intellectuals; Chang'an City in the Tang Dynasty; historical writing; order construction; identity

长安历史记忆

日本桓武三都朝仪空间中的长安记忆

聂 宁

（西安外国语大学 日本文化经济学院）

摘 要：日本古代仪式空间构造深受中国古都影响，桓武朝之平城京、长冈京、平安京是日本律令、礼制时代中处于过渡阶段的都城，尤其第三都之平安京的影响力实延续至当今日本。三都之中，朝仪空间作为国家政务中枢、大典举行场所，是一个具象的文化记忆场，其空间构造本身就具有着"记忆性"。记忆通过延续、强调、重构、遗忘等形式实现存续。三都朝仪空间对"太极""含元"的延续、对"三阶""龙尾"的重构，对"门阙"之"实存名失"式的强调，体现了其中蕴含的长安记忆。三都朝仪空间对长安元素的直接承继，凸显了桓武时期需要通过长安以强调正统；而对长安的重构，则表明早在平安宫营造之时，日本的"国风"转向就已然出现。

关键词：桓武时期；都城空间；长安；文化记忆

一、问题提起

日本作为东亚地区受到长安影响的主要国家之一，日本文化中深埋着对长安文化的代代承继。文化的历代承继，使得长安元素成为日本文化记忆的一部分，时至今日对现代日本仍发挥着影响作用。在长安对日影响中，最具可视化代表的正是京都（平安京）。在日本"千年平安京"展册中，就明确指出"平安京仿唐长安等中国都城建造"。可知在现代日本的社会认知中，京都是能够关联唐长安的第一城。有趣的是，现代日本称"去京都"为"上洛"而非"上京"。除受到东京的首都地位影响之外，还有一说是嵯峨天皇时期，平安京以朱雀大街形成东西两京，西半京称"长安"，东半京称"洛阳"，后由于西半京"地处湿地不宜居住，逐渐人疏宅废"，而东半京成为核心，

"洛阳"也成为平安京的雅称①。可即便称"洛",在社会认知中长安对京都的影响仍占据主流。这就让人无法忽视日本文化中的长安记忆的深远影响。

长安的东亚影响,在可视层面以空间为主。长安作为汉唐都城,它的空间布局与营造构想本身就体现着当时的政治架构与思想文化。都城,是国家政治、文化的中枢。在日本都城中,作为朝仪空间的大极殿院及朝堂院、作为祭祀仪式空间的中和院、作为政仪空间的太政官院、作为宴会仪空间的丰乐院、作为郊祀仪式空间的郊祭坛皆有着对长安的记忆烙印②。都城之中,朝仪空间是君主正式接受朝贺、觐见的场所,是国家重大典礼的举行之地,亦是国家政务核心所在。作为中枢的核心,朝仪空间所展现的长安元素,可以说是最能体现都城的长安记忆的存在。而平安宫的朝仪空间并非一蹴而就,在讨论平安宫朝仪空间中的长安记忆时,不能忽视与其同属桓武朝的平城宫和长冈宫的朝仪空间。日本桓武朝（781—806）都城,历经平城京、长冈京、平安京三都,784年自平城京迁都长冈京,794年又迁都平安京。其中,作为千年之都的平安京的仪式空间影响,已然延续至当今日本。因此,探讨平安京及影响其形成的平城京、长冈京的朝仪空间中的长安记忆就显得尤为必要。

不仅如此,桓武天皇时期是日本都城仪式空间由突出中国"唐风"向强调日本"国风"③的转变时期,同时,这又是一个对"唐风"异常强调的时期。在现存的日本天皇于冬至时期进行南郊祭祀的文献记录仅有3条,其中2条正是关于桓武天皇的记录。《续日本纪》延历四年（785）十一月十日条与延历六年（787）十一月五日条皆有记录：天皇"祀天神于交野"。④ 这是桓武朝的"礼仪制度在很大的程度仿自中国唐王朝"⑤的佐证,也是桓武天皇通过采用中国的祭祀形式,强调自身皇统身份的体现。可以说,从大的历史脉络来看,桓武朝正处于日本的文化转型期,而从具体的都城规划来看,既有对"唐风"的强调,又有着对"与唐相异"的空间的构造。因此,对桓武朝的平城、长冈、平安三京的朝仪空间的讨论就显得"不可缺少"。

本文将延续笔者从文化记忆与文化记忆场的视角对朝仪空间要素之主殿、陛阶、南庭、门阙方面展开讨论的思路,在具体的物理空间中明确其中蕴含着的对长安的记忆,以期明晰桓武三都对长安记忆的延续与重构,并回览处于转型期的桓武朝,在朝

---

① 杜聪聪：《日本古代文学中的洛阳意向——以"北邙"为例》，《河南科技大学学报（社会科学版）》2020年第3期。《本朝文粹》所载《池亭记》之"予二十余年東西二京ヲ歷ク見ルニ、西ノ京ハ人家漸ク稀ニシテ殆幽墟ニ幾シ。人ハ去ルコト有リテ来ルコト無ク、家ハ壞ルルコト有リテ造ルコト無シ"就是一证。

② 参看拙稿《日本仪式空间中的长安记忆》，《文化产业》2020年第36期。

③ 对于"国风"的强调,在日本文学研究领域更为主张日本是在平安中后期进入"国风"时代。笔者通过对日本平安宫中和院构建的考证,认为在都城营造方面的"国风"强调,在平安建都之时就已然出现。但平安京建造之时的"国风"强调,或言"与唐相异"的营造思想的强调,反而体现了日本对中国文化的深层接受。对于此点,将另撰文进行详述。

④ ［日］国史大系编修会编：《続日本纪》，东京：吉川弘文馆,1982年,第526页。

⑤ 王仲殊：《论唐长安城圜丘对日本交野圆丘的影响》，《考古》2004年第10期。

仪空间方面所展现出来的文化特点。

二、朝仪空间的"记忆性"

朝仪元素包含了朝礼与空间两个方面。关于日本朝仪空间，根据冷泉家所藏《朝仪诸次第》可知，日本律令时代以后的朝仪空间正是大极殿院及朝堂院[①]，且单以朝堂院称呼的情况不少。

仪式在人类活动中具有特殊意义，从古至今，当仪式举行之时，其对应的仪式空间也随之出现。"空间正是表现我们'在世界中存在'的各种结构之一"[②]，具体的仪式需要具体的仪式空间，空间场所的存在是仪式举行的基础。在一个仪式空间中，仪式作为人类行为被赋予了特殊的意义，而空间也因为仪式的举行拥有着不同于其他空间的含义。同时，仪式空间往往又与其他空间有所不同，根据仪式内容的不同，其设置本身也会存在区别，这也使得仪式空间具有特殊性。朝仪空间的政务属性与礼制属性，都使得朝仪空间具备着不同于一般空间的建筑构造。因此，当朝礼的行为主体存在于具有特殊性的朝仪空间时，进行仪式活动时，与朝仪相关联的记忆内容则被唤醒。这是仪式作为记忆媒介所产生的作用。而具体的仪式空间则通过客观存在着的具体的场所使得记忆的唤醒保持着活跃性。这是仪式空间所普遍具有的记忆性。

另一方面，当一种仪式被长时期传承时，会形成"定型"的仪式空间，这一空间的具体的空间构造本身便具备着长时期的延续、传承性。可以说，空间作为文化记忆中的记忆媒介具有不可忽视的"记忆"属性。而空间的"记忆"属性，不仅包含着空间所唤起的对过去的记忆以及空间的象征意义，同时还包含着空间本身的建筑构造记忆。朝仪空间因其本身的政治、礼制属性，有着不可缺少的空间要素，这些要素与一般空间有所不同，这种不同成为人们认知中的"定型"的朝仪空间。故而，当类似的空间出现时，空间便将与朝仪相关的过去"提起"，唤醒了人们意识深处的朝仪记忆，形成了对历史的再次认知，使记忆在人们的意识中被激活，促使一种在原有集体记忆的基础上的新集体记忆的形成。新的集体记忆又成为构筑文化记忆的一部分，而其所具有的文化记忆作用使文化的传承得以实现。伴随着记忆延续的正是与该空间相关的空间元素，尤其是与一般空间不同的元素。朝仪空间中的长安记忆也以此形式代代延续。换言之，朝仪空间本身具有"记忆性"，空间构造中又蕴含着对长安仪式空间的元素使用，这就赋予了朝仪空间具有对长安的记忆。朝仪空间中的长安记忆随着朝仪空间的代代相传，成为了日本文化记忆的一部分。

---

① ［日］冷泉家时雨亭文库编：《冷泉家時雨亭叢書　朝儀諸次第》，东京：朝日新闻社，1997—2001年。
② ［挪威］诺伯格·舒尔兹：《存在·空间·建筑》，尹培桐译，北京：中国建筑出版社，1990年，第15页。

三、"大极殿"的"太极"延续与"含元"建构

《续日本纪》宝龟十一年（780）正月己巳条有记："天皇御大极殿受朝。"[①] 这是天皇在平城宫大极殿大朝的记录，可见在桓武天皇即位以前，大极殿就已经是日本宫城朝仪空间的核心建筑。日本宫城正殿历"前殿""大安殿"等名，在645年皇极天皇时期的记述中，出现了"大极殿"的记录。由此，日本学者推测至迟或许在飞鸟净御原宫时已将主殿称为大极殿，这是日本以长安为蓝本所建构的最初的宫殿，而此后的藤原宫正殿、平城宫正殿、长冈宫正殿、平安宫正殿等，皆称大极殿[②]。大极殿，则是采用中国宫城正殿"太极殿"之称。按日本学者桥本义则所考，"太"与"大"本相通，日语中亦将"大极"解释为极大，"大极"的日语发音更是与"太极"相同，皆为"たいきょく"[③]。其名之源头正如宋《雍录》所记："隋都城中正宫以及正殿皆名大兴，至唐改名太极宫、太极殿也"[④]。唐长安之正宫太极宫不仅宫名为"太极"，主殿名亦为"太极"。可以说，长安的"太极"记忆随着日本朝仪正殿的"大极"之名一直影响着日本的宫城空间规划，其设计理念同样受到长安所展现的"建中立极"这一都城建构理念的影响。

除"大极"在名称上对"太极"的延续之外，还值得注意的是，日本平安宫大极殿的建筑设计未采用长安太极宫太极殿的建筑形式，而采用了大明宫含元殿的"殿阁"形式。这是在宫城主殿中长安独有的主殿建筑形式。通览桓武朝的平城、长冈、平安三都宫城的主要建筑，主殿大极殿采用长安大明宫含元殿建筑形式的只有平安宫大极殿，平城宫大极殿与长冈宫大极殿仍然是单体建筑形式；而在朝仪空间正门中，如图1所示，长冈宫朝堂院南门为殿阁形式、平安宫应天门亦为殿阁形式。从朝仪空间整体来看，殿阁建筑形式的使用，在桓武三都中呈现递增态势。从日本大极殿与朝堂的"殿北堂南"的空间布局分析，平安宫大极殿的建筑形式正式直接对应的唐长安大明宫含元殿[⑤]。在唐龙朔三年（663）时，唐王朝的朝仪空间自长安太极宫向大明宫转移，"此宫遂成为全国政治中枢之所在。含元殿为大明宫的正殿，凡属朝会、庆典等重大政治、仪礼活动，皆在此殿隆重举行"[⑥]。或许也正因为这一变化，在桓武天皇建设长冈京与平安京宫城之时，将长冈宫朝仪空间之朝门、平安宫朝仪空间之正殿与朝门皆按

---

① 此条同收录于日本《类聚国史》卷七十一岁时二"元日朝贺"中。
② ［日］桥本义则："恭仁宫に二つの'内裏'——太上天皇宫再论"，《山口大学文学会志》第51卷，2001年。王仲殊：《关于日本古代都城制度的源流》，《考古》1983年第4期。
③ ［日］桥本义则：《平安宫成立史の研究》，东京：塙书房，1995年，第185页。
④ （宋）程大昌撰、黄永年点校：《雍录》，北京：中华书局，2002年，第49页。
⑤ 关于日本平安宫大极殿采用如此建筑形制的原因，笔者将另撰《日本平安宫朝仪正殿的"名""物"差异及其形成原因》一文进行详述。
⑥ 王仲殊：《论日本古代都城宫内大极殿龙尾道》，《考古》1999年第3期。

含元殿的"殿阁"形式来建造。

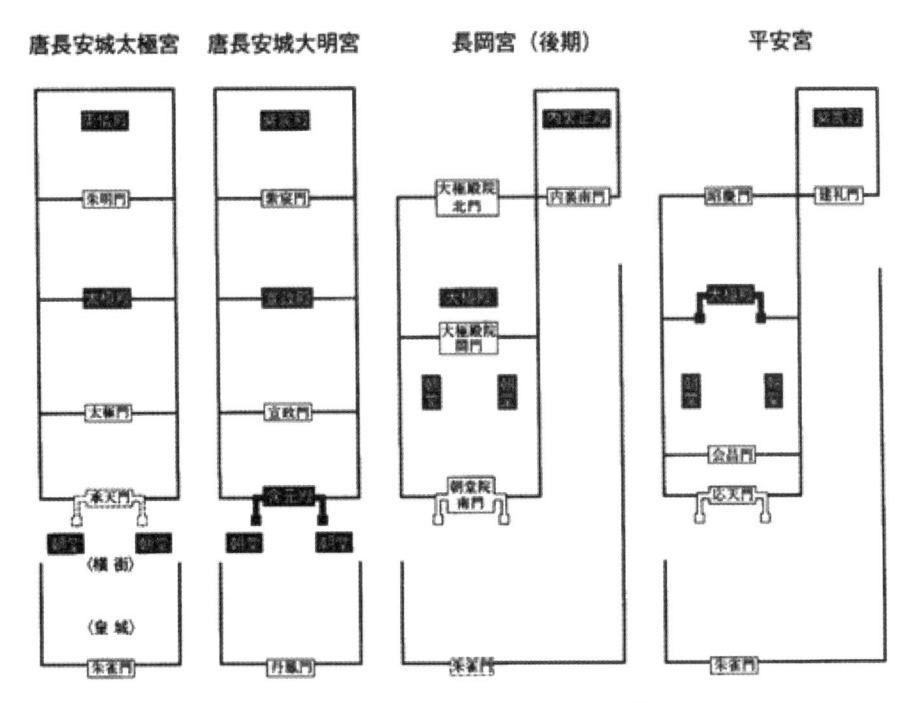

图1 宫城理念比较模式图（部分）[①]

具体来说，含元殿前之左右立有栖凤阁、翔鸾阁。栖凤阁位含元殿东南，翔鸾阁位含元殿西南，两阁与含元殿之间由回廊连接，形成了一个近似于"凹"字形的"殿阁"建筑形式[②]。而平安宫大极殿前有苍龙楼和白虎楼，苍龙楼位大极殿东南，白虎楼位大极殿西南，两楼与大极殿之间亦由回廊连接，其性状同样是一个近似于"凹"字形的建筑形式。如果说，平城、长冈、平安的大极殿在称谓上是对"太极"的延续，那么，与平城、长冈宫的大极殿采用的独立式"寝殿造"结构不同，平安宫大极殿的"殿阁"式的朝仪核心空间的设置，是大极殿对"含元"的建构。

不仅如此，含元殿的"殿阁"形式的使用在桓武三都朝仪空间中的递增情况，体现出的是对长安认知的加深。不仅如此，在桓武三都的朝仪空间之外，还有用于祭祀仪空间中的、宴会仪空间中的"殿阁"正殿。分别是中和院正殿神嘉殿以及丰乐院正殿丰乐殿，都是平安宫中的重要宫殿[③]。神嘉殿是举行天皇亲祭的新尝祭与神今食等祭祀仪式的场所，丰乐殿则是举行宾宴仪式时，天皇所在的宫殿。也正是因为丰乐殿

---

① ［日］山田邦和:《桓武朝における楼閣附設建築》，《国立歴史民俗博物館研究報告》134号，2007年。
② 杨鸿勋:《宫殿考古通论》，北京：紫禁城出版社，2001年，第434—436页。
③ ［日］山田邦和:《桓武朝における楼閣附設建築》。

与大极殿采用了同类建筑形制，才出现了日本元庆元年一月三日"天皇即位于丰乐院（大极殿未作）"①的情况，换言之，丰乐殿能作为天皇的即位场所的原因，或许正是因为它与大极殿有着相同的长安"含元"的建筑形制。

随着桓武三都朝仪空间中对"殿阁"建筑形式使用的增多，对长安核心主殿建筑形式认知的加深，"殿阁"也成为了日本正殿传承中关联长安的记忆元素的一部分而被传承。按照日本宫内厅所公布的日本东京皇居中的宫殿构造的情况可知，松之间等举行重要仪式的正殿，虽未按平安宫大极殿进行一比一复制，但在正殿建筑两侧仍有着附属建筑与回廊，同时京都平安神宫对平安宫大极殿进行修建时，则是完全再现了"殿阁"。这都是对长安记忆存于日本文化传承中的可视化左证。

四、陛阶与殿廷的"三阶""龙尾"重构

因日本朝仪空间仿中国都城而建，早在桓武朝以前就已经形成了"北殿南廷"的仪式空间中枢区划。将殿与廷连接起来的就是陛阶。天子之称为"陛下"，"陛"之本义是阶梯。自战国末年秦称西帝以后，"陛下"之称就开始成为秦国君王的称谓，又在秦汉以来，随着皇帝制度的确立与发展，"陛下"成为皇帝的专称，陛阶也开始成为仅设置于君王空间之中的设施，成为强调君王身份的空间设施之一②。根据日本《大内里图考证》所记，平安宫大极殿为南向，其南面陛阶是以东、中、西三阶组成，连接着龙尾道上的殿庭。龙尾道则将道上殿庭与其下的朝堂院广廷相连接。通过大极殿的陛阶与殿前龙尾道，在平安宫朝仪空间中形成了三重立体空间区域。最上重为大极殿上，第二重为龙尾道上的殿庭，最下重则是朝堂院的广廷。陛阶作为君主身份表征的设施，其设置亦有其规制，而龙尾道的设置本身就源自唐长安。

关于"三阶"设置，汉长安城未央宫前殿正阶是南阶，南阶下为广廷，是朝觐仪式举行之时臣下位置所在。未央宫前殿南阶根据班固《西都赋》的记述是"重轩三阶"的形制。且"三阶"置陛阶"二十七级"。只是此"三阶"为"左墄右平"的形式，君主可乘车登殿的陛阶为"平"，并无阶齿。这种建筑形制在桓武三都朝仪正殿的陛阶中并未见到。此后，唐长安太极殿与含元殿陛阶都以南阶为正阶，但太极殿与含元殿的"三阶"同汉长安前殿陛阶类似，与桓武三都间中的"三阶"的形制并不完全一致。在日本桓武朝以前，日本的宫城中就已经形成了"自北向南为大殿、阁门、朝庭、宫门（南门）"③的空间构造，主殿的"面南"形制早已确定。桓武朝的朝仪空间的整体布局自然都是"面南"，朝仪主殿的正阶亦都是南阶。而关于桓武朝平城宫大极殿的南阶，

---

① ［日］国史大系编修会编：《新订增补国史大系第28卷 政事要略》，东京：吉川弘文馆，1964年，第179页。
② 参看拙稿《先秦·秦汉'陛下'攷》，《山口大学文学会志》第68卷，2018年。
③ 王海燕：《古代日本的都城空间与礼仪》，杭州：浙江大学出版社，2006年，第25页。

日本学界曾有争论，有"一阶"与"三阶"之说，在平城宫主殿大极殿的复原方案中，日本考古学界曾将其设置为"三阶"①，但仍未形成最终定论。至长冈宫，根据西森正晃的复原，长冈宫大极殿正阶之中阶为"御阶"，整体结构就是东、中、西的三阶形式（图2）②。西森正晃的复原是基于考古发掘中找到了长冈宫大极殿南阶三阶的遗存而形成，此复原与平城宫大极殿的陛阶复原相比更具可信度。再及平安宫大极殿的南阶，如前述所言，《大内里图考证》已明确其南阶为三阶，不仅如此，按照藤原忠平《贞信公记》收录《北山抄》延喜八年（908）四月条的记载"大臣东阶、大纳言中阶、参议以上西阶云云"③，又《小右记》万寿元年（1024）九月十九日条有记："少时章信、经隆、行任等参入，当中阶巽列立"④，又《后二条师通记》宽治七年（1093）五月二十六日条有记："自龙尾道升，自中阶着左右座，朝座了。"⑤这些"中阶""西阶"的文献记载，明确了平安宫朝仪空间的正阶的"三阶"制度直至平安时代末期仍然存在着。

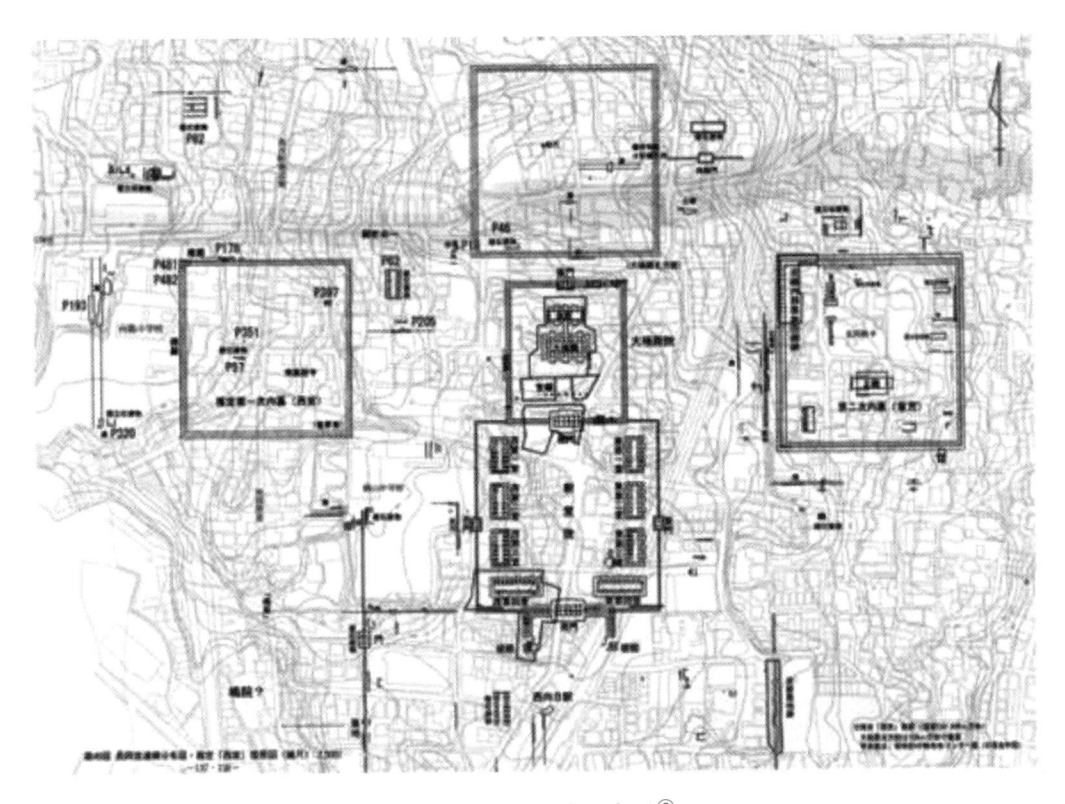

图2 长冈京遗存示意图⑥

---

① [日]桥本义则：《恭仁宫に二つの"内里"——太上天皇宫再論》，《山口大学文学会志》第51卷，2001年。
② [日]西森正晃：《長岡・平安宮の造営の実態》，《都城制研究》第11号，2017年。
③ [日]东京大学史料編纂所编：《大日本古記録 第8》，东京：岩波书店，1956年，第268页。
④ [日]东京大学史料編纂所编：《大日本史料 第二编之二十》，东京：东京大学出版会，1999年，第280页。
⑤ [日]东京大学史料編纂所编：《大日本古記録 第7下》，东京：岩波书店，1958年，第76页。
⑥ [日]西森正晃：《長岡・平安宮の造営の実態》，《都城制研究》第11号，2017年。

然而，长冈宫大极殿与平安宫大极殿的东西"三阶"，却与唐长安含元殿复原的正阶有所不同。含元殿之"三阶"体现在陛阶基底的三层上下结构上，而登殿之阶却是"两阶"。含元殿的这一特点，与汉长安城未央宫前殿结构类似①。换言之，桓武时期日本的朝仪正殿的"三阶"并非是对长安含元殿的直接承继，而是在重构的基础上再次沿袭的。此"三阶"形成日本文化记忆一部分的证明就是 2019 年 4 月 30 日与 5 月 1 日，举行的"退位礼正殿之仪"与"剑玺等承继之仪"所设置在松之间的"三阶"。此"三阶"不仅是左、中、右三阶，同时也采用了上、中、下三阶的形制。换言之，桓武朝时期的朝仪正殿，所采用的长安模式，并不是直接承继长安正殿的陛阶规划，而是将"三阶"作为一个文化元素，在根据其仪式的需求对"三阶"进行了重构。但同时，如果将朝仪空间整体来看，空间在立体层面又出现了三重结构。这是大极殿陛阶与龙尾道共同建构的结果。

所谓"龙尾道"，指示的是在长安含元殿之南的翔鸾、栖凤两阁前，有"龙尾道"与殿下陛廷相连。对于桓武朝三都宫城中是否有龙尾道，根据王仲殊先生在《论日本古代都城宫内大极殿龙尾道》一文中的考证，"平城宫城内第一次大极殿的龙尾坛仿效唐长安大明宫含元殿的龙尾道"是奈良日本对长安继承中"最为突出的显著之例"②。而日本《大内里图考证》引《江家次第》记："案江次第（御斋会）头书曰，唐含元殿，有龙尾道，结曲七转宛如龙尾，是唐含元殿之制，而国朝朝堂院龙尾道，假其名耳，其制则不同。"③这是对平安宫朝仪空间中存在龙尾道的确切记录。但同时也强调了，平安宫朝仪空间的龙尾道，是采用了唐长安含元殿龙尾道之"名"，而未采用其形制。但不可否认的是，《大内里图考证》所引明确了平安宫龙尾道的存在，且其龙尾道的源头正是唐长安含元殿之龙尾。由此，在桓武三都之中，平城宫、平安宫朝仪空间的龙尾道当确实存在，唯有长冈宫龙尾道不明。但长冈京直至桓武天皇迁都平安京都未完全建成，龙尾道亦有可能并未建成。桓武三都朝仪空间的龙尾道虽与唐长安龙尾道建筑形制不同，且还有"龙尾坛"之称，但有着承继自长安龙尾道的建筑布局与功能。按《京兆图》曰，龙尾坛，距苍龙、白虎二楼，东西廊两间"④所言，平安宫龙尾坛与唐长安龙尾道相同，设置于主殿左右的两阁之前。此外，根据"《延喜·兵库寮式》曰，大极殿前庭，龙尾道上"⑤的记录，平安宫龙尾道或言龙尾坛发挥的正是与含元殿龙尾道相同的作用，即连接主殿区域与殿前广廷的作用。又，按《内里式》（朝贺）曰，式部，龙尾道南去十七丈，置宣命位，宣命位南去四丈，东折二丈五尺，

---

① 参见拙稿《秦汉时代における"天子阶"（陛）の构造·机能とその变迁》，《東アジア研究》第 16 号，2018 年。
② 王仲殊：《论日本古代都城宫内大极殿龙尾道》，《考古》1999 年第 3 期。
③ ［日］里松固禅辑，藤原广前补正，今泉定介编：《故實叢書　大内裡圖考證》，东京：東京築地活版製造所，1893 年，第 211 页。
④ ［日］里松固禅辑，藤原广前补正，今泉定介编：《故實叢書　大内裡圖考證》，第 208 页。
⑤ ［日］里松固禅辑，藤原广前补正，今泉定介编：《故實叢書　大内裡圖考證》，第 208 页。

置太政大臣位，西折二丈五尺，置亲王位，各南去重行如常"[①]与"《北山抄》（大尝会）曰……龙尾道前，造大尝宫"[②]的记载，平安宫龙尾道前是日本举行国家大典的举行地，这一点与唐长安龙尾道所置区划一致。而根据王仲殊先生所证，平城宫朝仪空间之龙尾道（坛），与平安宫之龙尾的位置、功能一致。换言之，桓武三都朝仪空间中的"龙尾"，虽未延续长安"龙尾"之建筑形制，但其名采用长安"龙尾"，其功能延续长安"龙尾"，其处于朝仪空间的位置亦与长安"龙尾"相同。这同样是用重构的记忆形式将长安"龙尾"记在了朝仪空间之中。

自朝仪空间核心的大极殿，到殿之南阶，再到殿前龙尾道（坛），龙尾道（坛）之下就是朝堂院的广廷。在广廷的东西两侧，置有朝堂，也构成了宫城中的政务仪空间部分。而将视线再往南移动，则可到朝仪空间之朝门部分。桓武三都朝仪空间的朝门，也有着对长安的记忆元素。

五、朝门的"门阙"表现

宫城之中，各个空间的功能并不相同，朝仪空间的空间划分，需要墙垣，同样需要朝门。朝堂院南侧的朝门，则是日本朝仪空间中不可缺少的部分。如此前图1所示，长冈宫朝门为朝堂院南门，它呈现出的是"凹"字形的"门阙"形式。同样的，平安宫朝堂院南侧有两重门，一为靠北的会昌门，另一为靠南的应天门。应天门则是朝仪空间正门，其呈现出的是与长冈宫朝门相同的"凹"字形的"门阙"形式。而平城宫的朝门，目前尚未有能够证实其为门阙形制的研究与发现。但仅长冈宫与平安宫的门阙，已足以体现桓武三都对长安的记忆了，其原因正是在于唐长安的太极宫朝门与大明宫"朝门"都是"门阙"。

首先，唐长安太极宫的朝门曰"承天"，按《西京记》"正南承天门，门外两观"这一记载，它的建筑形制是门外设"两观"。"观"即是"阙"，换言之，唐代的元日大朝会、冬至大朝会、大赦以及国家大典礼等大朝会，若在长安太极宫举行之时，皆会选择承天门为举行之地。关键点就在于承天有"阙"。承天阙门发挥着的正是唐太极宫外朝的作用，亦是吏民向太极宫上书、上奏的"诣阙"之地。大明宫的情况则有所不同。大明宫之阙门实则是含元殿本身。这与大明宫宫城门与唐长安都城门重合有关，亦与含元殿发挥着大明宫外朝功能有关。值得注意的是，太极宫与大明宫的朝门虽设"阙"，却难以见到将其称为阙门的记录。例如，在文献记载中，除"承天门"之名外，《旧唐书》《新唐书》《玉海》将其记为"承天楼"，《旧唐书》《唐会要》《玉海》中还

[①] ［日］里松固禅辑，藤原广前补正，今泉定介编：《故實叢書　大内裡圖考證》，第211页。
[②] ［日］里松固禅辑，藤原广前补正，今泉定介编：《故實叢書　大内裡圖考證》，第212页。

有"承天门楼"的记录。而如山田邦和在其论著《桓武朝における楼阁附设建筑》所述，日本古记录中亦难以见到直接称"阙门"或"门阙"的记录。但"诣阙"之仪却存在。《日本后纪》大同四年（810）四月戊寅条有记"谨重诣阙，奉表以闻。"①是长冈京时期所提及的"诣阙"。又，日本《政事要略》有记"延历廿二年十一月戊寅朔。百官诣阙。上表……"②，这是平安京时期的"百官诣阙"记录。可以推测，长冈京和平安京时期的"诣阙"的实现，其基础保障正是长冈宫和平安宫以阙门作为朝门这一点。尤其是《小右记》长元三年（1030）九月二日、十七日条所记的"造应天门并东西楼廊卅二间等"③以及《中右记》永长元年（1096）十一月二十四日条所记的"应天门东西楼"④，更是确定了朝门确为"门阙"形制。而将"阙"称为"楼"的朝门的存在，使得长冈宫、平安宫朝仪空间所展现的对长安的记忆特点更为明确。

结　语

朝仪空间，作为一个同时具备政务属性与仪式属性的空间，它是在人们的主观能动性影响下，在有着特殊的空间意义的表征下所建构。日本的朝仪空间，因天皇制度时至今日仍然存续着，故而日本朝仪空间已经形成了代代传承力，拥有着文化记忆场的确切功能。作为一个具有记忆功能的文化记忆场，日本的朝仪空间所内涵的文化元素，已经成为了日本文化内核的一部分。同时，因平安京（京都）的千年影响，也促使着当今日本社会不自觉地将长安与京都关联起来，这是日本都城文化中所蕴含的长安记忆的直接表现。

记忆的表现有承继、延续、重构与遗忘。在桓武朝的平城、长冈、平安三都朝仪空间的核心区划中，作为空间要素的主殿、陛阶、龙尾道（坛）、朝门等，通过主殿大极殿对"太极"殿名、含元建筑形制的承继与延续，通过陛阶对南面正阶之"三阶"构造的重构，通过龙尾道（坛）对"龙尾"之名的延续与建筑形式的重构，通过朝门对"门阙"形制的延续与"阙门"之名的忘却，从四个方面强调着对长安的记忆。这也正是时至今日，当日本古礼再次出现时，往往会兴起对中国古代礼仪尤其对唐王朝讨论的原因。

桓武三都朝仪空间中的长安元素，通过具象化的、可视化的空间被展现出来。通过这些可视的记忆元素，能够"看到"桓武三都朝仪空间中的长安元素呈现增加态势，

---

① [日]国史大系编修会编：《新訂增補国史大系第3卷　日本後紀、續日本後紀、日本文德天皇實錄》，東京：吉川弘文館，1966年，第84页。
② [日]国史大系编修会编：《新訂增補国史大系第28卷　政事要略》，東京：吉川弘文館，1964年，第103页。
③ [日]东京大学史料编纂所编：《大日本史料　第二编之三十》，東京：东京大学出版会，1999年，第32—33、34页。
④ [日]藤原宗忠著，笹川种郎编：《中右记1》（史料通览），東京：日本史籍保存会，1914—1915年，第395页。

对长安的记忆也是呈现增强的趋势。但是，正如本文文初所言，桓武时期是日本开始强调其自身"国风"的时期，宫城中枢区域已经出现了与唐代宫城空间设计完全不同的存在。但朝仪空间中对长安元素的强调却与这一发展方向相悖。与此同时，不能忽视的是，长冈宫中朝仪正殿、朝仪正门与平安宫中朝仪正殿、朝仪正门、祭祀正殿、宴会仪正殿皆采用含元殿的"殿阁"模式，又表明了这两座在桓武时期建构的宫城，一方面要通过"长安"强调此都城的"正统性"，另一方面，又要通过与"长安相异"的空间布局来强调重视其自身"国风"的倾向。然出现此相悖的发展倾向背后的深层原因，或与当时日本已然注意到唐王朝正在走向衰落的同时，又明确其仍不可忽视唐王朝尤其是唐长安城的实际影响力，并需要以此来加强桓武天皇自身的权威力量有关。

The Imprint of Chang'an on the Ceremonial Space of the Three Capitals of Emperor Kammu's Period in Japan

Nie Ning

School of Japanese Culture and Economics, Xi'an International Studies University

Abstract: The structure of ancient ceremonial space in Japan was deeply influenced by the ancient capitals of China. Heijōkyo, Nagaokakyo, and Heian-kyō were the capital cities in the transitional stage of Japanese laws and rituals, and Heian-kyō in particular had its influence existing till contemporary Japan. As the center of state administration and site for grand ceremonies, the ceremonious space was a concrete cultural memory, and its spatial structure itself carried the "memory", which persists through continuation, emphasis, reconstruction, forgetting, and other forms. The continuation of "the Taiji Palace" and "the Hanyuan Hall", the reconstruction of "three stages" and "Dragon Tail", and the emphasis on the "real existence of *menque*, or side tower", although it was named "*que*"（阙）, all reflected the memory of Chang'an contained in the ceremonious space. The direct inheritance of Chang'an elements in the ceremonious space of the three capitals highlights the need to emphasize the demand for orthodoxy through imprints of Chang'an in Emperor Kammu's period; however, the reconstruction of Chang'an shows that as early as the building of the palace of Heian-kyōin, the turn of Japan's "national style" already taken place.

Key words: Emperor Kammu's Period; urban space; Chang'an; cultural memory

文化传播的仪式性与传递性

——戏曲意象中的长安都市想象嬗变

汪一兰

（香港理工大学　中国文化学系）

摘　要：本文试图通过中国戏曲舞台上不同的作品，展示出西安在历史进程中城市空间文化的多维度立体面向，阐释城市与文化的深刻关联。通过具有鲜明民族特色的中国戏曲大写意美学特征，说明其区别于其他新媒介，通过戏曲舞台给受众呈现的意向化城市形象以期刻画城市精神与历史嬗变。城市是通往希望和可能的转折点，艺术家们总是在不经意间热衷于表达城市的精神，而城市文化精神也由此得以产生独一无二的传承。最后阐述戏曲同时具有文化传播的传递性与仪式性，期待现代戏曲作品创作能够在"一带一路"大语境下展现又一次嬗变后复兴的西安都市形象与中华民族面貌。

关键词：戏曲；文化；城市；西安

一、概述

汉唐盛世之初，刘邦定都关中，建筑新城立名"长安"，意即"长治久安"，改长安城所在地区为"京兆"，意为"京畿之地"。丝绸之路开通后，"长安"成为东方文明的中心。史称"西有罗马，东有长安"。

今日，西安作为陆上丝绸之路的东方起点，"一带一路"的重要节点城市，肩负着中华文化传播的重大历史使命。谈到西安的城市形象，必然要回归历史文化，了解其中价值。西安，是华夏文明的一面镜子。因此，西安的城市形象传播在某种意义上代表着华夏文明，代表着中华民族的"根"与"魂"。古代长安的形象雕刻在壁画碑刻中，镶嵌在唐诗宋词中，出现在文学作品、电影报刊中，或直面呈现，或存在意象。

本文要讨论的是存在于中国传统戏曲舞台或戏曲文本中的长安形象，或者说长安的形象如何通过传统戏曲作品向世界传播与呈现。

同样作为戏剧作品，在更为现代化、更为直观的电影表达中，西安的城市形象已经被现代学者有所讨论。笔者认为，电影作为一种现代化信息技术带来的直观镜像表达手法，在技术上无疑更加先进且富有吸引力，但这种直观的空间呈现，在某种程度上丧失了大众对城市意象的空间想象边界。例如张艺谋导演的电影《活着》中，全剧贯穿着洪亮高亢的秦腔配以光影中灵活翻飞的皮影，用丰富的视听语言诠释近现代西安特有的城市形象，真实而直观；还有，陈凯歌导演以唐代长安城作为时空背景的电影《妖猫传》，用一种奇玄魔幻的手法力图再现大唐长安的奢靡盛世与极乐之境，美轮美奂，但在镜头、视听、神话想象多重驱动力下，同样存在古代城市空间意象被当代导演定义与受众想象消失的矛盾。城市在历史的车轮中缓缓前进，城市形象在不同阶段、不同时期中不可能一成不变，而中国传统戏曲具有其独特性，即戏曲作品不同于现代媒介表达，它几乎是与中国城市历史同步发展的，传统戏曲作品今日看已是作传统文化之观，但在当时也属于时人写时戏的"现代戏"，笔者认为其在传播历史延续、传播意象书写、传播地域范围都相对高于其他形式的作品。

二、城市与文化

城市是空间还是文化？城市是文化的容器，文化是城市的灵魂。把文化置于城市发展的中心战略位置，是一个世界性的潮流。[1] 长安的文化包含着东方文明，戏曲中的长安更有其鲜明的文化形象。戏曲中的城市形象，他不完全来源于实际，也许是高于现实被赋予了意象的城市想象。戏曲表演既创造自己的文化现实，也成为人们看待城市的一种方式。因此长安在戏曲中的形象到底如何？未来西安的城市形象如何通过戏曲创作得到更广泛的传播和提升？

对于城市文化研究，若以城市建筑空间和城市环境等方面定义，城市文化应该与其存在某种反哺关系。但更为重要的城市文化，是城市的底蕴、城市的形象。城市文化研究中一位具有深远影响力的学者，德国社会科学家格奥尔格·齐美尔（Georg Simmel, 1995）提出过"大都市个性"[2] 研究，其观点是"聚集于确定城市文化遗产基本特征"[3]。以长安文化的历史脉络来看，对于当代西安都市形象的确定与建立确有若干优势。

---

[1] 高富民，花建：《文化城市——基本理念与评估指标体系研究》，北京，商务印书馆，2012年，第12页。
[2] 原文添加引号，作 "metropolitan individuality" 翻译。
[3] ［美］黛博拉·史蒂文森（Deborah Stevenson），董亚平，何立民译，《文化城市》，上海：上海财经大学出版社，2018年，第15页。

城市是都市生活加之于文学形式和文学形式加之于都市生活持续不断的双重构建。[1] 戏剧作品更加如此。戏剧，是一种活态的文化，而戏剧文化历来是从城市地域文化中获取滋养的。戏剧艺术是对于城市印迹独一无二的意向性表达，令城市对于文化他者变得更加有想象性空间和魅力。戏剧是最具有仪式性的文化传播方式，是城市的表象、城市的心灵、城市的精神象征。回顾世界剧史，美国剧作家米勒的《推销员之死》让我们洞察到纽约的现实主义激烈冲突特征，感受到纽约的乐观与繁华、纽约的冒险精神与美国梦的虚假；莫里哀的戏剧以巴黎皇宫为蓝图展示巴黎的浪漫气质与没落贵族的悲哀；契诃夫的戏剧《三姐妹》全篇贯穿了"到莫斯科去"这一核心意象，不断展现着莫斯科的冰冷与威严。《茶馆》《小井胡同》也在舞台上深刻反映了北京城建国前后城市空间缩影；舞台剧《繁花》展现了典型的上海大都市流行色与弄堂巷尾的世俗烟火气息……戏剧从过去到现在，不断地塑造着城市的形象，记录着城市的历史。人们熟知的历史城市形象不断地在戏剧舞台上被拓展和塑造，新兴城市的想象不断通过戏剧舞台被创造。

城市与其说是一个地点，不如说是一个表象。而戏剧舞台给我们提供了现代城市的表象，观众正是通过这种表象来认识一个时代的城市精神与其历史嬗变。城市似乎是通往希望和可能的转折点，艺术家们似乎总是在不经意间热衷于表达城市的精神，而城市文化也由此得以产生独一无二的传承。

三、长安城在中国传统戏曲舞台上的嬗变

（一）作为京兆府的繁华长安

长安最典型的形象便是中国历史的黄金时期——汉唐鼎盛之时的京兆长安。唐代长安城可以说是一座文化熔炉、一座海纳百川的伟大城市。直至今日，飞速发展的现代西安仍旧在努力追寻着这份记忆与荣耀。

中国戏曲舞台上最为长盛不衰的经典作品之一《长生殿》便是开元天宝年间京兆长安的典型描绘。此剧几百年来在京昆舞台上常演不衰，清宫内廷常演此剧，北京聚合班、内聚班等班社都以出演此剧而闻名。两百余年来，各大昆班也在舞台上不断演出。京剧大师梅兰芳先生的代表作《贵妃醉酒》也是由《长生殿》脱胎而来。

【北中吕粉蝶儿】[2] 天淡云闲，列长空数行新雁。御园中秋色斑斓，柳添黄，

---

[1] ［美］利罕（Lehan, R），《文学中的城市：知识与文化的历史》，吴子枫译，上海：上海人民出版社，2009年，第3页。

[2] 北中吕粉蝶儿：北中吕，曲调名。中吕有南调、北调。这里是北中吕调。这一出戏，都用这个调。粉蝶儿，下面的"南泣颜回"等均为曲牌名。

萍减绿，红莲脱瓣。一抹雕阑，喷清香桂花初绽。

【长生殿·南扑灯蛾】① 稳稳的宫庭宴安，扰扰的边廷造反，冬冬的鼙鼓喧，腾腾的烽火爇。的溜扑碌臣民儿逃散，黑漫漫乾坤覆翻，碜磕磕社稷摧残，碜磕磕社稷摧残，当不得萧萧飒飒西风送晚，黯黯的一轮落日冷长安。

《长生殿·春游曲江》②

——"今天是三月三日，皇上与贵妃游幸曲江，三国夫人随驾，倾城士女，无不前往，我也单骑前去。"

——出得门来，你看，是香尘满路，车马嫔云，好不热闹。

——正是"当路游丝萦醉客，隔花啼鸟唤行人"。

《贵妃醉酒》③

——"唱滩簧西宫夜静百花香，钟鼓楼前刻漏长。杨贵妃酒醉沉香阁，高点银灯候君王。"

京兆长安在戏曲舞台上是天子之城，我们看到上述不乏唐明皇与杨贵妃春游曲江、临潼沐浴、春夜宴饮、赏花听曲、歌舞欢娱乃至胡人来犯的场面。"御园秋色""宫廷宴安""游幸曲江""香尘满路，车马嫔云，好不热闹"，每一个场景仿佛都在向观众再现京兆长安宏伟俊丽的宫殿内外、宴会与春游的皇家都城形象，通过小小的舞台空间来表达对这个已经消失数百年的城市空间想象，中国戏曲独有的意向化美学表达勾勒出大唐不夜城长安的歌舞生平、欲望膨胀、奢华极致、异域交融的极乐之境。作为京兆府的长安形象是富丽堂皇、恢弘奢靡、混杂且浪漫的，它代表了中国封建社会的鼎盛形象。正所谓"回首可怜歌舞地，秦中自古帝王州"④，戏曲作品竭尽全力想要表现长安都城的皇家繁华景象与当时国际大都市包容开放的文化气度。

当繁华已离我们太过久远，京兆长安消失殆尽之时，我们大概只可以从这些流传百年的戏曲作品中窥得一二，寻求大唐盛世遗留下的长安城独特的文化品质与城市精神。

另一出耳熟能详讲的经典作品，讲述王宝钏与薛平贵故事的京剧《红鬃烈马》（相当于秦腔《武典坡》《王宝钏》），亦是典型的对长安京兆府形象的写画。早在1934年熊式一先生将其远播至英国时，他根据京剧"王宝钏"故事编译的作品 *Lady Precious Stream*（以下简称LPS）⑤ 在伦敦的演出就颇受欢迎，其中《投军别窑》《探寒窑》《赶三

---

① 凌冬、潘中艺：《中国古代戏曲名作欣赏》，北京：中国人民大学出版社，2009年，第135页。
② 凌冬、潘中艺：《中国古代戏曲名作欣赏》，第135页。
③ ［日］波多野乾一，卢茂君译：《京剧大观》，北京：北京出版社，1985年，第203页。
④ 出自唐杜甫《秋兴》诗。
⑤ 杨慧仪：《翻译改写了王宝钏的命运：熊式一的Lady Precious Stream》，谭载喜等编：《翻译与跨文化交流：积淀与视角》，上海：上海外语教育出版社，2012年，第514页。

关》《武家坡》等几幕可以说是最早知名于欧美的中国想象,其城市空间呈现背景就是作为京兆府的长安。剧作史长河中,《桃花笺》《未央宫》《烽火戏诸侯》……无数的经典戏曲作品在历史舞台上演绎着长安京兆府的恢弘形象。2019年6月由西安秦腔剧院易俗社上演的新编秦腔历史剧《李白长安行》,又一次以诗仙李白为对象,以盛唐长安为背景,借唐明皇开放禁书、成就佳缘的故事展示了中华文明高峰时期的长安。几乎无处不在的"长安元素",除了李白多篇与长安有关的诗文以融入戏词的方式展示之外,从长安城上元灯会,到曲江池畔灯火辉煌,再到兴庆宫内富丽堂皇……大唐长安的盛世繁华在戏中贯穿始末。本剧尝试用秦腔这种本土艺术形式,以长安的文化底蕴与丝路文化交流为背景,讲述李白在长安的这段历史,彰显文人情怀和时代精神,表达对爱情、人性、自由、文化交流互鉴的追求,传达京兆府长安开明的气度、文化的自信、包容的底色。①

盛世赋予了长安都城独特的文化底蕴与都市形象,上千年的沉淀与传承延续了绵亘千里、泽被至今的丝绸之路。戏曲舞台生动的阐释和表达了人们意象中的长安。皇权、繁盛、国际化大都市、西域、丝绸之路,这是一个早已消失不可见,只存在于历史意象中的京兆府长安。中国戏曲独特的大写意特征整合了这样一种"不可见",却又实在地赋予了长安皇城京兆府的文化符号特征,同时赋予其受众(包括异文化受众)对于古代长安的城市想象留下了极大个人空间。

(二)作为西京——被放弃的陪都、灾难中的希望之地

元代,"长安"丧失首都地位,"长安城"所在地"京兆府"易名"奉元路"。明朝改"奉元路"为"西安府","西安"之名由此而来,延续至今。至1932年11月,国民政府决定决议长安改为行政院直辖之市,西京兼负建设陪都之专责,后由于军事政治原因被撤销。1945年4月,行政院正式撤销了西京筹备委员会,改名西安市。

王朝覆灭,光芒不在,经历了千年兴衰的长安不再如从前一般作为中华皇冠上最耀眼的那颗宝石熠熠生辉。相反,清末民初以来,西安在戏曲舞台上的形象大致与彼时的中国境况相关联,总是镶嵌在军事、历史转折中以灾难、战争中颓旧而坚韧的形象出现。

著名剧作家郑怀兴先生执笔,秦腔名家齐爱云、侯红琴与陕西省周至县秦腔剧团联手奉献的秦腔历史剧《关中晓月》以清末庚子国难为背景,讲述慈禧西逃至西安发生的故事。舞台上展现的西京是西北逃亡之地,是失去往日贵族气息的古旧之所。在封建社会面临巨大变革的重要关头,此时的西安城市空间意象如同灾难中的中国一样,不再表现辉煌的王土疆界,不再是华丽渲染的王朝帝都,呈现出一片破败、落后之感,

---

① 转载西安文旅之声:《诗戏交融,讲述"诗仙"李白的长安故事》,2019年。

却仍旧为皇族与国家命运衰颓提供着最后的屏障与寄托。

同样是表现拯救民族危亡的秦腔现代剧《西安事变》，是中国戏曲舞台展现西安城市近代城市形象嬗变进程的重要作品。如果说《关中晓月》中的长安意象是竭力表达社会变革的启蒙，那么《西安事变》中的西京意象则是"救亡之都"。通过包括张学良将军公馆、杨虎城公馆、西京招待所、华清池、兵谏亭等场景的还原与对人民领袖形象的塑造，西安的意象又一次被定格在了历史转折、国家危难的最后关口。这是一个废旧的被放弃的陪都，混杂着皇朝威严的积淀与未来新兴的希望。

彼时的西京也几乎退出了京昆舞台，只有陕西地方戏秦腔仍旧会以其作为背景空间来演绎故事。对于戏曲受众想象来说，近现代历史上的西京城市形象极大的改变，王朝都城荣光不在，破落、荒废且坚韧，百废待兴，埋藏着民族最后的希望。

（三）作为西部高地——都市化进程中的古城西安

戏曲舞台上讲述现代化进程中的都市西安形象主要集中于秦腔现代戏，当代剧作家们仍旧关注这座古老的城市，企图为它刻画舞台形象，传承长安精神。我们发现新世纪以来当代剧作家逐渐开始聚焦西安城市脉络中的西北荒川大漠、艰苦朴实等城市意象。秦腔现代戏《西京故事》是一部讲述西安都市化进程中，在城乡二元背景下进城者和原住民的普通故事。农民工群体的场面调度和房东家内外的设计，还有那支贯穿全剧的气血充盈、裂帛向天的秦腔民谣，都呈现出西北城市特有的质朴浑厚、自强不息、厚德载物的精神意向。[①] 即便是这样，台上那株千年唐槐和未在台上显现的罗家乡下老宅里的两株紫薇，还有总在奏响着人生旋律并于关键时刻发出人生哲理的东方雨老人，又无法放弃向人们昭示：即便伴随贫困、窘迫，但"西京"似乎仍旧无法忘却大唐京兆府和千年古都的城市文化符号，这座城市如庞大的基石承载守护着中华民族历史文化的最深处。

另一部秦腔现代剧《大树西迁》聚焦在中国现代教育史上非常重要的一段历史——交通大学西迁和西安交通大学成立与发展过程。同样呈现的是都市西安在国家开发西部的过程中西北热土的意象。舞台上锣鼓喧天迎接西迁大军的场面是西安热情朴实的写照。学校的场面、教授家里的场面又显示出西安虽然地处西北，却有着深厚的文教积淀、文化脉络。它强调了新时代西安浓郁的西部精神和西部情怀，彼时的西安城既有历史积淀的厚重，又承载播种未来的使命感的人文风貌。伴随西安交通大学的落地生根，戏曲舞台上的都市西安意象再次嬗变，它成为国家西部大开发的重镇、"一带一路"的起点，携带着浓厚的黄河文脉精神播种未来。

---

① 仲呈祥：《西京故事等秦腔现代三部曲的启示》，《陈彦精品剧作选》，西安：太白文艺出版社，2018年，第355页。

四、总结与展望

一座城市，必须足够辉煌磅礴，具有足够丰富的历史积淀，才能够在本民族的戏剧舞台上呈现出如此多面的城市意象。它曾是皇城，它曾是废都，它也是复苏的大都市，戏曲舞台上的长安城市形象一直在变化。

没有城市就没有文明，一座城市伟大的成就中一定包含哲学、艺术、戏剧，它不是简单的具象艺术品或某种活动，而是一个民族智力、精神、历史、哲学、美学发展的长久过程。戏曲舞台上写意的长安，永远留给世人以都市想象的空间，这是中国戏曲独有的，更是长安文化独有的宝贵财富。

一种文化，如果不主动，或者没有能力主动地走向世界，那么这种文化即使再有价值，恐怕也难以在世界各种文化整合过程中发挥积极作用。[1] 历史上的戏曲舞台，是长安城集体回忆与意义的源头。无论是过去还是现在，辉煌亦或衰败，戏曲舞台记录了长安城的都市空间文化想象痕迹。今天，艺术文化资源在城市复兴计划运用中的重要性不言而喻。戏曲舞台上的西安，是城市符号的象征，是城市复兴的原动力。即便在今天传播媒介如此多元化的环境中，戏曲对于城市形象的书写仍然无可替代。虽然无法如电影或纪录片一样直面呈现给观众清晰的形象，但正是大写意的特征，给人以想象上无限的空间。同时，虽然是大写意表征，但中国戏曲是一种的"非写实主义"（non-realistic）而不是一种反写实主义的（anti-realistic）戏剧，它可以依照自己的文化传统与模式对一座城市进行解读，并且伴随城市历史具有一定的传承性质。今天，在"一带一路"的大语境下，戏曲需要传承长安厚重的历史基因，在历史脉络中寻求构画新时代西安国家中心城市空间文化意向。从大唐盛世到现代化大都市西安的舞台表现，戏曲一直对受众表现出强烈的文化传播传递观（a transmission view of communication）和仪式观（a ritual view of communication），这是其他艺术形式所不具有的双重性。如果说传递观其核心在于以控制为目的的信息在地理上的扩展，那么仪式观则是将人们以团体或共同的身份召集在一起的神圣典礼。[2] 正如格尔兹所说，只要思考一下仪式，就能理解文化之复杂性：我们可以在一种文化形式的全部剧目的任何地方开始阅读，并在任何地方结束；我们可以在某个单一的、特定的文化形式中持续停留，也可以在不同的文化形式之间来回，以探索更广泛的联系或进行对比，甚至可以比较来自不同文化的形式，在对比中确定它们各自的特征（Geerta, 1973）。中国戏曲是一个非常好的路径。

世界上出现过形形色色的城市，在它们的背后通常有着关于一个民族的文化脉络，

---

[1] 孙玫：《20世纪世界戏剧中的中国戏曲》，《二十一世纪双月刊》，1998年2月号，总第45期，第103—112页。
[2] 詹姆斯·凯瑞（James W. Carey）：《作为文化的传播》，丁未译，北京：中国人民大学出版社，2019年，第40页。

这个城市的人们在经历时往往是"无知觉"的。因此，我们需要创造更好的戏曲作品，塑造崭新的古典与现代化交融的都市西安城市空间形象，在"一带一路"的起点播种新的希望，通过这条希望之路向中国之外的地域，向遥远的西方传播复兴中的中华民族之面貌。

Ceremony and Transmission of Cultural Communication: The Transmutation of Chang'an's Urban Imagination in Opera Imagery

Wang Yilan

Department of Chinese Culture, Hong Kong Polytechnic University

Abstract: This study attempts to demonstrate the multi-dimensional orientation of urban spatial culture in Xi'an in history through different works on the Chinese opera stage, and to explain the profound connection between the city and culture. Through "freehand style", the aesthetic feature of Chinese opera with distinctive national characteristics, this study illustrates that Chinese opera, distinctive from other new medias, presents to the audience the imagery image of the city through opera performance on the stage to portray the spirit and historical transmutation of the city. The city is a turning point to hope and possibility, and artists are always keen to express the spirit of the city unconsciously, and the spirit of the urban culture is thus uniquely transmitted. In the end, this study suggests that opera is both a transmission and a rituality of cultural transmission, and it is expected that the creation of modern opera works could reveal the revitalized image of Xi'an and the Chinese nation after another transformation in the context of the Belt and Road.

Key words: opera; culture; city

刘古愚形象考

丁　岳　侯亚伟

（陕西师范大学　国际长安学研究院　历史文化学院）

摘　要：作为晚清关中大儒，刘古愚视己为"乡曲陋儒"，而在时人的回忆中，他是德才兼备的名师。新文化运动后，刘古愚日渐被认为是思想保守者。抗日战争时期，其爱国形象被广为宣传。进入抗战相持阶段，刘古愚又被赋予革命形象。改革开放后，刘古愚新旧过渡阶段知识分子、爱国教育家的形象被确立，陕西革新人士和关中大儒的形象也日益突出。刘古愚形象演变的背后反映的是时代变迁、中西之争和西北社会思潮的变化。

关键词：刘古愚；形象；陕西；时代变迁

刘古愚（1843—1903），名光蕡，字焕唐，自号古愚，陕西咸阳人。光绪二年（1876），刘古愚会试不第，便返乡教书，"历主泾阳泾干、味经、崇实诸书院"[①]，讲求实学，培养了一批优秀人才，在陕西教育界颇有名气。戊戌变法时期，刘古愚与康有为、梁启超书信联系；戊戌政变时，他受牵连，隐居烟霞草堂，继续推广实学，创办实业。后为缓和西北民族矛盾，他应甘肃大学堂之聘，赴兰州教书。光绪二十九年（1903），刘古愚在甘肃病逝。

历来学界对刘古愚的研究主要集中在其教育事业、思想和维新实践等方面[②]，关于其形象变迁方面的讨论，尚无专门论著。仅李虎基于历史考证，质疑抗战时期杨明轩提出的刘古愚的革命形象和于右任所说的"南康北刘"的称号，认为朱佛光才是具备

[①] 陈三立：《刘古愚先生传》，刘古愚：《刘古愚先生全书·烟霞草堂文集（卷一）》卷首，王典章等编校，1923年思过斋刻本，第 1a—1b 页。以下相关注释简写。

[②] 具体可见以下研究：李钟善：《刘古愚教育思想初探》，《陕西师大学报（哲学社会科学版）》1991年第20卷第3期；武占江：《刘光蕡评传》，西安：西北大学出版社，2015年；梁经旭：《陕西近代新闻事业的奠基人——刘古愚》，《新闻知识》1990年第9期；张惠民：《味经、崇实书院及其在传播西方科技中的历史作用》，《西北大学学报（自然科学版）》1999年第1期等。

革命思想的人,"南康北刘"只是学术方面的评价。① 该研究虽对刘古愚相关形象进行分析,但并未从长时段分析刘古愚形象的变迁,也未涉及形象背后所反映的时代特征和社会思想。

扬·奥斯曼认为:"社会通过构建出一种回忆文化的方式,在想象中构建了自我形象,并在世代相传中延续了认同。"② 百余年来刘古愚的形象多次发生变化。从自我认知中的"古愚""乡曲陋儒",到时人回忆中德才兼备的名师,再到新文化运动之后的思想保守者、抗日战争时期的爱国者和抗战相持阶段的革命形象,改革开放后又成为处于新旧过渡阶段的爱国教育家、陕西维新领袖和关中大儒。作为近代陕西甚至西北地区传播西学的关键人物,刘古愚形象演变的背后与近代局势发展、中西之争、西北社会思潮变迁息息相关。

一、自我形象

作为时人口中的"关中大儒",刘古愚尝自称"古愚""乡曲陋儒"。经受戊戌政变打击后,他以诗抒发心中悲愤,诗中壮志未酬的老者形象,是他晚年的自我写照。

(一)古愚

刘古愚自号"古愚",此号蕴含了他的自我认知和期许。甲午战后,许多中国读书人意识到须学习西方制度以图强。而此时陕西风气未开,刘古愚推行实学引世人不解,视其为愚,故晚年自号"古愚"自遣。③ "古愚"一词既有古朴厚道之意,又可理解为保守愚昧。明人王鏊曾作《古愚》一诗,将自己比作古愚人,表达世人皆逐奢靡,唯自己未随波逐流之志向,此处"古愚"一词有自己虽未遇志同道合之人,但仍坚守自我志向之意。④ 刘古愚的号也与此意相通。在陕西旱灾严重之时,潼关训导朱纯一造成纺车、取水机器,刘古愚赋诗称赞。其中,一句"君诚天下士,我亦古之愚"⑤ 将"天下士"与"古之愚"对应,说明他将朱纯一视作同道中人。朱氏虽为一介小官,却不忘制造新式器物造福百姓,刘古愚也在他人不解时坚守推行实学的志向,二人皆仕途不顺,但仍有承担士之责的理想。"古愚"之号,实则表达刘古愚无论身处何境,都要为国家推广实学、实业的决心。

---

① 李虎:《关于刘古愚评价中的几个问题》,《咸阳师专学报(综合双月刊)》1995年第10卷第5期。
② [德]扬·阿斯曼:《文化记忆:早期高级文化中的文字、回忆和政治身份》,金寿福、黄晓晨译,北京:北京大学出版社,2015年,第8—9页。
③ 详见任大援、武占江:《刘古愚评传》,西安:陕西人民出版社,1997年,第128页。
④ 详见杨维忠编:《王鏊诗文选》,苏州:苏州大学出版社,2015年,第86—87页。
⑤ 刘古愚:《朱纯一司训创造纺车取水机器有感喜而赋此即以留别五首》,刘古愚:《全书·文集(卷十)》,第4b页。

"古愚"之号也与刘古愚坚守儒家思想的信念有关。刘古愚自小学习儒家经典,崇尚儒学,常以"迂儒""陋儒"自称,说明他有儒者的身份认同。他认为儒学博大精深,将其视为中国国教,晚年仍觉"孔孟公评真是圣,我今始悔读书迟"。① 然而,伴随着西方的"坚船利炮"打开国门,基督教日渐深入内地,刘古愚对儒学的处境深感危机,孔子和儒学在他的心中逐渐成为一种民族的象征,时刻警惕以此为代表的中国文化会被随西方物质文明而来的外来文化挤压掉。② 刘古愚赴甘肃教学前夕,曾对留守烟霞草堂的人讲道:"夫诸同人为余筑舍,以中国贫弱,耶教横恣,惧孔教之亡而欲延百千于一线也。"但时人多有不守"圣人之教"之事,令其发出"余固古愚,诸同人亦愚之愚者矣"③的感慨。

因"古愚"一词的特殊性,刘古愚假借其自嘲,实则表明自己坚守志向的决心。他与此时多数读书人一样,在西方冲击下具备思想张力,既推广实学,又坚守中国传统文化。

(二)乡曲陋儒

刘古愚曾以"乡曲陋儒,识固庸鄙"④评价自己。戊戌政变后,甘肃总督欲聘刘古愚主讲甘肃大学堂,他却以"学问短浅,才识不宏","不堪为人师资"⑤。其实,刘古愚作为关中大儒,又是陕西较早推崇西方技术之人,虽不通西语,却也读过一些西方译著,其学识在当时陕西读书人中已属优秀。叶尔恺初到陕西时,认为这里"地僻书少",秦人"见闻浅陋",但刘古愚"实为庸中佼佼"。⑥ 刘古愚却仍谦虚地认为自己见识浅薄,"贲以迂腐之身,教授里闬,虽讲读经史,于政事初无所窥"。⑦ 这种自我认知也让他在教学时,"加意振作,以赎前此负心之咎"。⑧

刘古愚的这一自我认知,一方面与其自谦的品质有关,另一方面与近代陕西学术的情况有关。20世纪初,美国学者弗朗西斯·亨利·尼科尔斯曾在北京调查人们对陕西的印象,他发现无论外国人还是北京人,都认为陕西是一个古老偏僻的省份,至今仍在恪守传统。⑨ 这是因为陕西偏居内地,交通不便,西方文化难以深入,而近代人们逐渐接受、学习西方文化,西北便日渐成为人们印象中闭塞、未开化之地。刘古愚

---

① 刘古愚:《壬寅六十自寿五首》,刘古愚:《全书·文集(卷十)》,第12a页。
② 详见任大援、武占江:《刘古愚评传》,第265页。
③ 刘古愚:《复郊学舍始末记》,刘古愚:《全书·文集(卷三)》,第16a—17a页。
④ 刘古愚:《论语时习录序》,刘古愚:《全书·文集(卷二)》,第16a—16b页。
⑤ 刘古愚:《复曾怀清方伯书》,刘古愚:《全书·文集(卷六)》,第10b页。
⑥ 上海图书馆编:《汪康年师友书札》,上海:上海古籍出版社,1986年,第2476页。
⑦ 刘古愚:《复曾怀清方伯书》,第10b页。
⑧ 刘古愚:《示味经书院诸生读通鉴法》,刘古愚:《全书·文集(卷八)》,第5a页。
⑨ 详见[美]弗朗西斯·亨利·尼科尔斯:《龙旗下的长安》,宗鸣安译,西安:陕西人民出版社,2020年,第1页。

在阅读外省报刊、书籍时，不免会受到这一认识的影响，同时，他本身对西方科学技术的渴望，也让他形成"吾乡鄙陋"①，难以见到一些西方器物的认知。他急于开通陕西风气，反而会频繁地使用"吾乡鄙陋""秦之愚黔首"②之类的表述。由此，他也变成自己笔下因"足迹未出里门"③而"闻见浅陋"④的"迂腐书生"⑤。

因此，表面看来，"乡曲陋儒"只是刘古愚的自谦之词，实则也受到近代西学冲击的影响。

（三）壮志未酬的老者

在意识到"今中国贫弱，见侮外洋"⑥后，为挽救时局，刘古愚在陕西创办实业，推广实学。但戊戌政变令其深受打击，随后他隐居烟霞草堂，坚守其志。正是这段经历，令刘古愚的诗中多含悲愤之情。

光绪二十六年（1900），刘古愚应陈兆璜之聘，赴潼关教书，此行期间他所作的诗，多借萧何、张良、冯从吾等历史人物的事迹⑦，表达自己在现实中难以实现的志向，即以天下为己任、建功立业。光绪二十八年（1902），六十岁寿辰时，刘古愚写道，自己已是"耳何能顺鬓霜稠"，曾欲以身报国，最终却只能"混迹耦耕安此土，伤心风雨过中秋"。⑧戊戌政变后，他的诗中常含自己难以大展宏图的悲愤之情，壮志难酬的老者形象跃然纸上。次年，为缓和西北民族矛盾，他应甘肃总督之聘，赴甘肃教书。途中，他回首往事，发出"我生命果遭磨蝎，千里间关欲为何？远志虚名成小草，有朋乐事负牵萝"⑨的感慨，表达即使时运不济，也要尽己所能报效国家的志向。

吴宓曾言，刘古愚鲜少写诗，每首皆可见其学术和志业。⑩诚如斯言，刘古愚的诗中，流露着欲报效国家、创办实学的志向。然而，近代中西之争的复杂多歧，加之戊戌政变使他失去官方的支持，他在西北推行实学更为不易，壮志难酬的老者形象便不可避免地常出现于其诗中。

综上，刘古愚自我认知的形成，与以下因素有关。其一，刘古愚的自我形象多出现在他写给别人的书信中，故多含自谦之意。其二，传统儒士的精神和责任对其影响很深，故他以天下为己任，讲求实学，戊戌政变后，常慨叹自己壮志未酬。其三，中

---

① 刘古愚：《味经书院通儒台经纬仪用法跋》，刘古愚：《全书·文集（卷三）》，第6b页。
② 刘古愚：《与梁卓如书》，刘古愚：《全书·文集（卷五）》，第21b页。
③ 刘古愚：《复魏汕汀问河套屯田书》，刘古愚：《全书·文集（卷五）》，第10b页。
④ 刘古愚：《与梁卓如书》，第21a页。
⑤ 刘古愚：《复魏汕汀问河套屯田书》，第10b页。
⑥ 刘古愚：《赠武德骑尉张伯良碑》，刘古愚：《全书·文集（卷三）》，第38a页。
⑦ 详见刘古愚：《关中咏古五首》，刘古愚：《全书·文集（卷十）》，第6b—7a页；刘古愚：《潼关怀古四首》，刘古愚：《全书·文集（卷十）》，第1a—4a页。
⑧ 刘古愚：《壬寅六十自寿五首》，刘古愚：《全书·文集（卷十）》，第12a页。
⑨ 刘古愚：《游甘书感五首》，刘古愚：《全书·文集（卷十）》，第14a页。
⑩ 详见吴宓：《空轩诗话》，吕效祖主编：《吴宓诗及其诗话》，西安：陕西人民出版社，1992年，第216页。

西之争和其所处地域也影响其自我认知。

二、时人认知中的刘古愚形象

光绪二十九年（1903），刘古愚在甘肃大学堂任教时与世长辞。其生前，国家处于变革之际，他为挽救时局，在陕西力倡实学、实业。时人对此多有争议，对其评价褒贬不一。

（一）学识欠佳之人

康、梁倡导维新变法之时，反对者众，身居陕西的刘古愚亦因提倡实学、实业而遭批驳。晚清、民国陕西著名学者张鹏一曾言："陕人目师为洋学，谤言日至矣。"[1] 因思想、立场不同，有些人无法理解刘古愚所行之事，甚至将其视为学识欠佳之人。

学问方面，陕西米脂人高照煦曾认为刘古愚古文水平不高，"八股文识者多訾其欠讲究"，又质疑时人对其"学贯中西"的赞誉，认为"传言与康有为书札往来，有'南康北刘'之谣。"[2] 高氏是同治举人，门人贺锡龄评其为"近代教育家"，经高氏教诲，偏僻乡邑，"科名之盛，冠绝一时"[3]。可见，高氏在八股文写作方面确有造诣。而柏景伟曾言，"惟焕唐素不长阅八股文"[4]，故高氏否定刘古愚"中西兼通"，质疑其与名气正盛的康有为有交集。然而，戊戌变法时期，刘古愚因提倡实学而名显于世，高氏等传统士人则面临身份和地位转变的危机，随着新式教育日渐兴起，高氏对刘古愚古文不精的评价，不为时代所需，故未广为流传。

除了思想保守之人，当时提倡新学之人也认为刘古愚的学问欠佳。浙江士人叶尔恺初到陕西时，在与汪康年的书信中提到陕西风气未开，陕人鄙陋，刘古愚亦不识小学，"自安固陋"，但他惊讶于刘古愚竟"略涉西政各书"，称其"庸中佼佼"，却又称朱佛光和毛昌杰的中西学水平皆在刘古愚之上。[5] 他对刘古愚的评价充满矛盾。一方面是因为汪康年与康有为有矛盾，刘古愚却服膺康有为之学。[6] 另一方面，这又与近代中国东西部地区的思想差异有关。叶尔恺是东南沿海地区的传统士人，相较陕西士人，更易见到一些西方器物和译著，所以，他认为陕西士人皆鄙陋。但是，刘古愚提倡实学，在陕西并不多见，故叶尔恺又对其多有留意。不过，他仍觉刘古愚的学识非当地最优。

---

[1] 张鹏一：《刘古愚年谱》，西安：陕西旅游出版社，1989年，第105页。
[2] 徐一士：《近代笔记过眼录》，徐泽昱整理，北京：中华书局，2008年，第43页。
[3] 徐一士：《近代笔记过眼录》，徐泽昱整理，第36—37页。
[4] 柏景伟：《覆柯逊庵学使》，《柏沣西先生遗集·沣西草堂集（卷二）》，1924年思过斋刻本，第7a页。
[5] 上海图书馆编：《汪康年师友书札》，第2476页。
[6] 详见武占江：《刘光蕡评传》，第151页。

见识方面，刘古愚所行之事曾被他人批评。刘古愚欲办纺织机器厂，派其弟子陈涛等人南下学习相关办理事宜，时任江苏巡抚的赵舒翘对此不解，陈涛将其言论悉数记下。赵氏认为此事既费朝廷资金，又易身败名裂，弊多利少，刘古愚思虑不周，"今为此举又要报效洋人"①。此评价与赵氏的思想有关。他自称"最不好西学"，认为洋务"俱是狂言"，"中国之敝在乎人心"，创办机器等事是外人的事，无需模仿。② 赵氏作为清末官员，其所处位置和对待西学的态度与刘古愚不同，他意识到此时办厂存在西人保留核心技术、国人不理解等困难，故极力反对。同时，赵氏亦不理解刘古愚对康有为之学的钦佩之情。他认为刘古愚的《强学会序》"是许康长素之为人直与圣人为一气，岂不大谬！以为其言论可听也，此间能为此等文字者，车载斗量，何可胜数"。③ 即使赵氏在很多看法上与刘古愚存在争议，但这并未影响他对刘古愚品性的赞赏。

（二）学品优良之人

时人对刘古愚的评价颇具争议，但当涉及其品德时，熟识他的人便赞其品质优良。赵舒翘与刘古愚在实学等方面的看法存有争议，但赵氏知其品性，赞其"和似光风蔼似春，胸怀烂漫见天真。他时若订金兰谱，特比书君第一人"。④ 此外，陕西学政叶尔恺虽对刘古愚服膺康有为之学，颇有微词，但他也认为"其人尚气节"⑤，"在陕人中最为杰出，其力辟风气尤为难得"⑥。这说明刘古愚确为品质优良之人，他以儒士的标准要求自己，又极具毅力和魄力，受熟识之人尊敬。刘古愚肄业关中书院时，其友柏子俊为其画蟹，亦赞其"临邛幻梦太无征，藉甚文名说长卿，自是君身多侠骨，满江风浪破纵横"。⑦

品德之外，刘古愚的学问也曾被时人夸赞。光绪十二年（1886），柏景伟向学政引荐刘古愚时，称其"学品最优，某所弗逮，为味经诸生所敬服"⑧。虽为溢美之词，却不乏柏景伟对刘古愚学品的敬佩。柯逢时亦敬佩刘古愚的学品，据张鹏一回忆，在刘古愚任职味经书院的十余年中，唯学政柯逢时初因听信京中谗言，对其不满，最后钦佩之至。柯逢时误解刘古愚之时，时任陕西布政使的陶模极力推举刘古愚，赞其学问深邃，任讲席之职为众望所归。⑨ 柏景伟也曾提及"逊庵学使出京时，误入人言，初

---

① 陈涛：《审安斋遗稿·南馆文钞》，1924年铅印本，第34b页。
② 陈涛：《审安斋遗稿·南馆文钞》，第33a—34b页。
③ 陈涛：《审安斋遗稿·南馆文钞》，第34b页。
④ （清）赵舒翘：《慎斋文集》，闫晓君整理，北京：法律出版社，2013年，第303页。
⑤ 上海图书馆编：《汪康年师友书札》，第2475页。
⑥ 上海图书馆编：《汪康年师友书札》，第2478页。
⑦ 柏景伟：《为刘焕唐缋蟹并题》，《柏沣西先生遗集·沣西草堂集（卷八）》，1924年思过斋刻本，第12a页。
⑧ 柏景伟：《覆林迪臣学使》，《柏沣西先生遗集·沣西草堂集（卷二）》，1924年思过斋刻本，第6b页。
⑨ 详见张鹏一：《刘古愚年谱》，第57页。

到即与焕唐龃龉，继乃深佩焕唐学品"。① 经此转折，亦可见刘古愚学品之优良。

此外，维新派对刘古愚的评价较高，常称其"关中大儒"。刘古愚会试不第后，即在陕西各书院教学，陕籍维新人士中多为其学生。经其弟子李岳瑞、杨凤轩等人的介绍，康有为和梁启超方知刘古愚，并与之书信交流。刘古愚与康有为皆为挽救时局，提倡经世致用，故康有为称其"海内耆儒，为时领袖"②。梁启超也十分佩服这位在野士人，称"先生之言论行事，以谓苟尽天下之书院，得十百贤如先生者以为之师，中国之强，可翘足而待也"。③ 他还在与康有为的书信中提道："陕西书院山长刘光蕡，自刻强学会两序，于陕倡行，推重甚至，此人想亦有魄力，闻已在陕纠赀设织布局矣，辄以书奖导开谕之并馈以伪经考，视其他日如何，或收为偏安帝都之用也。"④ 虽然，戊戌年间维新派的保举各案中却并未发现刘古愚的名字，⑤ 但康、梁对刘古愚一直以褒扬为主，刘古愚逝世后，他们仍称其为"经世大儒""关中大儒"，令此评价影响深远。

纵观时人对刘古愚的评价，争议集中于学识之上。评刘古愚学问欠佳之人，既有被认为思想保守的陕西士人高照煦，也有提倡新学的东部士人叶尔恺，前者评刘古愚古文不精，后者认为刘古愚等陕西士人西学水平相对不高。然而，刘古愚在陕西力倡实学，加剧了时人对其评价的复杂性。受夷夏观念影响的陕西士人，对刘古愚的行为不解，甚至视其是为"洋人"服务，见识浅薄，思虑不周。康有为和梁启超却对刘古愚大为褒扬，称其"经世大儒""关中大儒"。此外，熟识他的人皆赞其品德高尚，其中，有人称其为学品优良之人，荐举他在陕西各书院任教。

三、清末民国时期的刘古愚形象

刘古愚逝世后，随着时代的变迁，世人对其评价也逐渐发生变化。起初，其弟子王典章等人陆续搜集整理他的遗著，汇集于《刘古愚先生全书》中。此书还包含刘古愚的纪念文章，这些文章多出自其学生之手，或是他人受其学生之邀而作，故文章总体立场一致，皆对刘古愚的经历、学识充满敬意。刘古愚一生致力于家乡教育，师生间的长久接触，使这些文章成为叙述刘古愚事迹最详尽的资料。此后，刘古愚形象也基于这些原始文本不断被世人形塑。

（一）清末：德才兼备的名师

刘古愚逝世后，其德才兼备的名师形象，逐渐被凸显出来。据其学生张季鸾回

---

① 柏景伟：《覆黄子寿中丞》，《柏沣西先生遗集·沣西草堂集（卷三）》，1924年思过斋刻本，第21b页。
② 康有为：《与康长素先生书·附复书》，刘古愚：《全书·文集（卷六）》，第5b页。
③ 梁启超：《复陕西刘古愚山长书》，《知新报》1897年第22期，第3页。
④ 叶德辉：《觉迷要录》卷四，1901年刻本，第18b页。
⑤ 茅海建：《从甲午到戊戌：康有为〈我史〉鉴注》，北京：生活·读书·新知三联书店，2018年，第539页。

忆，刘古愚不仅外表"威仪峻整，望之俨然"，"讲书时严整尤甚"。① 很多事例皆可体现其认真严谨。他曾为了教授算术，"冥心探究，忘寝食，至呕血，卒尽通其说"②，终让陕西开启算学之风，成一代佳话。同时，他严于律己，"每晨六时即起，出就讲堂批阅诸生日记"，薄暮批毕，即聚集学生讲解，③年复一年，毫无倦容，给学生们留下毅力极强、精力充沛的印象。教学之外，众人形容的刘古愚多为"性仁厚，貌和易，与人交倾诚接纳"④的亲和形象，对待学生也是"教诲恩勤，如家人父子"。⑤ 而且，刘古愚心怀天下，每当"慷慨论时局艰危，则泪涔涔下"。⑥ 为挽救时局，他在陕创办实事，如办义塾、白蜡局、轧花厂，"司其事者多门人"，故常被弟子提起。⑦ 但"所事半未有成"，其弟子李岳瑞解释道，"然一儒生，穷居乡里"，能有此想法和作为，已是不易。⑧

其学问也受到时人夸赞。一方面，时人称刘古愚之学不论"今文古文之分、汉学宋学之异"，广纳各种传统学问。弟子王典章认为明末以来，儒学"发挥光大，集于吾师"。⑨ 另一方面，则是强调其为经世之才，吸纳西学。曾在陕西各地任知县的蔡宝善称其"关中大儒"，赞其"博通经史，熟于中外掌故、政教沿革，慨然有春秋经世之志"。⑩ 梁启超曾言，鸦片战争前后，中国知识界形成了三种趋势，即"今文学之兴""讲求实用""效法泰西"，康有为被他评为"于此三种趋势，各集大成者"。⑪ 他人评价中的刘古愚亦兼具这三种趋势。虽然他的传统学问和西学水平并非极高，但他身居内地却涉猎广泛，足以为时人道也。不过，这也易夸大其才学，弟子张季鸾就曾认为刘古愚谦虚好学，甚至"于学无所不通"⑫。

刘古愚德才兼备的名师形象的塑造，除了基于对刘古愚相对客观的评价，还包含其学生对老师的敬意。此外，近代以来的中西之争，也影响世人对刘古愚的评价。尤其在庚子国难后，朝堂之上的顽固派受到冲击，学习西方日渐成为国人的共识，甚至出现更为激进的文化思潮，所以，刘古愚推行实学的行为得到认可，对其评价以正面为主。

---

① 张季鸾：《烟霞草堂从学记》，刘古愚：《全书·烟霞草堂遗书续刻》，第3b页。
② 李岳瑞：《墓志铭（并序）》，刘古愚：《全书·文集（卷十）》，第8a页。
③ 张季鸾：《烟霞草堂从学记》，第3a页。
④ 李岳瑞：《墓志铭（并序）》，第12a页。
⑤ 刘瑞骊等：《行状》，刘古愚：《全书·文集（卷十）》，第21b页。
⑥ 李岳瑞：《墓志铭（并序）》，第12a页。
⑦ 张季鸾：《烟霞草堂从学记》，第4a页。
⑧ 李岳瑞：《烟霞草堂文集序》，刘古愚：《全书·文集（卷十）》，第2b页。
⑨ 王典章：《古愚先生遗像赞》，刘古愚：《全书·文集（卷一）》卷首。
⑩ 蔡宝善：《烟霞草堂遗书续刻序》，刘古愚：《全书·烟霞草堂遗书续刻》，第1a—1b页。
⑪ 素痴：《近代中国学术史上之梁任公先生》，《学衡》1929年第67期，第2—3页。
⑫ 张季鸾：《烟霞草堂从学记》，第4b页。

（二）一战及其前后：保守者与经世者

新文化运动兴起之后，随着学习西方的日益深入，刘古愚作为先前的地方名人，其思想受到批判，形象也逐渐转为思想保守者。1922年，《共进》杂志对刘古愚的思想进行批判，他们认为刘古愚"亦不过是个孔迷""一个旧时代而且早死了的人物"，他的学生大多也是"冬烘先生"①。《共进》是1921年"评孔风潮"后由陕西旅京学生群体在北京创办的杂志，他们以"提倡桑梓文化，改造陕西社会"为宗旨，为陕西传播新思想。这些学生受到新文化运动的影响，以进化论为武器，认为时代在变化，作为社会法则的道德也要随之演变，②评价人物应"拿两种比较的眼光，（二十年前的和现在的）慢慢去比较"，所以，刘古愚"在二十年前，确是一个有为之士"，而如今其思想已落后于时代。③

一部分读书人仍在宣传刘古愚的经世事迹。一战期间及其之后，国内一批读书人开始从传统文化的角度，反思中西文化之争，引起国内激烈的中西文化论争。④1923年，《学衡》《国学周刊》《国学汇编》上刊登了陈三立和陈澹然为刘古愚所作的纪念文章，刘古愚"通经致用"⑤"以经世厉天下"的形象和"谋汽机、开织业"⑥，创"刊书之局、制蜡之厂"⑦的事迹再被宣传。这类期刊以宣扬国学为主，同时也介绍西学，刘古愚的经世思想恰与之契合。

然而，宣传刘古愚经世事迹的群体内部已有分化。《学衡》撰稿人吴宓作为留美学生，虽然宣传国学，但他主张学习西学。《国学周刊》撰稿人胡朴安因友人张季鸾而知其师刘古愚，在阅读刘古愚的《烟霞草堂遗书》后，评其"惟见闻不广，名物训诂，或未之遑，援比西学，亦多附会"。⑧胡氏虽为光绪举人，但博览群书，涉猎面广，他还曾加入南社，宣传革命，加之此时西学传播程度深于先前，故其对刘古愚的学问并非一味夸赞。此外，叶尔恺受王典章之邀，为刘古愚作序，赞其学问"渊源姚江，会通洛、闽，而又淹贯经史、算术，一以致用为归"，这种赞誉中包含他对往昔社会道德的追忆，以及对今时"天柱倾颓，人心溃裂，仇视纲常，叛越礼教，滔天之祸"⑨现状的不满。宣传刘古愚经世事迹的人，因所受教育、生活环境、人生经历的不同，对西学的接受程度也不同，故在宣传刘古愚事迹时，其看法亦不同。

---

① 赖泥：《人物月旦：（五）鲞鱼刘古愚》，《共进》1922年第7期，第4页。
② 详见郑师渠：《论辛亥革命后的中西文化论战》，《北京师范大学学报（人文社会科学版）》1985年第5期。
③ 赖泥：《人物月旦：（五）鲞鱼刘古愚》，第4页。
④ 详见郑师渠：《考察20世纪初年中国社会文化思潮变动的新视角》，《史学史研究》2007年第3期。
⑤ 陈三立：《刘古愚先生传》，《国学周刊》1923年第10期，第4页；《学衡》1923年第19期，"文录"，第1页；《国学汇编》1923年1D卷，"文录"，第2b页。
⑥ 陈澹然：《关中刘古愚先生墓表》，《学衡》1923年第24期，"文录"，第3页。
⑦ 陈三立：《刘古愚先生传》。
⑧ 胡朴安：《读烟霞草堂遗书记》，《国学周刊》1923年第1期，第2—3页。
⑨ 叶尔恺：《烟霞草堂遗书续刻序》，刘古愚：《全书·烟霞草堂遗书续刻》，第1b—2a页。

刘古愚的经世形象影响已久，批判刘古愚思想的读书人也受此影响。陕西旅京学生对刘古愚的批评远不如对其弟子激烈。他们认为刘古愚若活到现在，虽不一定能赶上世界潮流，但绝不会过于保守。① 其弟子郭毓璋却被评"大奸似忠，大诈似信，行为卑鄙，性格污浊"，"奴性太深"，"神经织维，还是纪元前的原始组织"。此时，郭毓璋在陕西仕途顺利，并非学生所说名誉"在二十世纪已降到零度了"②。表面上，郭氏对传统的眷恋，引起学生对其从学问到人品的全面否定，但实则与陕西外部新思想和陕西内部传统思想之争有关。陕西旅京学生接触外界新思想，忧心陕西军阀混战和传统氛围浓厚的局势，故猛烈攻击保守的当地知名人士，欲通过传播新思想，改善陕西现状。刘古愚的经世思想在陕西影响深远，于是，学生们也批判其思想保守。但刘古愚的经世事迹又可激励陕人学习西学，故他们并未全面否定刘古愚。

刘古愚既受过传统教育，又顺应时代发展，倡导实学，其经世事迹一直被认可。但随着西学的深入，当中西之争激烈之时，因世人对西学的接受程度不同，刘古愚是否保守便成为他们争论的焦点。

（三）抗战及其以后：爱国者、革命者

"九·一八"事变、"一·二八"事变之后，民族危机加剧，国人的爱国热情高涨，刘古愚的爱国形象得以凸显。1938年，迁往西安的《西北论衡》曾发表过有关陕西知名人物刘古愚的爱国事迹的文章。文中突出刘古愚在甲午战后对日本的态度，强调刘古愚当时"已深深感到了日本帝国主义对中国侵略无厌的可怕，所以，他高倡'教育救国论'，用以挽救国家的危亡"。③ 此文通过对陕西知名人士爱国事迹的渲染，来激起当地民众的爱国热情。同时，在此特殊时代，与"爱国"相关的评价增多。1934年，张鹏一因未返乡祭奠老师而作了纪念文章，文中他对老师刘古愚的总评为"殷殷然以忧国救民为己任"④。1935年，《陕西乡贤事略》中将刘古愚从事教育事业的原因释为"其认定救国必自经营乡村学校始"⑤。

刘古愚的爱国形象在此特定时代被塑造起来，其整体形象也随之变得高大。《西北论衡》中将刘古愚所处的时代定为"被完全受控于'替圣人作注解'的势力下"的时代，是时代迫使他"'强附经训'，来作'臆解'"，同时，强调刘古愚具有主观能动性，"并不是如一般经师们专替先圣遗经作注解的一般"，而是借此表达自己独特而具

---

① 赖泥:《人物月旦:（五）鳖鱼刘古愚》，第4页。
② LN:《人物月旦:（四）米儿麦郭毓璋——蕴生》，《共进》1921年第6期，第8页。
③ 刘熹亭:《咸阳刘古愚先生的教育救国论（上）：关中近百年学术思想史研究之一》，《西北论衡》1938年第6卷第14期，第9页。
④ 张鹏一:《刘古愚先生没后二十七周年纪念文》，《陕西教育旬刊》1934年第2卷32、33、34期合刊，第60页。
⑤ 王儒卿等编:《陕西乡贤事略》，陕西省教育厅编审室，1935年，第157页。

有创新性的观点。① 由此，先前其保守者形象通过突出时代的局限而被削弱。

抗战进入相持阶段后，一些论者甚至认为刘古愚具有革命的一面。1943年，曹冷泉在写作《陕西近代人物小志》时，对刘古愚的评价远高于先前。此书称刘古愚开创以经世利民为宗旨的烟霞学派，赞扬他顺应时代，看到"西洋科学文明之价值"，身体力行，"可谓一代之人豪矣"。同时，作者强调戊戌政变后，刘古愚倡导民贵君轻，在思想上逐渐超越康有为，并得出"西北革命之思想，实由古愚启迪之也"的结论。② 他甚至根据《尚书微》一书，认为"古愚学行之笃实，规模之远大，非康可比也"。③ 以上内容在思想上将戊戌之后的刘古愚与康有为区分开，以刘古愚启迪西北革命思想，评他远超康有为，这种解释暗含改良必将随时间进化至革命之意。1946年，杨明轩在延安西北局干部会议上的讲话中也暗含此意。他将西北革命历史上溯至刘古愚，称他一改戊戌时期立宪图强的主张，倡导革命，驳斥"中体西用"，"深深地广泛地给西北种下了革命的种子"。④

当然，上述关于刘古愚革命形象的评价，难称准确。于右任曾说："陕西提倡新学最力而又最彻底的，当推三原朱佛光先生先照。"⑤ 他的革命思想也主要受朱佛光影响，而刘古愚"为经学家之领袖"，倡导维新活动，"一时有南康北刘之目"⑥。结合刘古愚的作品，也难以得出他有革命思想的结论。但是，此时他们还将朱佛光看作刘古愚的弟子，曹冷泉甚至称朱佛光的革命思想来自刘古愚。这其实是为了应对革命形势的需要，"抗日战争中期，反动派反共活动日益猖獗，西安政治环境日益恶化"，⑦ 刘古愚是陕西名人，将其事迹与革命相结合，有助于激发当地人民的革命热情。同时，因为他们认为革命优于改良，所以，在赋予刘古愚革命形象时，他们构建其日益摆脱改良思想的历史，这在凸显革命优势的同时，无形中提高了刘古愚整体形象的评价。

需要指出的是，这一时期，除了突出刘古愚的爱国形象和革命形象，先前相关评价依然存在。1931年，吴宓仍称刘古愚为"关中近世大儒"，"近数十年中，吾陕知名之士，无不出其门下"。⑧ 此时，地方文献中对刘古愚的介绍也参考了先前的纪念文

---

① 刘熹亭：《咸阳刘古愚先生的教育救国论（上）：关中近百年学术思想史研究之一》，《西北论衡》1938年第6卷第14期，第10页。
② 曹冷泉等编：《陕西近代人物小志》，西安：樊川出版社，1945年，第2页。
③ 曹冷泉等编：《陕西近代人物小志》，第3页。
④ 杨明轩：《共进社与西北革命》，中国人民政治协商会议陕西省委员会文史资料研究委员会编：《陕西文史资料选辑》第9辑，西安：陕西人民出版社，1981年，第69—70页。其对刘古愚相关事迹的描述已被学者质疑，详见李虎：《关于刘古愚评价中的几个问题》，《咸阳师专学报（综合双月刊）》1995年第10卷第5期。
⑤ 陕西省教育厅《陕西教育志》编纂办公室编：《陕西教育志资料选编（下卷）》，西安：陕西人民出版社，1988年，第28页。
⑥ 陕西省教育厅《陕西教育志》编纂办公室编：《陕西教育志资料选编（下卷）》，第29页。
⑦ 曹冷泉：《忆蒋自明烈士二、三事》，中国人民政治协商会议陕西省西安市委员会文史资料研究委员会编：《西安文史资料》第3辑，西安：陕西人民出版社，1982年，第48页。
⑧ 吴宓：《空轩诗话》，吕效祖主编：《吴宓诗及其诗话》，第216页。

章。① 而且，刘古愚逝世后，其弟子通过定期回乡祭奠老师或写文章、与他人诉说等方式，使刘古愚事迹不断被重新记忆。1940年，张鹏一所写的纪念文章中对刘古愚生平经历、实践活动和思想的记述，与先前弟子们所述相似。②

纵观清末民国时期刘古愚形象的变迁，既是基于对纪念文章中刘古愚事迹的评价，也有中西之争和特殊历史时期的影响。最初，刘古愚德才兼备的名师形象是在全国普遍认可学习西方时确立，而随着西学的不断深入，甚至出现"全盘西化"的主张，传统事物受到猛烈攻击，刘古愚的思想也受到批判，虽然他仍存有经世者的形象，但保守者形象已然出现。抗日战争时期，民族危机加剧，世人更注重中国自身的作用，刘古愚被塑造成爱国者，其保守者形象也被削弱。抗战进入相持阶段，中国共产党为应对严峻的革命形势，刘古愚又被赋予进步的革命形象。在此过程中，刘古愚的形象和影响力都得以提升。

四、改革开放后的刘古愚形象

新中国成立至改革开放之前，鲜少记录刘古愚的形象认知。改革开放之后，刘古愚受到较大关注，新旧过渡阶段的知识分子形象得以逐步确立。同时，随着研究刘古愚论著的增多，其形象再一次发生变化。

（一）新旧过渡阶段的知识分子

受马克思主义历史观的影响，学界对刘古愚的研究，既关注其革新的一面，也注意他所处时代的局限。1980年，曾立人著文认为虽然刘古愚学习了西方资本主义的一些主张，但他作为落没地主阶级，最终目的还是维护封建统治，所以，他对西方文化的学习充满矛盾，无法摆脱复古思想。他的维新活动受康有为和梁启超的影响，大部分主张也无法付诸实践，但在启发陕西知识分子思想觉醒方面产生一定影响。③1982年，郑涵慧也将刘古愚定为封建士大夫阶层，认为他受到资本主义科学文化影响，提出很多教育革新的主张，并付诸实践，反映资产阶级的某些愿望和要求，但他也有较大局限性，如对统治者抱有幻想，对劳动人民的革命运动存有反对或敌视态度。④ 可见，此时学界对刘古愚的评价并不高，他们运用阶级分析法，将其视为从地主阶级向资产阶级转化的知识分子，既强调其所处阶级存在的问题，又承认他的维新主张能对陕西产生一定的影响。

---

① 详见宋伯鲁等编：《续修陕西通志稿》卷七五，人物二，陕西通志馆，1934年，第3b—4b页；王儒卿等编：《陕西乡贤事略》，第154—160页。
② 详见张鹏一：《刘古愚先生之学说》，《西北研究》1940年第3卷第2期，第9—12页。
③ 曾立人：《戊戌变法时期陕西学者刘光蕡的维新主张》，《西北大学学报（哲学社会科学版）》1980年第3期。
④ 郑涵慧：《陕西维新派教育家刘光蕡》，《陕西师大学报（哲学社会科学版）》1982年第3期。

当现代化范式逐渐取代革命范式后，学界开始注重刘古愚的思想和实践对陕西近代化的推动作用，较少提及其局限性。肖发荣和史莉琴认为刘古愚是陕西近代女学探索的先行者，即使其女学思想不如康、梁系统，实践也不如康、梁广泛。[1] 潘胜强认为刘古愚在实业教育方面的努力对关中地区的教育发展和社会转型产生深远影响，但其所处时代和地区的局限，让他形成对不同职业有高下之分的看法，[2] 而当今社会倡导男女平等和职业无贵贱。可见，对刘古愚的评价每每与当下时代息息相关。

改革开放以来，受马克思主义历史观影响，刘古愚的处于新旧过渡阶段知识分子形象被确立。研究之初，偏重其"旧"的一面，但与新文化运动之后形成的思想保守者形象不同，此时受革命范式的影响，批判其存在忠君思想和对义和团等人民运动的仇视思想。在后期研究中，侧重刘古愚"新"的一面，在现代化范式的影响下，基于其先前维新经世形象，学界日益突出刘古愚对陕西近代化的推动作用，他逐渐成为带领陕西由传统向近代转型的关键人物。

（二）爱国教育家

改革开放之后，刘古愚的爱国教育家形象日渐确立。八九十年代，吴永涛认为刘古愚具有"近代'教育救国论'的意念"[3]。在《陕西五千年》一书中，刘古愚被认为是一位名闻全国的爱国教育家，他的教育思想和实践活动对陕西和全国都起着深远影响。[4] 孙俊杰认为刘古愚的教育思想主要包括爱国主义和维新变法两方面。[5] 周培贞认为刘古愚振兴社会教育的目的是救国。[6] 此时，陕西民众和官方也对刘古愚具备的爱国教育家的形象有所认知。陕西中医米伯让在泾阳县成立中华全国中医、中西医结合学会泾阳分会大会上的讲话中提到，戊戌变法时期刘古愚改良教育以救国，时有"南康北刘"之誉。[7] 文史资料中也将刘古愚教育事业与爱国相结合。张新光认为刘古愚在黄彭年的启发下，绝意仕途，以教育救国为己任。[8] 基于以上对刘古愚爱国教育思想和实践的叙述，此后，爱国教育家成为刘古愚的固定评价。

抗日战争时期，世人对刘古愚爱国形象的宣传中，伴有"教育救国论"的相关表述。改革开放之后，爱国仍为时代所倡，教育事业日益被重视，故世人以先前资料为

---

[1] 肖发荣、史莉琴：《刘古愚的女学思想及实践——纪念刘古愚诞辰一百七十周年》，《唐都学刊》2014年第30卷第3期。
[2] 潘胜强：《晚清关学名儒刘古愚的实业教育活动与思想述评》，《西安文理学院学报（社会科学版）》2021年第24卷第3期。
[3] 韩学儒、吴永涛主编：《三秦近代名人评传》，西安：西北大学出版社，1988年，第44页。
[4] 郭琦主编：《陕西五千年》，西安：陕西师范大学出版社，1991年，第606—607页。
[5] 孙俊杰：《刘古愚在我国近代教育史上的地位》，《西北大学学报（哲学社会科学版）》1993年第3期。
[6] 周培贞：《刘古愚社会教育思想论》，《甘肃社会科学》1994年第3期。
[7] 米烈汉主编：《米伯让文集》，西安：世界图书出版西安公司，2008年，第256—257页。
[8] 张新光：《西北维新的思想领袖刘古愚先生》，中国人民政治协商会议陕西省咸阳市文史资料委员会编：《咸阳文史资料》第5辑，陕西省咸阳市文史资料委员会，1991年，第122页。

依据，将刘古愚爱国教育家的形象逐渐确立。

（三）陕西革新人士

刘古愚的维新活动一直备受关注。吴永涛认为"陕西维新之士，首推刘古愚"，"他在陕西的革新业绩，为诸士之冠"。① 文史资料中的评价也很高。刘五权认为刘古愚是将维新运动推及陕西，影响西北甚至整个北方的人，故有"南康北刘"之称。② 随着现代化范式的兴起，刘古愚的维新活动更受关注，他被认为是陕西维新领袖，推动陕西新闻报刊、教育等各领域的近代化。此外，关学一脉对刘古愚的研究已十分完善，他们普遍认为刘古愚实现了关学的现代转化。刘学智将刘古愚视为顺应时代发展努力挣脱旧学、传扬新学的关学学人。③ 武占江和尹盛楠认为刘古愚是"陕甘地区思想文化走向近代化的启蒙者、领路人"，凭借实学和关学的"经世致用"精神以应对西学。④ 可见，因顺应时代发展，刘古愚作为陕西革新人士，被给予颇高评价。

刘古愚的革新事迹多由其学生宣传。康有为来陕时，称其弟子为"群英"⑤，他们中有政界、学界等各领域的名人，间接提升了刘古愚的知名度。后来，这些学生也被当作刘古愚推动陕西各领域近代化的重要凭证。参与戊戌变法的李岳瑞、陈涛、杨蕙、宋伯鲁等人，参与辛亥革命的于右任、张季鸾、郭希仁、茹卓亭、李子逸、王授金等人，科教、军政领域的杨松轩、胡均、王章、李仪祉、张秉枢、张元勋、吴宓、张季鸾、高培支、张鹏一、王典章、郭毓璋、杨明轩等人，都被认为曾受刘古愚的影响。这些人与刘古愚的关系复杂，或为其弟子，或为其任教书院的学生，或为再传弟子，甚至有些人并非其学生，大多数人不去分辨，将其皆称为刘古愚的传人。于是，刘古愚日渐成为教出维新派、革命派、学者、水利工程师等众多陕西名人的地方名师，以及近代陕西各种新力量的共同源头。

此外，"南康北刘"常被用来说明刘古愚在维新方面的地位，但康有为与刘古愚的名气并不相当，在八九十年代，此称号被学者质疑。曾立人认为刘古愚在思想、言论、影响、维新的程度等各方面远不如康有为，"南康北刘"的称号对于刘古愚来说是过誉了，此称号只能说明当时维新思潮在全国的普遍。⑥ 李虎也认为刘古愚在维新方面比不过康有为，"南康北刘"应是指二人经学学术地位，而非政治地位。⑦ 刘宝才则认为

---

① 韩学儒、吴永涛主编：《三秦近代名人评传》，第40页。
② 刘五权：《戊戌变法时期的刘古愚先生》，中国人民政治协商会议陕西省咸阳市秦都区文史资料研究委员会编：《秦都文史资料》第7辑，陕西省咸阳市秦都区文史资料委员会，1995年，第180页。
③ 刘学智：《关学思想史》，西安：西北大学出版社，2020年，第530页。
④ 武占江、尹盛楠：《传统资源与近代转型——从刘古愚谈起》，《咸阳师范学院学报》2017年第32卷第6期。
⑤ 张鹏一：《刘古愚年谱》，西安：陕西旅游出版社，1989年，第224页。
⑥ 曾立人：《戊戌变法时期陕西学者刘光蕡的维新主张》。
⑦ 李虎：《关于刘古愚评价中的几个问题》，《咸阳师专学报（综合双月刊）》1995年第10卷第5期。

"南康北刘"只是"受他影响的关中地区的舆论"①。也有学者认为"南康北刘"是有依据的。②但多数学者仍直接引用"南康北刘",说明刘古愚在维新变法时期的地位。随着后期刘古愚革新方面的形象提升,"南康北刘"不再遭受质疑,而被普遍使用。

总体而言,刘古愚革新形象与近代中国学习西方的整体脉络相契合,故其主张改良方面日益受到重视,相关评价也随之提升。

(四)关中大儒

王昌伟认为刘古愚的改革方案因学西方而被视为"现代的",但方案的提出基于关学思想,同时他又是"旧的"。③刘古愚传统的一面常被释为受时代和地域的局限,然而,关学一脉对其研究并不以传统和革新二分法分析,而是在关学脉络下,分析其学问,探析他对关学的传承和创新。

关学是地方意识兴起的结果,地方意识又与民族国家意识相互联系。改革开放后,中国传统文化日益受到关注,地方也开始重视当地的传统文化。刘古愚在关学方面具有一定的地位。清末以来,关中形成各个学系,虽然具体的派系仍存在争议,但基本分为以贺瑞麟为主体的清麓一系、以柏景伟为主体的沣西一系和以刘古愚为主体的烟霞一系。④但此后,三人的影响力发生变化,刘古愚因顺应时代发展而影响力日增。如今,他作为关中大儒,其事迹被《咸阳日报》《兰州晨报》《西安日报》等报纸刊印,其忧国忧民、经世济世、教育救国的关中大儒形象被广为宣传。2017年创作的秦腔《关中晓月》以泾阳女商人吴周氏为原型,将她与关中大儒刘古愚的命运联系起来,通过塑造她解救刘古愚及其弟子于右任的故事,将秦商文化与关学传统、家国大义相结合。⑤2021年,咸阳市极力打造秦腔历史剧《国士刘古愚》,通过塑造经世大儒刘古愚的爱国形象,以宣传地方文化,并进行爱国教育。⑥

除了民间和地方政府,学界对刘古愚的评价也发生了变化。关于刘古愚的传统思想,少有提及其局限,而是顺应时代所倡,突出刘古愚没有一味崇信西学,他在坚守中国优秀传统文化的同时,有针对地学习西学。由此,刘古愚传统一面的形象得以

---

① 刘宝才:《清末关中今文经学家刘古愚》,《管子学刊》1997年第2期。
② 孙俊杰在《刘古愚在我国近代教育史上的地位》(《西北大学学报(哲学社会科学版)》1993年第3期)中认为刘古愚办学校、出书报都早于康有为,"南康北刘"非溢美之言。张弛在《刘古愚:鲜为人知的乡野维新派领袖》(《中学历史教学参考》2001年第10期)一文中认为康有为是在朝维新派领袖,刘古愚是在野维新派领袖,故二人可以相提并论。
③ 王昌伟:《中国历史上的关中士人:907—1911》,刘晨译,杭州:浙江大学出版社,2017年,第158页。
④ 王美凤:《论晚清关学的多元走向——以柏景伟的学术思想为中心》,《西北大学学报(哲学社会科学版)》2019年第49卷第6期。
⑤ 详见李小菊:《为往圣继绝学,为史剧树楷模——评秦腔〈关中晓月〉兼论郑怀兴历史剧创作》,《当代戏剧》2018年第4期。
⑥ 韩焱:《秦都区召开原创大型秦腔历史剧〈国士刘古愚〉剧本评审会》,《咸阳日报》2011年11月9日,第5版。

提升。

纵观改革开放以来刘古愚形象的变迁，可以总结出三个特点。第一，因受马克思主义历史观的影响，学界一直将刘古愚视为处于新旧过渡阶段的知识分子，认为他既有革新的一面，又受时代和地域的局限。第二，爱国被认为是刘古愚开展教育和推行维新活动的目的，因顺应时代发展，故刘古愚的爱国形象、教育和维新活动多被关注和宣传。第三，中国传统文化日益受重视，关中大儒的形象又令刘古愚成为地方文化的代表人物。

五、结语

刘古愚作为传统儒士，在国势衰微之际提倡学习西方的科学技术，这使他在戊戌变法时期备受争议。民国以后，基于弟子和友人的敬意，刘古愚德才兼备的正面形象被确立。而新文化运动之后，随着西学的深入和对传统批判的加剧，刘古愚被斥为思想保守者，但其经世者形象仍存。抗日战争时期，为激起西北地区的爱国热情，刘古愚被赋予爱国者形象，抗战进入相持阶段，其革命形象被中国共产党广为宣传。改革开放后，刘古愚受到较大关注，学界将其定为处于新旧过渡阶段的知识分子和爱国教育家。其"新"的一面一直备受关注，后来甚至将其评为陕西维新领袖、陕西各领域近代化的开启者，关学研究也将其视为实现关学现代转化的学人。随着中国传统文化日益受重视，作为关中大儒，刘古愚"旧"的一面不再只释为时代的局限，他在保留中华优秀传统文化内核的基础上学习西方的新解释被世人提出，他也日渐成为陕西传统文化的代表人物。

纵观刘古愚形象的演变，他在会试不第后，成为陕西名师，如今更被评为陕西维新领袖、关中大儒。究其原因，可总结为以下几点。其一，与刘古愚所处时代和其思想有关。刘古愚所处的时代保守派势力强大，但他顺应时代发展，提倡实学，故其逝后，以经世者的正面形象出现。然而，刘古愚也受过传统教育，这决定了日后其经世者与保守者的形象会随中西之争而变化。其二，与刘古愚的师友群体有关。刘古愚推广实学，结交康有为、梁启超、叶尔恺等维新人士或地方官员，其弟子也在其影响下学习西学，成为新式人才，这让刘古愚名声日显。民国时期，这些人记录刘古愚的经世事迹，叙述其德才兼备的名师形象，奠定了刘古愚正面形象的总基调。其三，与刘古愚生活地域有关。刘古愚一生的活动范围主要在陕西，近代陕西在世人认知中是保守、鄙陋、偏僻的地方，而刘古愚在维新时期提倡实学，恰可证明陕西也有新思想传播，因而，陕西士人极力宣传刘古愚的革新事迹，这也为后人将陕西新思想传播的起点追溯至刘古愚奠定基础。刘古愚在陕西名气的提升，也令其在特殊历史时期被塑造、宣传，而在此过程中，刘古愚的影响力得以再次提升。

黄正林认为"陕西西学和新文化传播的起源可以追溯到刘古愚和朱先照等近代教育家。"① 其中，刘古愚的名气最大。吴永涛提道，1944年自己在陕西求学时，泾阳县民众为刘古愚建的祠仍在，② 足见其在当地的影响力。如今，刘古愚更是被称为陕西维新领袖、关中大儒、关学的传承者和革新者。考察刘古愚形象的变迁，既可反映地方名人与生活地域的关系，又能分析时代变迁、中西之争和重大历史事件对地方名人形象塑造的影响，这对厘清近代中西之争的发展脉络、近代地方名人的形成过程、地方社会思想变迁都有重要意义。

Research on Liu Guyu's Image

Ding Yue, Hou Yawei

(School of History and Culture & International Institute of Chang'an Studies,
Shaanxi Normal University, Xi'an 710119)

Abstract: As a great Confucian scholar in the Guanzhong Plain in the late Qing Dynasty, Liu Guyu regarded himself as "an ignorant and ill-informed Confucianist in the countryside", but in fact, he was remembered by his contemporaries as a virtuous and talented teacher. After the New Culture Movement, Liu Guyu was gradually regarded as conservative. During the Anti-Japanese War, his patriotic image was widely propagated, and his image as a positive figure was again established, which was reinforced by his revolutionary image in the propaganda during the stage of the strategic stalemate of the Anti-Japanese War. After the Reform and Opening-up, Liu Guyu was depicted as an intellectual and patriotic educator in the transitioning age between traditional and modern China, and his image as an innovator in Shaanxi and a great scholar in the Guanzhong region became increasingly prominent. The evolution of Liu Guyu's image reflects the changes of the times, the conflicts between the East and the West, and the changing trends in social thinking in Northwest China.

Key words: Liu Guyu; image; Shaanxi; change of times

---

① 黄正林：《〈共进〉、共进社与马克思主义在陕西的传播》，《中共党史研究》2019年第2期。
② 韩学儒、吴永涛主编：《三秦近代名人评传》，第55页。

呼吁整修班固墓纪事

黄留珠

（西北大学　历史学院）

摘　要：2009年初，在陕西省文史馆举行的春节团拜会上，我联合石兴邦等三名馆员致省领导的公开信，拉开了长达数年呼吁整修班固墓活动的大幕。为了动员民间力量参与此事，我又以陕西省神州汉文化保护基金会的名义发布了《启动班固墓整修工程呼吁书》，号召在政府领导和支持下，启动整修工程。2013年8月19日，在班固的家乡陕西扶风成功举行了班固学术研讨会暨整修班固墓启动仪式，并隆重举行了《整修班固墓工程启动碑》揭碑仪式。以此为标志，启动工程既达到了高潮，也完满结束。呼吁整修班墓的活动，得到了政府文物部门的积极回应，各级政府都相继做了历史景区建设规划，把整修班固墓列入显要位置。我们的呼吁，终得正果。

关键词：呼吁；班固墓；启动工程；扶风；文物保护

21世纪初，在陕西大地上，曾发生一场呼吁整修班固墓的活动。作为这次活动的发起人和参与者，我感到有必要将其缘由、经过及各个节点上主要人和事，说说清楚，以留信史于世。

大概是2008年的一天，北京的杨倩如女士来访。杨女士家住西安，在北京求学，曾在北师大读史学史专业研究生，以"汉书学"为研究方向，尤其对西大已故学者冉昭德先生有关《汉书》的研究感兴趣，对冉先生由此而横遭批判鸣不平，写出了多篇研究冉先生学术成就与生平事迹的论文。而我一直也对冉先生十分尊敬和景仰。记得大学时上历史文选课所用就是冉先生和另一位我极其敬仰的陈直先生共同主编的《汉书选》教材。日后我之所以选陈先生为导师（其时冉先生已去世）、选秦汉史为专业，与这段学习经历有很大关系。如此共同的喜好，很快就拉近了彼此距离，于是海阔天空地聊了起来，最后，杨女士向我赠送了她的诗作和辛苦收集的有关班固墓现状的资料。

阅读杨女士所赠，其中有关班固墓现状的资料引起我高度注意。一代文化巨匠的埋葬之地，一处有名的省级重点文物保护单位，竟沦落为公路边的小黄土堆，简直令人难以置信，令人无限感叹！这不禁使我想到数年前中央电视台一位女编导采访时令我遇到的尴尬。原来世妇会前夕，中央电视台派了一路人马前往陕西专门拍摄巾帼英雄班昭的墓。大家知道，班昭是班固的妹妹，也是一位文化名人。不想找来找去，最后找到的却是荒草丛中的一个小土堆。为此，中央台的同志大失所望，亦大发感慨。回京前，拍摄组特地来西北大学，访问我和时任西大图书馆长的周天游教授，希望从我们那里再得到一些班昭的材料。没想到，一见面中央台那位略有点胖的女领队就劈头盖脸地指责说：你们陕西是怎么搞的，使班昭这样名人的墓如此凄凉！她这一番责问，让我感到好生尴尬，只好自我解嘲答道：我们陕西大名人太多，像班昭这样的，自然就顾及不过来了！虽然我嘴上如此回答，但心里深感无地自容。这次的经历，始终深深地印在我的脑海里，挥之不去。我觉得，作为一名史学工作者，有责任向我省领导反映班氏兄妹墓地严重遭受破坏的情况。

转瞬到了2009年春节前夕，照惯例省文史馆要举行春节团拜会，届时省领导会莅临与文史馆员见面。我想，这倒是个向领导进言的好机会。刚巧文史馆领导又指派我在团拜会上发言，我觉得这真是天赐良机，于是便信心满满起草了一封致省领导的公开信，呼吁政府进一步强化对班固墓的保护，把整修墓地工作纳入议事日程。当时，我感到自己人微言轻，所以特别找了考古界泰斗石兴邦、著名世界史专家彭树智、著名历史地理专家朱士光三位馆员联署这封信。应该说，这次的公开信拉开了长达数年的呼吁整修班固墓活动的大幕。

当然我也清楚，向领导写公开信只是一个方面，另方面还需要动员一切可动员的力量，特别是让广大民间力量参与此事。刚好当时有一民间汉文化保护组织：陕西省神州汉文化保护基金会，我恰与该会会长刘连腾先生相识。刘先生原是一乡镇企业家，后事业做大，成为赫赫名流。他有一个癖好，就是热心于文化事业。我曾参加他所主持的刘氏宗亲会的一些活动，所以相互熟悉。于是我开门见山向刘老板说了自己打算让基金会参与整修班固墓的想法，不料他二话没说，就爽快答应了，并派基金会干将王京平协助我筹划实施的具体事宜。这样，我便以神州汉文化保护基金会的名义起草了《启动班固墓整修工程呼吁书》，全文如下：

启动班固墓整修工程呼吁书

班固（公元32—92年）是东汉时期著名的史学家、文学家。他与西汉的文化巨人司马迁齐名，史称"班马"；他撰著的《汉书》亦与司马迁的《史记》齐名，世称"史汉"。可以毫不夸张地说，在整个中国乃至世界文化史和学术史上，班固都属于第一流的人物。

班固的家乡——今陕西省扶风县太白乡浪店村，建有规模可观的班氏墓园。虽经历代沧桑，但班墓始终未曾湮没。这从一个侧面反映出世人对这位文化巨匠的敬仰与爱护，而班墓也自然成为他留存于世的最重要的实物遗存。据明清《扶风县志》记载，班固墓周围有围墙，墓园内有石羊、华表、供案等。直到解放初期，该墓仍保有相当的规模。1956年，陕西省人民委员会将其列为省级重点文物保护单位。

然而，随着班固及《汉书》学术评价因极左思想影响而贬低的非正常趋势的发展，特别是"文化大革命"的破坏，近两千年来一直保存完好的重大文化遗产班固墓遭到了空前的浩劫。不仅墓园围墙被拆除，园内的华表、石羊、供案等物被毁坏一空，而且墓冢亦被严重蚕食，缩为难以辨识的小黄土堆。一代文化名人的安息之地，一处堂堂的省级文物保护单位，竟落至如此地步，实在令人心寒！

有鉴于此，社会上不少有识之士，竞相呼吁加强对班固墓的保护工作。2009年初，陕西省文史馆四位资深馆员联名致公开信给省领导，呼吁政府进一步强化对班固墓的保护，并把整修墓地工作纳入议事日程。此后，文物部门对班墓的管理尽管有了一定的改善，但离民众的期望明显还存在较大的距离。这里一个很大的疏漏在于，人们只是单纯地眼睛向上盯着政府，而没能调动整个社会的积极性，没有面向民间挖掘潜力并动员全体炎黄子孙的力量来参与保护班墓的事业。为此，陕西省神州汉文化保护基金会自觉挑起这一重任，特面向全社会及全世界华夏儿女呼吁：启动整修班固墓工程！希望通过我们的努力，使这处汉文化遗存，能够在当今的社会生活中发挥更积极的作用。

在政府指导下，主要利用民间力量启动的班固墓整修工程，计划分三步推进。

第一步，启动工程。拟于2013年内完成。主要包括三项内容。

一、由中国秦汉史研究会、西北大学历史学院、陕西省神州汉文化保护基金会三家联合举办有关班固和《汉书》的学术研讨会，并将会议的成果通过《人民日报》海外版、《光明日报》等权威媒体宣传，进一步消除极左思想对评价班固与《汉书》的影响，从思想舆论层面为开展整修工程扫清障碍。

二、由陕西省神州汉文化保护基金会负债筹集善款，开启整修工程。其初始工作具体是：

1. 以现存墓冢为主体初步规定墓地的范围并建立地界标识物；
2. 对现有墓冢砌以高1米左右的砖围墙，保护其不再受到蚕食；
3. 在规定的墓地内植树；
4. 开始收集散落、流失的班墓旧物。

三、树立《整修班固墓工程启动碑》，作为整修工程正式开启的纪念性见证物。计划碑高3.5米左右，正面书列班固的水平、文化贡献、历史定位及整修工程缘起等内容，碑阴镌刻诸捐款单位、个人的相关信息。

第二步，将班固墓园恢复至明清时期的规模，并以此为基础，谋求更大发展。拟于2014—2019年完成。

第三步，建立以班固墓园为主包括其周边马援墓、苏武墓、班昭墓等在内的西部汉文化展示区。拟于2020—2029年内完成。

毋庸置疑，上述整修班固墓工程的设想是宏伟的。它既具很大的挑战性，也有相当的现实性，并非凭空想象。当然，此项工程虽属民间性质，但实际上还是政府主导下的保护名人遗迹的文化行为，所以政府的指导、政府的支持，须臾不可偏失。我们坚信，在政府的正确领导下，在政府的大力支持下（包括精神、物质两个层面），班墓的整修工程必将会一步一个脚印地向前进展，直到全部完成。

我们热切期盼社会各界人士，为这项重大文化工程献爱心、出力量！

整修文化名人墓园，人人有责！保护历史文化遗产，心心相印！

恭祝各位慷慨捐献之仁人志士，福寿安康、大业永传！

陕西省神州汉文化保护基金会
癸巳年清明节于古都西安

按这份呼吁书所说，班固墓整修工程分三步走。其中，第一步启动工程，述说甚详，也非常具体，显然是重点所在。第二步及第三步，只是一种愿景设想，比较简单。农历"癸巳"年，是公元2013年。这也就是说，启动呼吁书于2013年春天发出。此后数月，我与王京平多次往返西安与扶风间，协调各方面关系，为召开关于班固与《汉书》学术研讨会作准备，并积极筹办制作《整修班固墓工程启动碑》，请时任中国秦汉史研究会会长的王子今教授撰写碑文。当年8月19日，这一切都筹备完成之后，班固学术研讨会暨整修班固墓启动仪式终于在班固家乡陕西扶风召开。来自中国社科院、北京大学、中国人民大学、河北大学、陕西师范大学、陕西考古研究院、陕西社科院以及西北大学的学者40余人参会。大家以唯物史观，正确地评价了班固和《汉书》学术价值及历史定位，同时亦为今后班固与《汉书》研究，提出了有价值并可操作的建议。会上，陕西省神州汉文化保护基金会会长刘连腾先生代表五家主办单位做了热情洋溢的讲话，已在河北大学任教的杨倩如博士特地介绍了她如何以班固与《汉书》为研究旨趣的经过和体会，中国秦汉史研究会会长王子今教授还就当今某些强势学者的霸傲行为提出批评。会议期间，全体与会者前往班固墓，隆重举行了《整修班固墓工程启动碑》揭碑仪式。应该说，整个研讨会与启动仪式相当成功。《光明日报》对此做了报道，《中国史研究动态》也发表了综述。而以学术研讨会和启动仪式为标志，第一步启动工程既达到了高潮，也完美结束。

此后不久，某市班氏宗亲会特来扶风班固墓搞了一次大规模的扫墓活动。原来他们看了《光明日报》有关报道后，得知班固墓有如此大动作，所以特地赶来，一是认祖归宗，二是拜墓祭扫，三是看看能为整修工程做些什么。扫墓那天，晴空万里，整个祭扫活动依礼而行；周边的民众竞相围拢观看，寂静的班固墓地顿时热闹起来。典礼上，我也应邀讲了话。礼成之后，大家一起去邻近的武功县苏武墓参观。那里是民间组织苏氏宗亲会搞得一个整修墓地样板工程，很多有益的经验值得学习、借鉴。当然，苏武墓没有遭受什么破坏，基础较好；而苏氏宗亲会里，又有好几个成功企业家肯慷慨解囊，所以苏武墓的修葺规模相当可观。大家看后，啧啧称叹，表示要向苏氏宗亲会学习，把班固墓的整修工程搞好。

又过了一些时日，西安某单位一位姓班的女士来访，自称是班氏宗亲，要商谈捐献善款的事。原来她也是看了《光明日报》以及网上的报道后，知道有整修班墓这档子事，专门找来。她谈吐很具激情，很有想法，也很有些人脉、关系，还和西大很多人熟悉。不过她所说的，好像有点天马行空，极不好操作，所以谈来谈去，只是彼此交换意见而已。最后，在校食堂共进午餐而散。

非常庆幸的是，我们呼吁整修班固墓的活动，得到了政府文物部门的积极回应，扶风县与所在宝鸡市以及全陕西省都相继做了历史文化景区建设的规划，并把整修班固墓列入显要的位置。我们的呼吁，终得正果！只是可惜我于2017年患病，后遗症较严重，行动不便，加之新冠疫情影响，没法亲自前往班固墓看一看整修的具体情况了，深为遗憾！

2022年11月30日草讫于西大南校区

The Chronicle of Appeals for the Restoration of Ban Gu's Tomb
Huang Liuzhu

School of History, Northwestern University

Abstract: In early 2009, at the Spring Festival Reunion held by the Shaanxi Provincial Institute of Literature and History, I, together with Shi Xingbang and another researcher, wrote an open letter to provincial leaders, which started a years-long campaign calling for the restoration of Ban Gu's Tomb. To motivate the public to participate in this campaign, I also issued an *Appeal for Starting the Restoration Project of Ban Gu's Tomb* in the name of Shaanxi Shenzhou Han Culture Protection Foundation, calling for the start of the restoration project under the leadership and support of the government. On August 19, 2013, "the Ban Gu Symposium and Opening Ceremony of the Restoration of Ban Gu's Tomb" were successfully held in Ban Gu's hometown, Fufeng County in Shaanxi Province, marking the start-up of this project. The campaign to call for the restoration of Ban's tomb has received a positive response from the cultural relics departments of the government. Governments at all levels have also made plans for the construction of historic scenic spots and listed the restoration of Ban's tomb as prominent. Our appeal was finally answered.

Key words: appeal, restoration of Ban Gu's Tomb; the start of the project

翻译专栏

关于高句丽早期迁都的若干讨论[*]

[韩] 卢泰敦 著 冯立君 译

(作者：首尔大学 史学科；译者：陕西师范大学 历史文化学院)

一、序论

  首都是一个国家的心脏，奠都和迁都对该国的历史发展意义重大。自李氏朝鲜后期以来发表了关于高句丽第一次迁都和后续几次迁都的论考，这一问题还受到朝鲜、韩国、中国、日本学术界的关注。这是一个枯燥的事实考证问题，但是至今还没有定论，争议仍在继续。笔者十几年前就此发表过相关文章。[①]之后，中国以本国境内高句丽遗址申报联合国教科文组织的世界文化遗产为目标，对丸都山城、国内城、五女山城等进行了大规模的调查发掘，确认了与之前重点以这些城的发掘成果为基础发表的观点相当不同的事实。根据国内城剖面的发掘和调查进行的研究，就是其中的一个例子。因此，有必要重新思考高句丽早期的都城及迁都的相关问题。

  本文参考这些发掘成果，并参照此前国内外学术界围绕高句丽早期迁都的讨论，再次总结并发表对该问题的思考。[②]首先，从一直是争议焦点的自桓仁地区向集安地区迁都的时间问题开始讨论。然后，追溯并考察在桓仁地区立都的过程。在讨论的过程中，将回顾现有的研究成果，明确问题的焦点，并提出我对这些问题的看法。

---

[*] 本译文为国家社会科学基金专项（21VGB006）、陕西师范大学"国际长安学译丛"项目阶段性成果之一。译自 노태돈：《고구려 발해사 연구》（《高句丽渤海史研究》），지식산업사，2020年。

[①] 노태돈：《고구려의 기원과 국내성 천도》（《高句丽的起源与国内城迁都》），《한반도와 중국 동북3성의 역사와 문화》（《韩半岛与中国东北三省的历史与文化》），서울대출판부，1999年。

[②] 本文是在下面这篇文章的基础上进行了一些补充。补充部分标注为〔补〕。노태돈：《고구려 초기의 천도에 관한 약간의 논의》（《关于高句丽早期迁都的若干讨论》），《한국고대사연구》68，2012年。

二、迁都集安地区时期

（一）关于高句丽早期迁都的记载

A.《三国史记》的《高句丽本纪》中有关迁都或移居的记载整理如下。

①东明王即位条：与之俱至卒本川……遂欲都焉，而未遑作宫室，但结庐于沸流水上居之。

三年：黄龙见于鹘岭。

四年七月：营作城郭、宫室。

②琉璃王三年七月：作离宫于鹘川。

二十一年三月：郊豕逸……逐豕至国内尉那岩，见其山水深险，地宜五谷，又多麋、鹿、鱼、鳖之产。王若移都，则不唯民利之无穷，又可免兵革之患也。

九月：王如国内，观地势。

二十二年十月：王迁都于国内，筑尉那岩城。

二十七年正月：王太子解明在古都……

二十八年三月：王遣人谓解明曰："吾迁都，欲安民以固邦业。汝不我随，而恃刚力，结怨于邻国……"

三十七年四月：王子如津溺水死。王哀恸，使人求尸，不得。后沸流人祭须得之以闻，遂以礼葬于王骨岭，赐祭须金十斤、田十顷。

③大武神王十一年七月：汉辽东大守，将兵来伐。王会群臣，问战守之计。……王然之，入尉那岩城，固守数旬，汉兵围不解。……豆智曰："汉人谓我岩石之地无水泉。是以长围，以待吾人之困。宜取池中鲤鱼，包以水草，兼旨酒若干，致犒汉军。"

④太祖王九十年九月：丸都地震。

新大王三年九月：王如卒本，祀始祖庙。

故国川王二年九月：王如卒本，祀始祖庙。

⑤山上王二年（198）二月：筑丸都城。

十二年十一月：郊豕逸。掌者追之，至酒桶村……王闻而异之，欲见其女微行，夜至女家（译者注：引文据原文略补）……至丙夜，王起还宫。

十三年（209）十月：王移都于丸都。

⑥东川王二年二月：王如卒本，祀始祖庙，大赦。

二十年十月：（毌丘）俭攻陷丸都城，屠之，乃遣将军王颀追王。

二十一年二月：王以丸都城经乱，不可复都，筑平壤城，移民及庙社。平壤者，本仙人王俭之宅也。或云："王之都王险。"

中川王十三年九月：王如卒本，祀始祖庙。

⑦故国原王二年二月：王如卒本，祀始祖庙。

四年八月：增筑平壤城。

十二年十二月：修葺丸都城，又筑国内城。

八月：移居丸都城。

十一月（译注：原文误为十月，引文据原文略补）：（燕王慕容）皝……遂入丸都。……烧其宫室，毁丸都城而还。

十三年七月：移居平壤东黄城。城在今西京东木觅山中。

四十一年十月：百济王率兵三万，来攻平壤城。王出师拒之，为流矢所中，是月二十三日薨。葬于故国之原。

⑧长寿王十五年：移都平壤。

阳原王八年：筑长安城。

⑨平原王二十八年：移都长安城。

将这些与迁都有关的记事按其顺序可整理如下。建都卒本——迁都国内尉那岩——移都丸都城——筑平壤城，迁移百姓及庙社——修葺丸都城，又筑国内城，移居丸都城——移居平壤东黄城——移都平壤城——移都长安城。

B.《三国史记》卷三七《地理志》有关迁都的记载：

> 自朱蒙立都纥升骨城，历四十年，孺留王二十二年，移都国内城（或云尉那岩城，或云不而城）……都国内，历四百二十五年。长寿王十五年移都平壤，历一百五十六年。平原王二十八年移都长安城，历八十三年，宝臧王二十七年而灭。

《地理志》的记载中出现了将《高句丽本纪》所载的有关迁都的记事如"移居"不看做是迁都的观点。而且，将琉璃王二十二年迁都到"国内尉那岩城"视为迁都国内城，这是将丸都城和国内城视作同一地区。即，似将山上王时期的"移都"丸都城，理解为移居到国内城地区。此外，把东川王二十一年移居平壤城和故国原王十三年移居平壤东黄城作为临时措施来把握，而不视之为迁都。

那么，对于高句丽的迁都进行如此整理和理解，反映的是什么时期的人们的认识呢？上述《地理志》因其提及了高句丽的灭亡，所以其写作时间应该在高句丽灭亡之后。将迁都国内城的君主，记载为孺留王。《三国史记·高句丽本纪》记载，琉璃明王"讳类利，或云孺留"，本纪记载了琉璃神话并将其名写作"类利"。《东明王篇》引用的《旧三国史记》与之相同。由此观之，记载"孺留王"的B史料，很难断定是出自《三国史记》或《旧三国史记》编纂者的观点。B史料的记事被认为依据的是编纂《三国史记》之前流传的多条"古记"之一。这说明一个事实，《三国史记·高句丽本纪》

中流传的有关迁都的记事并不是根据《地理志》记载的视角整理出来的，在高句丽存续的当时，《地理志》记事主张的视角也不是以关于迁都的主要理解体系来确定的。

此外《三国遗事》"王历篇"故国原王条为"壬寅八月，移都安市城，即丸都城"。也就是说，在故国原王十二年八月将都城迁移到了安市城即丸都城。但是，这里把安市城称为丸都城，是因为引用了《新唐书·高丽传》将鸭绿江下游的（西）安平城误称为安市城的错误记载，并将其理解为与丸都城为同一地方而犯下的错误。[①]即《新唐书》是在其编纂的11世纪以后产生的错误。

C.《三国志》卷三〇《东夷传》"高句丽"条关于迁都的记载：

> 高句丽……都于丸都之下……建安中，公孙康出军击之，破其国，焚烧邑落。拔奇怨为兄而不得立，与涓奴加各将下户三万余口诣康降，还住沸流水。降胡亦叛伊夷模，伊夷模更作新国，今日所在是也。拔奇遂往辽东，有子留句丽国，今古雏加驳位居是也。

建安（196—220）年间，"国（都城）"因公孙康（204年为辽东侯，220年去世）的进攻而遭受破坏等打击，伊夷模"更作新国"。

《三国志》高句丽传的这一记载与《三国史记》高句丽本纪山上王二年和十三年条的记载相同。后者记载说，198年开始修筑丸都城，在209年该城建成以后，正式迁都到了该地。另外，也可以考虑《三国志》高句丽传的记载与琉璃王二十二年的记载相符的情况。也就是说，如果公元3年迁都的"国内尉那岩城"和丸都城并不是同一地点，可以想象"更作新国"是从尉那岩城转移到了丸都城。

那么，向集安地区首次迁都的时期，一定是琉璃王时期和山上王时期中的某一个时期。如果不是这样的话，那么一定是另外某个时期。下面按提出的顺序先来讨论琉璃王时期迁都说。

（二）关于琉璃王时期迁都说的讨论

在上面罗列的《三国史记·高句丽本纪》的迁都记事中，将A-②的国内尉那岩的"国内"与国内城看作同一地，因此有学说认为琉璃王二十二年向集安地区的国内城迁都。这个说法很早就被提出了。B史料的《三国史记》地理志所记述的就是一例。琉璃王时期迁都说一直以来被韩国学界广泛接受。[②]朝鲜学界也是如

[①] 武田幸男：《丸都·国内城の史的位置》，《高句麗史と東アジア》，1989年。
[②] 李丙焘：《高句麗國號考》(《高句丽国号考》)，《서울대학교논문집》3，1956年（收入《한국고대사연구》，1976年）；金哲埈：《高句麗 新羅의 官阶组织의 成立过程》，《李丙焘博士華甲紀念論叢》，1956年（收入《한국고대사연구》，1975年）；徐永大：《고구려 평양 천도의 배경》(《高句丽迁都平壤的背景》)，《韓國文化》2，1981年。

此。① 另一方面，中国学界将琉璃王时期迁都说与考古遗址相结合，进行了更具体的论述。即琉璃王二十二年迁都之后修筑了尉那岩城，这座城就是集安的丸都城（山城子山城），他们解释说当时之所以没有建造国内城的相关记载，是因为直接利用了迁都当时集安平原上的土城，之后故国原王时期建造国内城的记载指的是在该土城的外面建造了石城。② 在 1975—1977 年的发掘调查中，发掘了集安县城的 10 处城墙，对其断面进行了观察，确认了其中 3 处（南墙 2 处，北墙 1 处）石城内侧的土城，该土城为玄菟郡时期城址，有人认为是高句丽县的遗址③，有人推定为西盖马县的治所④，还有人认为是战国时期燕国辽东郡在塞外设置的据点⑤。总之，虽然该土城只在 3 处地方得到了确认，但据推测，土城大概相当于目前国内的大小。琉璃王时期进行迁都时，具有将平地城土城和山城尉那岩城组合在一起构成都城的高句丽特征。进而解释说，A-③记载了大武神王十一年汉朝的辽东太守进攻并进入尉那岩城展开攻防战的情况，其所描述的尉那岩城的面貌相当于集安的山城子山城的面貌。⑥ 也就是说，琉璃王时期迁都记载的真实性得到了支持。同时，高句丽积石墓的样式分类和编年中可以看到公元 1 世纪初在集安盆地建造了基坛积石墓，作为当时领先样式的大型坟墓。⑦ 文献记载的理解和考古学成果的结合，巩固了琉璃王时期迁都说。

另一方面，日本学界否定了琉璃王时期迁都说，根据《三国志·东夷传》高句丽条，采信了 3 世纪初迁都说。这一观点根据日本东洋史学界的基本视角，否定《三国史记·高句丽本纪》初期记事的可信度，认为只有进入 3 世纪初以后才展开了可信历史的时代。

立足于史料 A-②的琉璃王时期迁都说，一直被韩国和中国学界广泛接受。不过，究竟是否如此，尚存疑问。下面依次检讨琉璃王时期迁都说的证据。

首先，从文献的角度来看，史料 A-③的战争记载中所描述的尉那岩城的内容，其实很难看作是对山城子山城（丸都山城）的描述。汉军认为如果对水源珍贵的岩石

---

① 리지린，강인숙：《고구려사》(《高句丽史》)，1976 年，사회과학출판사，第 10 页；채희국：《고구려력사연구》(《高句丽历史研究》)，1985 年；《조선통사》상（《朝鲜通史》上），1987 年，第 76 页；손영종：《고구려사》(《高句丽史》) 1，1990 年，第 83—84 页；《조선단대사（고구려사 1）》(《朝鲜断代史高句丽 1》)，2006 年，第 137 页；《조선단대사》(고구려 2)（《朝鲜断代史高句丽 2》)，2006 年，第 92—98 页；《조선전사》3（《朝鲜全史》)，1979 年，第 38 页；《조선전사》3（《朝鲜全史》)，중세편 고구려사，1991 年，41—45 等。
② 李殿福：《高句丽的丸都城》，《文物》1981 年第 6 期；魏存成：《高句丽初中期的都城》，《北方文物》1985 年第 2 期；李殿福、孙玉良：《高句丽的都城》，《博物馆研究》1990 年第 1 期。
③ 集安县文物保管所：《集安高句丽国内城址的调查与试掘》，《文物》1984 年第 1 期。
④ 孙进己、王绵厚：《东北历史地理》第 1 卷，哈尔滨：黑龙江人民出版社，1988 年，第 323—328 页。
⑤ 李殿福：《国内城始建于战国晚期燕国辽东郡塞外的一个据点之上》，《东北史地》2006 年第 3 期。
⑥ 李殿福：《国内城始建于战国晚期燕国辽东郡塞外的一个据点之上》；魏存成：《高句丽考古》，长春：吉林大学出版社，1994 年，第 16—17 页。
⑦ 李殿福：《集安高句丽古墓研究》，《考古学报》1980 年第 2 期；魏存成：《高句丽积石冢的类型和演变》，《考古学报》1987 年第 3 期。

之地进行长期包围，高句丽军队将会因缺少饮水而崩溃，于是他们选择展开包围战的战术。但山城子山城即使从城外眺望，也可以确认城内有 Y 字形河流流过，从南门流入通沟河。在战斗发生的七月，情况更是如此。不仅不是集安地区内的山城子山城，反倒是桓仁的五女山城更像是 A-③中记载下来的关于尉那岩城的描述。① 尉那岩城之名，从此以后再也见不到了。

其次，据 A-②的琉璃王三十七年条记载，王子如津溺水身亡，遗体被沸流人祭须找到，祭须因而获得奖赏。从沸流人祭须找到尸体这一点来看，王子如津是在浑江流域溺亡的。假若此前于琉璃王二十二年已迁都到了集安地区，那么这件事是很难想象的。②

再者，从考古学角度来看，2000—2003 年发掘调查的国内城几处剖面中，石壁下面并未发现土筑。③1975—1977 年的试掘中，原本被认为是石壁下面土城的土堆④，又被确认为临津江北岸涟川郡的高句丽城——瓠芦古垒城断面的石壁之背面。⑤ 这与土城并不相同，而是高句丽时期的筑城方法，被认为是与外侧的石墙在同一时期筑成的内侧土筑。⑥ 迄今为止所进行的关于国内城的发掘调查中，几乎没有确认 1—3 世纪的遗址。⑦

而且，虽然将尉那岩城比定为山城子山城（丸都山城），但是丸都山城内几乎没有可以追溯到 3 世纪以前的遗迹或遗物。⑧

再次，在集安盆地，如果在公元 1 世纪大量建造了当时看来是大型的、超前样式的基坛积石墓，就可以成为支持 1 世纪完成向集安地区迁都的证据。但是，很难确认支持这一点的具体依据。还有学者强调了在西大墓附近被破坏的一个基坛积石墓底部

---

① 五女山城也被称为于罗山城、兀剌山城等。被认为是源自意为"水"的女真语"乌拉"。即，意指水边的山城。在"乌拉"发音流传的过程中，被认为是转变为"五女"。这个"乌拉"和"尉那岩"似乎不无从音似的角度来审视的余地。安鼎福最早曾发表过这样的见解。俞榮也将兀剌山城比定为尉那岩城。"理山郡北二百七十里，有兀剌山城，在鸭渌、婆猪二江间大野中，四面壁立高绝……俞氏榮云此古尉那岩城，按汉音兀剌与尉那同音，其言近是矣。"（《东史纲目》附下"国内尉那岩城考"）
② 김종은:《고구려 초기 천도기사로 살펴본 왕실교대》(《从高句丽初期迁都记事考察王室更替》),《숙명한국사론》3，2003 年。
③ 吉林省文物考古研究所、集安市博物馆编著:《国内城》，北京：文物出版社，2004 年。
④ 集安县文物保管所:《集安高句丽国内城址的调查与试掘》,《文物》1984 年第 1 期。
⑤ 한국토지공사 토지박물관:《연천 호로고루（정밀지표조사보고서）》(《涟川瓠芦古垒（精度指数调查报告书）》),1999 年。
⑥ 심광주:《고구려 국가형성기의 성곽연구》(《高句丽国家形成初期的城郭研究》),《고구려의 국가형성》(《高句丽的国家形成》),고구려연구재단，2005 年，第 171—181 页。此外，还出现了一种解释，在对这种高句丽筑城法没有理解的情况下，坚持相信 1975—1977 年报告书国内城石筑之下存在土筑的观点，无法确认汉代遗物的事实是因为该土城不是汉代的县城，而是由受到汉文化影响的高句丽人建造的（李新全、梁志龙、王俊辉:《关于高句丽两座土城的一点思考》,《东北史地》2004 年第 3 期）。
⑦ 김희선:《高句丽国内城研究》,《白山学报》87，2010 年。
⑧ 吉林省文物考古研究所、集安市博物馆:《丸都山城》，北京：文物出版社，2004 年。

的小坑里出土了一捆旧铜钱的事实。① 在这个坑里出土了战国时期的货币圜钱（明化钱）、秦汉时期的半两钱、王莽的大泉五十、货泉以及五铢钱等。② 出土的五铢钱，既有西汉时期铸造的大而厚的形态，也有东汉时期的剪轮五铢钱。剪轮五铢钱是东汉章帝（76—88）时期应对羌族的兴起，为加强边防而筹集相应的军费开始大量铸造的，一直延续到东汉末期。为了减少用铜量、多出铸币，采取把硬币变薄，中间开大孔，再将硬币边缘切掉的方法。铜钱自然变成窄小而贫瘠的形态了。③ 正如居延汉简所证实的那样，当时铸造的硬币作为边境军人薪金的一部分被支付④，制造后不久就流通到边疆地带。考虑到这一点，剪轮五铢钱流入集安地区可能是在1世纪末至2世纪。总之，它埋葬在基坛积石墓的基坛之下，这个基坛积石墓最早的建造时期也难以上溯到1世纪末以前。也就很难成为集安盆地上的基坛积石墓大多数是公元前1世纪初以来建造的依据。⑤

另外，在联合式基坛积石墓山城下古墓群的东大坡356号出土的"带耳陶器"与推测为2世纪的五女山城第3地层（高句丽层）出土陶器⑥样式是相同的，彼此之间有一定联系。基于对这一点的重视，有人提出，集安平原的联合式基坛积石墓有可能是2世纪时出现的。⑦ 也就是说，联合式积石墓是依据有效利用墓地面积的必要性而产生的埋葬方式，与人口增加及大量建造坟墓有关，因而主张可以推定2世纪时迁都到了集安。然而，这似乎也并不是没有问题。首先，五女山城第三地层（高句丽层）出土陶器是主要标准，其编年是否能到2世纪，还需等待更具体的发掘成果的积累。集安地区积石墓的样式分类和各种样式的确立时间是另一个需要通过多角度来讨论的大问题。至少到目前为止，在讨论中提出的集安平原基坛积石墓的1世纪成立说，似乎是将《三国史记》琉璃王二十二年条的文献资料解释为迁都国内城，并以此为立足点对考古资料进行编年。因此，这难以构成支持琉璃王时期迁都说的考古学依据。那么，琉璃王二十二年条记载本身是否为虚构的，还须另行解释。对这一点的讨论将推迟到后面，首先讨论此前与琉璃王时期迁都说形成双璧的有力学说——山上王时期迁都说。

---

① 李殿福：《集安高句丽古墓研究》。
② 古兵：《吉林省集安历年出土的钱币》，《考古》1962年第2期。
③ 朱活：《汉钱初探》，《古钱新探》，济南：齐鲁出版社，1984年。
④ 米田賢次郎：《秦漢帝国の軍事組織》，《古代史講座》5，学生社，1961年。
⑤ 参照노태돈：《고구려의 기원과 국내성 천도》（《高句丽的起源与国内城迁都》），《한반도와 중국 동북 3성의 역사와 문화》。
⑥ 辽宁省文物考古研究所：《五女山城——1996—1999年桓仁五女山城调查发掘报告》，北京：文物出版社，2004年，第72—82页。
⑦ 강현숙：《고구려 적석총의 존재 양태와 그 의미》（《高句丽积石墓的存在样态及其意义》），한국고대사학회 정기발표회발표문，2011.10。

（三）关于山上王时期迁都说的讨论

山上王时期迁都说以上述《三国志·东夷传》高句丽条的记载为首要证据。即，高句丽受到公孙康攻击，都城遭破坏，受到邑落被焚烧等打击，内部出现了被排除在王位继承权之外的拔奇和消奴部等部分势力脱离高句丽进而投降辽东公孙氏等大混乱，伊夷模"更作新国"即营建新都，并把都城迁往那里。

有人提出，该记载和《三国史记》的传承之间在内容和纪年上存在差异等，否定了该记载本身的可靠性。① 特别是从在拔奇和伊夷模之间的王位继承纠纷中支持拔奇的辽东公孙氏的立场来看，拔奇是正统的，为了将伊夷模（山上王）贬低为非正统的，而将其表述为"更作新国"，事实上并不是伊夷模（山上王）在此时迁都了。② 让我们具体研究一下《三国志·东夷传》高句丽条的具体记载。

首先，《三国史记·高句丽本纪》故国川王即位年（179）条转载了《三国志·东夷传》高句丽条的记事，记载了新大王死后其子伊夷模和拔奇之间有王位继承纠纷，辽东公孙康介入其中。接着，在山上王即位年（197）条中，根据高句丽自身的传承，记述了故国川王死后发生的其兄弟延优和发歧之间的王位继承纠纷，并记载了辽东公孙度的介入。二者是同一事件，却分别记述在两位国王即位条之下。这是考虑到高句丽自身传承和《三国志·东夷传》高句丽条所载王系之间有一代之差，出于兼收两种传承的意图，分别在新大王死后和故国川王死后都记述了王位继承纠纷。但是，这并没有什么特别的意义。重要的是，能否承认故国川王真实存在。如果中国史书与本国传承之间存在王系上的差异，那么比起以断续接触为基础的中国史书记录，更应该遵循高句丽自身传承的《三国史记》记录。具体按照《三国志》和《后汉书》的高句丽传，132年左右时新大王伯固尚在位，进入3世纪初后死亡，在位时间超过70年。故国川王自然将不复存在。但据《后汉书·桥玄传》和蔡邕《蔡中郎集》记载，新大王于165年左右即位，与《三国史记》的传承相吻合。按照《三国史记》记载，新大王在位14年，比《三国志》和《后汉书》记载的在位超过70年更具有真实性。也就是说，没有理由更相信中国史书中记载的不存在故国川王。③ 能够肯定的是，故国川王死后发生的延优和发歧的王位继承纠纷是迁都的主要动因。而且，当时进攻高句丽的是公孙度还是其子公孙康，虽然两部史书之间存在差异，但这一点并不是衡量《三国志》高句丽传迁都记载真实与否的决定性因素。

其次，"更作新国"的"国"，从《三国志》东夷传高句丽条所载"国"字的用法

---

① 李丙燾：《高句麗國號考》，《서울大 論文集》3，1955年；진단학회편，《韓國史（古代篇）》，1959年，238—241쪽。
② 김철준：《고구려 신라 관계 조직의 성립과정》（《高句丽、新罗官僚组织的确立过程》），《이병도박사화갑기념논총》（《李丙燾博士華甲紀念論叢》），1958年（收入《한국고대사회연구》（《韩国古代社会研究》），1975年）；서영대：《고구려 평양 천도의 배경》（《高句丽迁都平壤的背景》），《한국문화》2，1981年。
③ 노태돈：《고구려사연구》（《高句丽史研究》），사계절，1999年，第70—75、174页。

来看，是指都邑。因此，这篇记载的意思是把新都城建在了丸都山下。1906年，在集安以西17公里的小板石岭发现了毌丘俭纪功碑。该碑与《三国志·毌丘俭传》之"凿石纪功，刊丸都之山"记述有具体的对应。由此，丸都山的位置就清楚了，位于丸都山下当时的高句丽首都所在地就是集安盆地。《三国志》记载的迁都丸都山下，与A-⑤《三国史记》所载山上王十三年（209）迁都丸都城相合。更具体地说，后者在山上王二年（198）二月筑造了"丸都城"，十三年（199）十月迁都丸都。这里所说的"丸都"是指集安盆地一带，丸都城是指该地区内的具体地点，就是现在山城子山城所在之处。当时集安平原上没有其他城址。

另外，王城丸都城在之后的244年因毌丘俭的进攻而被烧毁，247年筑造了"平壤城"并搬迁了民户和庙社。而在故国原王十二年，由于慕容皝的进攻，丸都城沦陷，都城被毁，随即移居"平壤东黄城"。在这两种情况下，对于新迁居的"平壤城"和"平壤东黄城"的具体位置，长期以来聚讼纷纭。两种情况都不是史料B所说的迁都的情况，被认为是暂时性的移居。那么，209年进行的迁都是从哪个地区向集安地区迁移呢？

对此，有人提出了这是在集安盆地内迁都的说法。也就是说，王城从集安县城——国内城转移到了山城子山城——丸都城。① 这一说法与琉璃王时期国内城迁都说有联系。即，琉璃王时期迁都到了集安的国内城，后因辽东公孙氏的入侵危险增大，平地土城国内城被认为难以有效防御，所以建造了山城丸都城，并搬迁到那里。但如上所述，发掘结果显示，3世纪初集安不存在平地土城，国内城即集安县城内几乎没有1—2世纪的遗物。② 琉璃王时期迁都说没有客观的证据。而且，从集安县城到山城子山城的平地距离是2.5公里。虽然当时高句丽人口很少，中央集权化进展不大，但是这种程度的距离，汉人是否能将其形容为"更作新国"？《三国志·东夷传》是为了毌丘俭进攻东方作战而准备，并且以通过实际作战过程所看到、听到、收集到的情报作为主要依据。

最近提出的太祖王时期向集安地区迁都说，也表现出史料C记述的在集安地区内迁都的立场。即，太祖王时期从桓仁向集安地区进行了迁都，到3世纪初又迁都到集安盆地内的丸都城。其中有一种说法没有提及具体的迁都地点，认为从桓仁向集安的迁都反映的是联盟体首领从消奴部到桂娄部的更替，这是以消奴部和桂娄部的根据地分别是桓仁和集安的假设为前提的。③ 这个前提能否成立，首先要予以论证。

---

① 李殿福：《集安高句丽山城子山城调查与考察》，《文物考古汇编》，1982年；魏存成：《高句丽初中期的都城》，1985年；车勇杰：《고구려 전기의 도성》(《高句丽前期的都城》)，《국사관논총》48，1993年。
② 吉林省文物考古研究所、集安博物馆：《国内城》，2004年。
③ 김종은：《고구려 초기 천도기사로 살펴본 왕실교대》(《从高句丽初期迁都记事考察王室更替》)，2003年。

另外，与之相对，有人提出了将太祖王时期迁都的地点具体确定为集安平原的西端麻线沟一带的说法。① 如果考察《三国史记》高句丽本纪太祖王时期以后的记载中包含"东"沃沮、"南"海等方位的地名，可知其并非在桓仁，而是以集安为中心设定的方位。而且，高句丽在 1 世纪后半期以后，在太祖王时期整顿国家体制的同时，为了控制鸭绿江中上游一带和顺利收服东海岸地区，把都城迁到了鸭绿江水路网的要冲——集安，并且是迁都至集安地区位居最西侧、与辽东方向接触顺畅的麻线沟。这种观点认为，由于麻线沟地区所处的地理位置，在 3 世纪后半期西川王时期发生了慕容燕的入侵、3 世纪初公孙康的入侵和对都城的破坏、焚烧邑落之事。这是一个有趣的推想。

然而，麻线沟一带没有城址，从文献上也难以看出有涉及太祖王时期迁都的任何记载。从麻线沟地区到集安县城或山城子山城，如果说是为了躲避公孙氏的进攻威胁而迁都，那么这个距离太近了。而且，麻线沟一带的古墓群和集安地区其他区域的古墓群之间，在建造样式和时间方面是否存在明显差异，也是需要继续研究的课题，到目前为止尚未通过讨论得到解决。从这一点来看，很难将 3 世纪初的迁都看作是在集安平原内完成的。

另外，如果认为山上王时期是从别处迁都到集安的话，可能会提出以下疑问。据《三国史记》记载，故国川王陵墓和山上王陵墓相距很近。而故国川王，正如其王号所示，被埋葬在国川即集安的禹山之下。这一点与山上王时期从别处迁都到集安地区的说法不符。而故国川王死后发生的王位继承纠纷是迁都的主要动因之一，因此确保先王的遗体和主导葬礼成为确保新王正统性的主要因素。自然，山上王可能供奉着先王的遗体，在新的都邑地区举行葬仪。因此，故国川王和山上王陵的陵墓都可以在集安地区进行营造。

接着来看另一种看法。即，将琉璃王二十二年迁都的尉那岩城比定为霸王朝山城②，3 世纪初从这里迁移到关马墙山城③，或山城子山城④，这就是《三国志》高句丽传所谓的"更作新国"。霸王朝山城位于浑江与新开河交汇处集安市财源乡霸王朝村东北海拔 764 米的山顶，该城平面呈梯形，周长 1260 米。⑤ 在这一说法中，能否首先将尉那岩城定为霸王朝山城是个问题。对此，很多研究者认为，霸王朝山城从其筑造技术来看，比集安的山城子山城要晚，是在高句丽中后期建造的，霸王朝山

---

① 여호규：《高句丽 国内 迁都의 시기와 배경》(《高句丽国内迁都的时期与背景》)，《한국고대사연구》38，2005 年。
② 孙进己：《东北历史地理》卷 1，第 410—411 页；刘子敏：《关于高句丽第一迁都问题的探讨》，《东北史地》2006 年第 4 期。
③ 孙进己：《东北历史地理》卷 2，哈尔滨：黑龙江人民出版社，1989 年，第 38—39 页。
④ 曹德全：《"新国"与"故国"简析》，《东北史地》2004 年第 3 期。
⑤ 여호규：《高句麗城 1—鴨綠江中上流篇—》，集安霸王朝山城，第 97—104 页。

城及其周边地区的规模狭小，因此很难确定与《三国史记》所载（A-②③）有共同之处，而且包括财源乡在内的周边一带确认的积石墓都是小型的，与都城的条件不符，可以否定。① 其中，特别是最后一种观点，如果考虑到尉那岩城作为都城发挥作用的时间，就不得不予以重视。在迁都国内尉那岩城确定为琉璃王时期的观点中更是如此。

那么，必须要考察的是，从何处迁移到了集安。

三、国内尉那岩城与纥升骨城

（一）五女山城及周边地区

在 3 世纪初迁都至集安地区以前关于都城的记载，从《三国史记·高句丽本纪》的记事中依次回溯，存在琉璃王二十二年前后的记事和大武神王十一年条的记事。如前所述，琉璃王二十二年条的迁都记载中提及的"国内尉那岩城"并非集安地区。"国内尉那岩城"正如王子如津溺水事件所呈现的，位于沸流水流域，尉那岩城作为"岩石之地"，看起来没有"水泉"等，从《三国史记》所记载的那种形势景观来看，被认为是五女山城。② 以五女山城为中心的桓仁一带，与集安一起是鸭绿江流域早期积石墓密集分布的两大中心。五女山山顶上有大片的平坦之地，有储水地，东门附近还有水井，五女山城具备人类居住的条件，实际发掘结果确认了高句丽早期文化层。③ 然而，考虑到这一选址的条件是由于山坡非常陡峭，难以登上或走下山城，不管怎样其朴素的形态也很难视之为平时的都城。这座山城在非常时期主要被用作避难防御所，五女山有一种给人以神异之感的特殊威容，从高句丽建立初期开始，就发挥了举行会盟或即位仪式及其他主要礼仪的神圣场所的作用。那么，平时的宫城或中心居住地在何处呢？

对此，一直以来备受关注的地方是下古城。下古城是一座使用板筑技术建造的长方形土城，西墙162米，北墙241米，南墙188米，东墙在浑江中流失不得而知，但

---

① 李殿福：《集安高句丽山城子山城调查与考察》，《文物考古汇编》，1982年；《高句丽的都城》，《东北史地》2004年第1期；《国内城始建于战国晚期燕国辽东郡塞外上的一个据点之上》，《东北史地》2006年第3期；李健才：《关于高句丽中期都城几个问题的探讨》，《东北史地》2004年第1期；耿铁华：《高句丽迁都国内城及相关问题》，《东北史地》2004年第1期；王春燕、郑霞发：《霸王朝山城的调查与研究》，《东北史地》2008年第2期。

② 当然，在围绕该城的攻防战中，任何时期任何地区都可以看到水源的存在与否以及围绕它的战术和谋略，因此，《三国史记·大武神王本纪》的记载并不能推断出尉那岩城的所在（姜维东：《高句丽献鱼却敌传说》，《东北史地》2010年第1期），这一观点值得倾听。但是，如果将桓仁和集安是高句丽初期遗迹的两大中心地，桓仁地区有很多相对较早时期的遗迹，以及大武神王时期也有都城在浑江流域等事实联系起来看，则《大武神王本纪》的记载对推定尉那岩城的所在地可能有意义。

③ 辽宁省文物考古研究所：《五女山城——1996—1999年桓仁五女山城调查发掘报告》，第72—82页。

估计全长为 1 公里左右，被定为汉代的县城。① 但也有人提出，由于没有发现汉代遗物，有可能是高句丽时期建造的城堡。② 下古城内出土了高句丽陶器和鬼面瓦，显然是高句丽时期使用的城址。下古城和五女山城都在浑江右岸，两者之间的距离大约为 5 公里左右。下古城的北门和五女山城的西门可以互相眺望。③ 还有现在已被水淹没，但在五女山城到桓仁水库对面的高力墓子村，鳞次栉比地分布着从圆形无基坛的初期样式到阶梯式的各种样式的积石墓，可以想象，这些山城、墓群、平地城融合在一起，构成了都城圈。

可是，下古城和高力墓子村的墓群隔江相距近 20 公里。按照迁都平壤以前的集安，或迄至中古时期的庆州的情形，古墓群与居住区是相邻的。首尔的梦村土城或风纳洞土城和石村洞古墓群，亦是如此。从这一点来看，下古城是留下高力墓子村古墓群的人们的居住地，因此有必要留意下古城北侧 1.5 公里处 1960 年调查当时确认的 200 多座积石石圹墓古墓群④ 及其与下古城居民的关系。

但是，平地城和墓葬群的规模并不大，这一点可能会成为其与五女山城周边遗址一起被推定为都城圈的难题。从当时高句丽的形势来看，有必要考虑的是，到 3 世纪中叶的《三国志·东夷传》时期只有 3 万户，作为都城的集中度并不高。为了确认这一时期平地的居住地，需要对五女山城一带的遗址进行更详细具体的调查，依据迄今为止的调查，浑江流域桓仁一带显然是高句丽早期遗址分布最多的地方。五女山城被认为是在琉璃王二十二年以后和大武神王时期构成高句丽都城圈一部分的尉那岩城。那么，如何看待"国内尉那岩城"的"国内"呢？

从出现这个"国内"的固有地名来看，可视为与"国内城"相同，将其比定为集安的观点始终存在。但是，这个"国内"并不是固有名词，而被认为是"国那"的同义词。⑤ "那"根据其发音被标记为"内""奴"，根据其意被标记为"川、壤、襄、原"，这已是众所熟知之事。也就是说，"国内"的意思是"国（国家、都城）"所在的"那"。不是固有地名，而是普通名词的标记。后来迁都集安以后，这个词随着该地在很长时间内特别是在中央集权体制取得进展的时期成为都城，而逐渐成为指代集安地区的固有名词。值得一提的是，故国原王十二年（334）二月修缮了丸都城，并首次

---

① 魏存成：《高句丽初中期的都城》，《北方文物》1985 年第 2 期，第 14 页。
② 李新全、梁志龙、王俊辉：《关于高句丽两座土城的一点思考》，《东北史地》2004 年第 3 期；심광주：《고구려 국가 형성기의 성곽연구》(《高句丽国家形成期的城郭研究》)，《고구려의 국가형성》(《高句丽的国家形成》)，동북아역사재단，2005 年。
③ 苏长青：《高句丽早期平原城——下古城子》，《辽宁省本溪、丹东地区考古学术讨论会文集》，1985 年；收入王禹浪、王宏北编著：《高句丽、渤海古城址研究汇编》，哈尔滨：哈尔滨出版社，1994 年。
④ 魏存成：《高句丽初中期的都城》，1985 年。
⑤ 노태돈：《고구려의 기원과 국내성 천도》(《高句丽的起源与国内城迁都》)，1999 年。Mark E. Byington 论述说"国内"指的是都城（capitol）(《고구려 1 차 천도에 관한 문제들》(《关于高句丽第一次迁都的诸问题》)，《고구려의 역사와 문화유산》(《高句丽的历史与文化遗产》)，2004 年)。

将国内城建成平地城。① 其后高句丽灭亡,其间作为首都以及平壤迁都以后所拥有的三京之一的副首都功能也丧失了,因此指代集安地区的国内城地名消失了,而源于山的名称、被一些人长期使用的丸都,在渤海时期成为集安地区的地名。② 换言之,琉璃王二十二年条的迁都记事中,指特定地区的词语是"尉那岩"。那么,如果迁都到了国内的尉那岩地区,那在此之前的都城或中心地位于何处呢?

(二)卒本与纥升骨城

对于朱蒙建立基业的高句丽第一个中心地,广开土王陵碑中写道:"于沸流谷忽本西,城山上而建都焉。"在《魏书·高句丽传》中被称为"纥升骨城",在《三国史记·高句丽本纪》东明王即位条中记载为于"卒本"即位,并在鹘岭上建造了城郭和宫殿。忽本即卒本,此后高句丽王前往卒本祭祀始祖庙的记载,直到高句丽后期都络绎不绝。学界一致认为卒本就是桓仁地区。但是,问题在于具体该比定在什么地方。

关于这一点,有人发表过以下看法。《魏书》所载的纥升骨城和广开土王陵碑的忽本西侧山上所建的城,《三国史记》所载的宫城、鹘岭等,都是同一个地方,山上所建的城被认为是沸流水即浑江流域海拔最高的城,比定为景观秀丽的五女山城。③ 这种观点认为,在五女山上筑城并作为都邑的技术,恰恰象征着这一地区霸主的登场。与这些山城一起作为平时居住地的平地城,也因被推定有居所的存在,而理解为是卒本所在地。具体来说,卒本被推定为位于五女山城东侧的沸流水——现在是桓仁水库被水淹没处——的冲积平原。④ 正如前文所考察的,从卒本地区向集安地区迁都是在琉璃王时期⑤或太祖王时期⑥完成的。正是这种观点认为,桓仁地区内的迁都并没有实现。

但是,如前所述,琉璃王时期集安迁都说不成立,太祖王时期集安迁都说也难以确认证据。

《三国史记》琉璃王二十二年条称,从第一个称为都城的地方迁都到了尉那岩城。而在琉璃王二十七年条中,则记述了解明太子自迁都以后滞留"旧都",与相邻的黄龙

---

① 对于334年建造的国内城,有人认为这是在247年建造的土城"平壤城"之上加以石砌而成的(李健才:《关于高句丽中期都城几个问题的探讨》,《东北史地》2004年第1期)。但在国内城的石筑之下并没有发现土城的痕迹(参阅김희선:《高句麗國内城研究》,《白山學報》87,2010年)。

② 《唐书》地理志三所引述的贾耽的《道理记》;《唐书》渤海传。

③ 魏存成:《高句丽初中期的都城》,1985年;魏存成:《高句丽考古》,1994年,第12—14页;李殿福、孙玉良(강인구·김영수 공역),《高句麗简史》,1990年,第143页;李殿福、孙玉良:《高句丽的都城》,《博物馆研究》,1990年第2期;여호규:《高句麗 國内 遷都의 시기와 배경》(《高句丽国内迁都的时期与背景》),《한국고대사연구》38,2005年。

④ 여호규:《高句麗 國内 遷都의 시기와 배경》(《高句丽国内迁都的时期与背景》),2005年。

⑤ 魏存成:《高句丽初中期的都城》,1985年;《高句丽考古》,1994年,第14页;李殿福、孙玉良:《高句丽的都城》,1990年。

⑥ 여호규:《高句麗 國内 遷都의 시기와 배경》(《高句丽国内迁都的时期与背景》),2005年。

国发生外交摩擦的事件。当然，考虑到《高句丽本纪》初期的记载是以神话形式传承，在某个时期以文字固定下来，继而又被编成编年体史书，因而不能断定这篇记事所传达的内容反映的全部是事实。不过，虽然在传承过程中可能进行了润色和增删，但在这种情况下，也没有理由非要否定"旧都"出现了某些变故。这个"旧都"就是朱蒙建立基业的第一个中心地卒本。这篇记事是与琉璃王迁都国内尉那岩有关的记载，也是继琉璃王二十二年条之后与大武神王十一年条相延续的记载。

关于朱蒙集团建立基业的卒本位置，在《三国史记》朱蒙神话记载中，朱蒙在卒本立足之后，追溯到沸流水上游，与沸流国的松让王相遇并展开争斗的传说值得关注。据称，事件发生的"沸流水上游"被认为是流入浑江的富尔江。沸流和富尔音通。"松让"则体现了"消奴"的音（消—松）和意（奴—让），因此"松让王"可以看做是消奴部所在的一种写法。① 即，沸流部＝消奴部。

卒本所在地曾被比定为富尔江和沸流水（浑江）交汇的地带。有人提出了具体将位于两条江交汇点的螺蛤城推定为卒本的观点②，有人发表了将螺蛤城定为松让王的沸流国都城的说法。③ 该城西侧为五女山城。螺蛤城被桓仁水库淹没，在枯水期只会露出其一部分，作为一边为 200 米的平地城，被推测为用楔形石头建造的高句丽城④，2003 年部分试掘后发表了将其推测为卒本城遗址的见解。⑤ 不过，螺蛤城尚未正式发掘，每位踏查者观察到的角度迥然不同，其实质仍存疑问。裸露的石墙狭窄，采集的瓦片也是近代的遗物，因此缺乏将其视为高句丽城址的实物证据，⑥ 未来需要进行精细调查和发掘。考虑到目前文献记录中流传的朱蒙和松让王争斗的故事，以及琉璃王二十二年的迁都尉那岩城的记事等，浑江、富尔江交汇处的螺蛤城一带将成为比定为卒本的有力候选地之一。

另外，在桓仁地区拥有数量最多的高句丽积石墓群的桓仁水库淹没区，位于东岸的高力墓子村一带，也是卒本的候选地，一直备受关注。⑦ 这里在五女山城的东侧，与五女山城隔江相望。在高力墓子村古墓群北侧 3 公里处的北高力墓子村附近有一个遗址，从该遗址附近地点穿过大坝的对面是大东沟的山谷，从那里往西有通往五女山

---

① 李丙焘：《高句麗國號考》，1956 年。
② 田中俊明：《高句麗の前期王都 卒本の構造》，《高麗美術館紀要》2，1998 年。
③ 조법종：《고구려 초기 도읍과 비류국성 연구》（《高句丽初期都邑与沸流国城研究》），《백산학보》77，2007 年。
④ 梁志龙：《桓仁地区高句丽城址概述》，《博物馆研究》1992 年第 1 期。
⑤ 王从安、纪飞：《卒本城何在》，《东北史地》2004 年第 2 期。
⑥ 〔补〕梁志龙：《关于高句丽建国初期王都的探讨》，《卒本時期的高句麗歷史研究：2008 年中韓高句麗歷史研究學術研討會論文集》。
⑦ 여호규：《高句麗 國內 遷都의 시기와 배경》（《高句丽国内迁都的时期与背景》）；조법종：《고구려 초기 도읍과 비류국성 연구》（《高句丽初期都邑与沸流国城研究》）。

城山巅的山路。梁志龙推测,北高力墓子村附近的遗址很有可能是卒本。① 在桓仁地区内,无法确认比高力墓子村更大的墓葬群。高力墓子村的墓葬群中,从朴素的圆丘形无基坛积石墓到大型复杂的方坛阶梯积石墓,存在着250余种各种各样的积石墓。墓葬也由大到小,从坡上到底下依次修筑,小型墓葬稍有脱落,沿着河边修筑,零散分布。② 这说明,高力墓子村的积石墓是在相当长的一段时间内建造完成的。可以说,被淹没在桓仁水库的浑江谷地的高力墓子村一带是可以比定为卒本的有力候选地之一。但由于这也是一个水淹地区,1960年代初期以后,要进行具体确认或验证都难以取得进展。

总之,我们推测,高句丽在位于今桓仁水库淹没地区(在水库上游的螺蛤城附近,或是中间部分高力墓子村一带)的卒本经历了建国初期的困难时期,情况甫一稍显稳定,在进入琉璃王时期后便走出了比较狭隘的卒本谷地,向距离不太远的开阔地——今天被认为是属于桓仁市一带的下古城子地区迁都。

结　　论

以上是对高句丽早期的奠都和迁都的考察。首先讨论了在迁都平壤之前,从桓仁地区向长期作为高句丽首都的国内城(集安)的迁都是何时进行的问题。从《三国史记》高句丽本纪来看,先是有琉璃王二十二年(3)向国内尉那岩迁都的记事,接着有山上王十三年(209)向丸都城迁都的记事。其中,琉璃王二十二年说一直以来被广泛接受为通说,但从文献和考古学方面都讨论了其难以成立之处。后者被认为是事实。但从哪个地区转移到丸都城成为争议的焦点,在集安地区内很难确认推定为迁都的文献记录或城郭遗址。在2世纪末3世纪初从桓仁迁都到集安之前的时期,高句丽的都城被认为是桓仁的五女山城一带。五女山城就是尉那岩城,记载向尉那岩城一带迁都事实的,就是琉璃王二十二年条的记载。其次讨论了在迁都尉那岩城之前,朱蒙定居的第一个根据地卒本位于何处。此前成为关注对象推定地的螺蛤城和高力墓子村地区,都在桓仁水库淹没区内,无法进行具体的调查发掘,因此很难进一步明确认定。不过,将重点放在记述朱蒙和松让王争斗等文献记载上,推测或为富尔江和浑江合流之处某地。希望今后能进行更为详细的调查和发掘。

---

①〔补〕梁志龙:《关于高句丽建国初期王都的探讨》。
②〔补〕陈大为:《桓仁县考古调查发掘简报》,《考古》1960年第1期;陈大为:《试论桓仁高句丽积石基的类型年代及其演变》,《辽宁省考古博物馆学会成立大会会刊》,1981年,又见《辽宁省博物馆学术论文集》[第1辑(沈阳)1949—1984],1985年。

《长安学研究》征稿启事

1. 本刊宗旨：作为中国最著名的历史文化名城之一，西安拥有悠久的历史文化积淀，同时也烙印着数千年中国历史的缩影。本着立足长安，放眼中国历史的宗旨，我们创办了刊物《长安学研究》，深入探索长安从一座城市到一个文化圈的成长过程，并由此放眼其在中国历史长河中之地位。

2. 本刊每年出版两期，分别于年中、年末出版。

3. 本刊在欢迎一切中国历史研究优秀成果的基础上，同时欢迎以下相关内容的论文：有关长安历史文化及城市史的相关理论与研究；有关丝绸之路相关成果；国外有关中国历史及长安研究成果翻译；新近出版有关中国历史及长安历史文化著作书评；相关历史问题文献综述等。

4. 来稿字数不低于八千字，不设上限，尤盼惠赐高水平之厚重长文。

5. 注释采用页下注，每页重新编号，注释码用阿拉伯数字 1、2、3……表示，具体格式参考《历史研究》。

6. 来稿电子文档为 doc/docx 格式，简体中文，英、日、法、德等非中文语种请使用国际通用字体，字号小四号，行距 20 磅，邮件主题为"作者姓名＋稿件名称"。

7. 来稿请提供真实姓名、所在单位、职称、详细通讯地址、电子邮箱和联系电话。

8. 来稿无论是否采用，均致审稿意见。

9. 稿酬从优，一经刊发，即赠当期样刊两册。

本征稿启事长期有效。

通讯地址：中国陕西省西安市长安区西长安街 620 号　陕西师范大学国际长安学研究院《长安学研究》编辑部。

邮政编码：710119

电子邮箱：caxbjb@163.com

联络人：权家玉

垂询电话：029—85310066

《长安学研究》编辑部
2023 年 11 月